The Revised Dictionary
of Modern Māori

P. M. Ryan

Heinemann Education

Published by Heinemann Education, a Division of Octopus Publishing Group
(NZ) Ltd, 39 Rawene Road, Birkenhead, Auckland. Associated companies,
branches and representatives throughout the world.

ISBN 0 86863 568 5

© 1989 P. M. Ryan
First published 1974
Second edition 1983
Third edition 1989
Reprinted 1975, 1977, 1978, 1979, 1981, 1982, 1984, 1986, 1987, 1990 (three times), 1991, 1992 (twice

Printed in Hong Kong

Contents

Preface

This latest edition of the Revised Dictionary of Modern Māori strives to give *practical* help to those who wish to study and use the Māori language. The sources used are the same as in all the previous editions, namely *Te Whare Kura, Tautoko* and other texts put out by the Department of Education; Māori publications going back to the last century; radio news bulletins; and television's Te Karere and other Māori language programmes. I would like to thank the people who have provided interesting words, especially Mr Sam Ruawai and the members of the Commission for the Māori Language, who provided the many technical and legal words and phrases that are needed in an age of bureaucracy.

Ko te kaupapa mo tēnei putanga o te Pukapuka Rarangi Kupu, kia ngāwari te ako i te reo Māori mo nga tāngata e hiahia ana ki te kōrero Māori. I kohia mai ēnei kupu i nga pukapuka o te Tari o te Mātauranga, i nga pukapuka me nga niupepa Māori i puta mai i nga wā o mua, tae noa ki tēnei rā, i nga rongo kōrero o te Reo Irirangi me te Karere o te Pouaka Whakaata hoki. He nui nga mihi ki nga tāngata i hōmai ētahi kupu pai, rerekē hoki, a ki nga Mema o te Taura Whiri i te Reo Māori mo a rātou mahi ki te whakamāori i nga kupu mo nga mahi a nga Kōti, a Te Kāwanatanga hoki.

E kui mā, e koro mā, e nga hoa, mihi tonu ana ahau ki a koutou mo to koutou āwhina i tēnei mahi — kia mau ai tēnei tāonga a te Māori e te whakatupuranga hou. He mihi whānui ki a koutou katoa. Tēnā koutou, tēnā koutou, tēnā koutou katoa.

P. M. Ryan
January 1989

Māori to English

A

a	(used before proper names and pronouns, no particular meaning)	āhua + adjective	fairly; quite; rather (e.g. āhua pai = rather good)
ā	and; until; of; those of	ahuahi	smoke
ā(-ia)	to drive, to collect; to sweep over	Ahuahu	Mercury Island
		ahuahu(-ngia)	to heap up; to tend
ā (+ dual or plural pronouns)	belonging to (e.g. ā raua = their)	āhuareka	pleasant
		āhuatanga	circumstances; institution
a	as a time indicator implies future. Compare: a te Mane = on Monday coming, with: i te Mane = on Monday last.	āhuatanga-ā-iwi	social policy
		āhumehume	petticoat
		ahunga	generation; heap
		ahurewa	sacred place
		Ahuriri	Napier
a	well then	āhuru	warm; comfortable
ā (+ noun)	in the form of (e.g. ā-wairua = in spirit)	āhururu	type of sea fish
		ahuwhenua	hard-working; agriculture
ā (o te kakī)	collar bone	ai	used after a verb shows habitual action (e.g. haere ai ngā kotiro = the girls usually go)
āe	yes; agree		
aha	what; anything; (also used as verb, e.g. kia ahatia = what can be done? So what!)		
		ai	used after a verb in a subsidiary clause connects up with preceding (e.g. te piriti i haere ai ia = the bridge over which he went)
ahakoa	although; in spite of		
ahakoa he aha	whatever		
ahau	I; me		
ahea?	when?		
āhei	to be able; can; possible	ai(-tia)	to possess; lie with; beget
āhere	angel	(tē ai he aha	there was nothing)
ahi	fire	āianei	today; soon; now
ahi kā	occupation rights	aihe	dolphin
Āhia	Asia	aihikirīmi	ice-cream
ahiahi	evening; afternoon	aikiha	handkerchief
ahikirīmi	ice-cream	āinga	violence; force
ahipihopa	archbishop	āio	peaceful
Ahitereiria	Australia	Airihi	Irish
aho	fishing line; string; bright light	aitanga	descendants
		aitu	sickness; mishap
ahorangi	enlightened teacher; guru	aituā	accident; bad luck
ahu	to face; heap; care for	aka	vine; creeper
āhua	shape; form	āka	scour
āhua o te noho tangata	demography	Āka a Noa	Noah's Ark
		akaaka	fibre; roots

Ākarana	Auckland	**anā**	there!
aka tawhiwhi	rata vine	**āna**	his/hers; yes it is!
akatea	white flowered vine	**anahe**	alone; only
ākau	shore	**anahere**	angel; archangel
ake	up; ...self	**anake**	alone; only
(pai ake	better)	**ānana!**	well, well!
āke, āke, āke	forever	**ānao**	very true!
akeake	type of tree; barren land	**Anaru**	Andrew
ake rautangi	weapons (of ake wood)	**ānau**	curve; to wander; restless
āki(-na)	to impel; beat upon; force	**anei**	here is
akiaki	seagull; beat upon; urge	**anewa(-newa)**	reel about, dizzy
Akinehi	Agnes	**anga**	to face; to begin; shell;
akipihopa	archbishop		fruit stone
akiraho	type of shrub	**ānga**	driving force
ākiri(-tia)	throw away	**angaanga**	skull; skeleton; chief
ako(-na) + ki	to learn; teach	**angaangamate**	back
akonga	pupil; disciple	**anganui**	to face towards
akoraiti	benzine lamp	**angi**	float through the air
akoranga	learning; lesson	**angiangi**	thin; loose; singly; move
āku	my; mine (plural)		freely
ākuanei	presently; shortly	**angina**	death
akuarā	soon	**Āni**	Anne; Ann
Ākuhata	August	**aniana**	onion
ākuni	shortly; now	**ānini**	headache
ā-kupu	literal	**anipā**	anxious
akutō	lagging behind	**aniroro**	dizzy
ama	outrigger of canoe	**anitirinamu**	antirrhinum
āmai	giddy; sea swell	**āniwa**	bright; reckless; halo
amana	almond	**āniwaniwa**	rainbow; halo
amapaea	umpire	**anō**	again; yet; ...self; like; as
amene	amen		though
āmi(-tia)	to gather	**anō te**	exclamation of
āmine(-ngia)	agree to (say amen)		admiration
amio	to wander	**anu**	cold
āmiomio	giddy; spinning around	**anuanu**	cold; offensive
Āmiria	Amelia	**anuhe**	caterpillar; mackerel
amo	front carved supports of		markings
	barge boards	**ao**	world; day; dawn; cloud;
amo(-hia)	carry on shoulder or in a		excellent
	litter	**ao(-hia)**	to scoop
Amoho	Amos	**ao ake**	next day; previous day
amokapua	leader; priest	**aoakewake**	in some days' time
amokura	red-tailed bird	**ao mārama**	the human world
amorangi	priest; leader	**aonga**	dawn
āmua	in the future; from now	**Aorangi**	Mt Cook
	on	**Aotearoa**	North Island (or all New
amuamu(-tia)	to grumble		Zealand)
āmuri	in the future	**aotūroa**	world of light
a muri ake nei	hereafter	**apa**	slave; spirit
ana	cave	**āpā**	not as if
ana	verbal particle, usually	**apakura**	lament; dirge
	implies continuous	**āpānoa**	until
	movement		

apārangi	group of noble people
aparua	doubled; folded
apataki	retinue; supporters
Aperahama	Abraham
aperikota	apricot
Āperira	April
api	oven
apiapi	crowded
āpiha	officer
āpiha ā-rohe	district officer
āpiha o te ora	medical officer
āpiha tiaki huarahi	traffic officer
āpiha toko i te ora	welfare officer
āpiha uiui mo te tūpāpaku	inquest officer; coroner
āpiha whakamātau	probation officer
apiti (kupu)	appendix
āpiti(-tia)	add to; put side by side; curse
apitireihana	arbitration
apitutū	standing toe to toe
apo	grasping; mean
apoapo(-hia)	entangle; heap; collect
aponga	stack; pile
āpōpō	tomorrow
āporo	apple
āpotoro	apostle
apū	move as a crowd
apu(-a)	stuff one's mouth
apuapu	stuffed
apu-hau	squall
apu-matangi	squall
apuru(-a, -tia)	crowd together; block up; overwhelm
ara	pathway; road
arā	over there; namely
ara(-hia)	arouse; get up
ara raro	underpass
ara runga	flyover
ara whakaae	entry of judgement (legal)
ara whiti	gangway; spring up; twitch
araara	trevally
arahanga	leading; flight of steps; bridge
araheke	stairs; gangway
ārahi(-na)	to guide
arahīkoi	pedestrian crossing
ārai(-ia)	screen; to block; curtain
ārai ahi	fender; fire screen
Araketanara	Alexander
arakōpae	roundabout
aranga	resurrection
ārangi	uneasy
ārani	orange
arapaki	decorated panelling
arapata	pattern of notches
Arapeta	Albert
Arapeti	Alfred
arapiki	stairs
ararā	look there!
araroa	corridor; passage
arata	lettuce
arataki(-na)	to lead
ārau	entangled
arawa	type of shark; famous canoe
arawhata	ladder; bridge
areare(-nga)	hollow; cavity; unsupported arch
areinga	cricket (insect)
Arekohu	Chatham Island
arero	tongue
arewhana	elephant
ariā	shadow; spirit manifestation
āria	deep water
ārikarika (kāhore i ārikarika!	restrained
ariki	what a lot!)
	lord
ariki tapairu	sovereign lady
arikiwi	kiwi feather cloak
arita(-rita)	over-eager
aro(-ngia)	to turn over; think over; take notice of
aroākapa	row; rank; front row; ill omen in weaving
aroaro	presence; front of person
aroha(-tia, -ina)	to love; sympathise
ā-rohe	local; district
arohi(-rohi)	explore; inspect; grow dizzy; turn this way and that
aromahana	warmth; springtime
aromaunga	mountain face
aronga	in the direction of
āronga	the meaning of
aronui	suitable; straight ahead
aropereina	aeroplane
arorangi	heavenwards

aru(-mia)	follow; chase	auarā	yes
aruaru	keep following	auātu (= aua	
aruhe	fern root	atu)	never mind!
ata	morning; shadow	auau	bark (of dog); often
atā	how horrible!	auē	oh dear!
āta	slowly; carefully	auheke	surf; climb down
ata mahina	moonlight	auhoki	returning; current; eddy
ata marama	moonlight	auina-ake	next day
āta noho	live happily; sit quietly	aukaha(-tia)	to tie; the ties; string
ata pō	early morning darkness	aukati	ambush; cut off; barrier;
āta timu	tide almost out		injunction
ata tū	after dawn	aumoana	open sea
ātaāhua	beautiful	āunga	not including
ataarangi	shadow	aupaki	sloping ground; close
ātae!	wonderful!		quarters; hold closely
ātahu	love charm	aupatu	bundle
Atama	Adam	aupiki	climb; overcome
atamira	platform; dais		obstacles
ātamira	admiral	auporo	cut short
ātanga	colour	aupuru	cushion
atarau	moonlight	auraki	turn to; hurry to; lament
atarua	double vision	aurara	clutch at
ātatangi	softly	aurere	to moan; groan
atawhai(-tia)	be kind to; look after	auru(-tia)	break off; pluck
(tamaiti atawhai	orphan child; adopted)	auta	out! (in games)
ate	liver; heart of hearts	autaha	to one side
ātea	space; clear; free	autaia	strange fellow
ateate(-nga)	chest; bosom	autāne	brother-in-law of a
āteha	assessor		woman
atewharowharo	lungs	aute	mulberry bark
āti	then; descendant; aunt	autui	cloak pin; brooch
āti hoki	it is indeed	auwahine	sister-in-law of a man
atiati	to herd animals	awa	river; channel
Atonio	Anthony	awaawa	valley; creeks
atu	away (from speaker); (in	awairānei	anyone; someone
	comparisons, e.g. pai	awāke	next day
	atu = better)	āwangawanga	doubt; uneasy in mind
atua	god; uncanny; virus;	awanui	trumpet shell
	supernatural	awarua	drain
atua kīato	the god's shrine in canoe	awatea	daylight
Atutahi	star Canopus	awau	I; me
au	I; me; smoke; current;	awawhāiti	creek; stream
	open sea; bark (v.)	awe	soot; white feather
āu	your; yours (plural)	aweke	perverse; idle; frivolous
aua	those (already mentioned)	āwhā	storm
aua	herring	āwhato	lettuce caterpillar
aua (hoki)	I don't know!	awhe(-a)	hem in; scoop up; pass
aua atu	nevertheless		round; span tree with
aua e...	do not...		arms; travel; disturb
aua noa atu	far advanced; at great	awhenga	conquered people
	distance	awheo	halo
auahi	smoke	Awherika	Africa

awhero	hope; desire
āwheto	lettuce caterpillar
awhi(-tia)	embrace
āwhina(-tia)	help
āwhina-ā-moni	legal aid
āwhio(-tia)	to go round; winding about; orbit

āwhiowhio	winding; whirlwind; whirlpool
āwhiowhio nuku	whirlwind of earth
āwhiowhio rangi	whirlwind of heaven
awhitireinga	embrace in the spirit world
awhitu	feel hurt

E

e	used to round off a line in waiata
e	oh (e hoa! = oh friend!)
e	by (mahia e ia = done by him)
e	+ short verb = command
e	+ verbal phrase = future happening; when, if it happens
e	+ numeral (from 2 to 9)
e!	eh! well, well!
e hia?	how many?
ea	paid for; avenged; to come up
eā	exclamation of surprise
ēhara...i	not
ēhara!	(exclamation of surprise) look at that!; lo and behold
ehē	no!
ēhea?	which one?
Ehekiera	Ezekiel
Ehetere	Esther
ehu	muddy water
ehu(-a)	to bail (water); dig up
ei!	well now!
eka	acre
ekareta	escalator
eke(-ngia, -a)	to climb; mount; embark; rise (dough); thicken (sauce)

eke ki uta	come ashore
ekore, e kore	will not
Ekoruhe	Exodus
emepaea	empire
emiemi	be gathered
ēnā	those (near you)
ene	anus; flatter
(tōu ene	exclamation of contempt)
ēnei	these
enetinia	engineer
enga	misgiving
ēngari	but; on the other hand
(ēngari te...	it's different with the...)
ēngari rawa ia	provided always
ēngia	yes; is that so?
epa	wall post
epaepa(-ina)	throw; thunderbolt
epeepe	distant relations
Ēpeha	Ephesians
ērā	those (over there)
ērangi	on the other hand; but
Erene	Eden
ero	pus; to rot
Eruera	Edward
ētahi	some (...other)
Etera	Ezra
eti	loathsome; to feel disgust
etia	as if; just like; how great
ewe	afterbirth; placenta
eweewe	blood relations

H

hā	customs; traditions (essence; breath; taste; tone)
haapa	harp
hae(-a)	cut; jealous

haeana	iron
haeana rāti	harpoon
haeata	dawn; ray of light
haeatatanga	light through chink of wall
haehae(-a)	rip up; tear; lacerate

haemata(-tia)	well-grown; chop up raw	hakikoko	shoulderblade
haere(-tia)	go; come; depart; walk	hakirara	annoy; insult
haere atu	go away; farewell	hakiri	hear indistinctly
haere hāngai	direct approach	hako	monkey; ugly
haere ma raro	walk	hākoakoa	happy; skua (sea hawk)
haere mai	welcome; come here	hakoko	bent; concave
haere ra	farewell	hākoro	old man
haere tāpara	go double	haku	kingfish; chief; moan
hāereere	stroll about; travel	hākui	old woman
haerenga	journey	hākure	lice; search for lice
haeroa	a grave for spirits of enemies	hakuturi	birds
		hama	hammer
haetara	envied; admired	hāmaka	hammock
haha	to look for	hāmama	shout; open wide
hāhā(-ria)	to devastate land; tasty; to warn off; seek; catch breath	hāmana	salmon
		hāmanu	ammunition
		hamarara	umbrella
hahae	to erode (see hae)	hāmaremare	cough
hahaetanga	first gleam of light	hameme	mutter
hahake	naked; unbecoming	hāmene	summons
hahana	glowing	hamene whakaea	
hahani	nasty remarks	nama	default summons
hāhau(-ria)	seek	hamo	back of head
hāhi	religion; denomination	Hāmoa	Samoa
hāhore	bare; simple	hāmoemoe	sleepy
hahu(-a)	to dig up	hāmua	elder brother or sister
hahunga	disinterment of corpse	Hamuera	Samuel
hai (= hei)	as; for; let it be	hamumu	speak softly
hai	ace (in cards)	hamupaka	humbug
haihana	sergeant	Hāmutana	Hamilton
haika	anchor	hamuti	dung
haikiha	handkerchief	hana; hanana	to glow; fine cloak painted red; pink
haina(-tia)	to sign		
Haina	China	hanahana	shine; garment; female parts
Hainamana	Chinese		
hainatanga	signature	hanake	grow
haira	scythe	hānara	sandal
hairo	ace low (cards)	hanatu	go forward; go away
hāka	jug	hanaweiti	hundredweight
haka	fierce dance with chant	hanehane	decay; rottenness
hakahaka	low	hanga	the demeanour; habit; kitchen utensils
Hakai	Haggai		
Hakapia	Shakespeare	hanga(-a, -ia)	build; create; made
Hakaraia	Zechariah	hanga noa iho	insignificant; easy to do
hākari	feast; gift; fish roe	hangahanga	frivolous
hākawa	fool	hāngai	opposite; step across; in line with
hake	crooked; naked		
hakeke	fungus	hanganoa	despicable; of little worth
hakere(-kere)	greedy; depressed; cropped hair		
		hangarau	joke; food
haki	flag	hangatītī	tease
hakihaki	scabby; itch	hāngi	earth oven; (its contents)

hani	long club
hānihi	harness
hānihi paki	buggy harness
hanimūnu	honeymoon
Hānuere	January
hanumi	be swallowed up
hao(-a)	catch in net; encircle
haona	horn
haora	hour
haoro	howl
hapa	supper; gone by; flat; default; needs
hāpāhi	half past
hāpai(-tia)	lift up; start song
hapanga	default; loss
hāpara(-ia)	to shovel; to slit; dawn
hāparangi	to bawl; cheer; shout; scream
hape	deformed; lame
hāpeta	nuisance!; fed up
hapī	earth oven
hāpoki	pit
hapoko	swampy
hapori	small clan; family group
hapū	pregnant; sub-tribe
hapui	engaged to be married
hāpuku	groper fish
hara	sin; offence
hara hangahanga	infringement; less serious offence
hara iti	minor offence
hara kōti matua	indictable offence
hara whakapae	summary offence
harakeke	flax
haramai	come; welcome
hārapa	lead the way; gallop
harapaki	slope
harapuku	puzzled
harare	bleary eyed
hararei	holiday
haratau	suitable
hārau	grope; handle
harawene	jealous(y)
Hāre	Charles
hari(-a)	to take; carry
hari	happy
harirū	shake hands
hāro	to scrape
(kaupapa hāro	clean sweep)
harore	mushrooms; fungus
hāroto	pond; pool
haruru	roar; heavy sound

hātakēhi	hard case; comical
Hātarei	Saturday
hāte	shirt; heart (cards)
hātea	bleached; faded
hātepe	split off
hau	wind; famous; essence
hau(-a)	to hit
haua	crippled
hauaitu	freezing
hauangi	cool; airy
hauare	spit
hauarea	insignificant
hauata	accident
hauāuru	west; west wind
hauhake(-a)	dig up; harvest
hauhau	windy; whip
hauhanga	frost
haukaha	very windy
haukai	feast
haukāinga	true home
haukoti	intercept; curtail
haukū	dew; damp
haumākū	get wet
haumāuiui	work done; job completed
haumi	join (canoe section)
Haumiaroa	fern root (god of ferns)
Haumia-tiketike	god of wild food
hāunga	not only; besides
haunga	stink; foul smell
hauora	healthy; good spirits
haupepe	ambush; quiet
haupū	in heaps
haura	invalid; sick
haurahi	dew
Hauraki	Thames district
haurangi	drunk
hauraro	north wind; down low
haurutu	dew
hautai	sponge
hautoki	cut off; shut in
hautope(-a)	cut off; cut down
hautū	guide; keep in time
Hauturu	Little Barrier Island
haututū	insubordinate; nuisance
hauwai	damp
hauware	saliva; spit
hauwarea	of no account
hawa	chipped; smeared
hāwato	caterpillar
hāwhe(-tia)	half; to halve
hāwhe pāhi	half past

hāwini	servant
he	a; an; some
hē	wrong; fault; to err
hea?	where?; when?
hea	grieve; share (legal)
heahea	sob; stupid
hei	hay; necklace; as; let it be for...
(ka hei tāu	if you do it again!)
hei aha(-atu)	never mind
hei tā...	according to...; said...
heihei	hen; rooster
heipū	on target; straight for
heira	birthmark
heitiki	greenstone pendant
heke	rafter; thigh
heke(-a)	descend; migrate
hēkena	to second (a motion); a second
hekeretari	secretary
heketā	hectare
heketaunga	incline
heketoro	fairy; spirit
heketua	lavatory; privy
hēki	egg
hēkona	(see hēkana)
hekitā	hectare
hēko	sago
hēmana	chairman
hēmanawa	breathless; disheartened
hēmanawatanga	depression
Hēmi	James
hemihemi	back of head
hemo	die; be faint; consumed; gone
hemokai	hunger; starve; be hungry
hemorere	sudden; suddenly
Henare	Henry
heneti	cent
hengahenga	girl
hēngia	black skin
Hēni	Jane
henimeta	centimetre
heoi	however; that's that!
(heoi anō; heoi oti; hoianō)	the only thing; that's all
hēpara	shepherd
Hepetema	September
hēra	a sail
Hēra	Sarah
hēramana	sailor

here(-a)	to tie; bonds; lien
herea ki	bound unto
herehere	prisoner
Heremaia	Jeremiah
hereni	shilling
Hereputu	Hereford cow
heri	jelly
heru	comb
hēti	hedge
heti	shed
heu	razor; overgrown
heu(-a); heuheu	to separate; clear scrub; to shave
hewa	mistaken
hī(-ia)	fishing; to shine
hia?	how many?
hiahia(-tia)	wish for; desire
hiainu	thirsty; thirst
hiakai	hungry; hunger
hiako	skin; peel; rind
hiamoe	sleepy
hīanga	deception; play round; tease; fishing; mischievous; to get up to mischief
hiapo	gathered
hiato	gathered
hieke	rain cape
Hiha	Caesar
hihī	hiss; to have diarrhoea
hīhī	sun's rays; feelers
hihiko	brisk; keen
hihiri(-tia)	to desire; brisk; energetic
hiiti; hīti	sheet
hika	light fire by friction
hika	form of address to either sex; girl
hikahika (tanga)	chafing; ceremony over baby
hīkaka	rash; malicious; angry
hikareti	cigarette
hiki	asthma
hiki(-tia)	to lift (in the arms); adjourn
hiki mo tōna wā	adjourn *sine die*
hiki poto	stood down
hikihiki	to nurse; to dandle infant
hikinuku	lurch
hikipene	sixpence
hikirangi	lifts heavenwards
hiko	electricity; flash

hiko(-a, -ia)	to zigzag; move restlessly; snatch; shine
hikohiko	twinkle (see hiko)
hikoi	to step out; march; walk
hiku	tail; headwaters; fluke
hīmene	hymn
himi	vest
himu	hip
hina	grey hair; new moon
hīnaki	eel-pot
hinapōuri	very dark; sad
hinātore	phosphorescence; twinkle
hīnau	hinau tree
hine	form of address to a girl
hinehou	baby girl
Hine-i-te-iwaiwa	patron of childbirth; women's arts
hinengaro	mind; heart; conscience
hinga(-ia)	fall; be defeated
hingareti	singlet
hinu	oil; fat (grease); hair-cream; brains; wax
Hīona	Sion; Zion
hiore	tail
hipa	to pass by; leave
hīpae	to lie across
hīpane	apron
Hiperu	Hebrew
hipi	sheep; mutton
hipo	hippopotamus
hīpoki(-na)	to cover
hira	important; pips (of fruit); plenty
hira	shield
hiraka	silk
hīrau	trip up; entangle; to be entangled
hīrere	gush out; rush
hiri; hihiri	energetic
hirihiri(-a)	recite spells or charms
hiripa	slipper
hiriwa	silver
Hiruhārama	Jerusalem
hitari	sieve; strainer
hīteke	hop
hītimi	(glass) marble
hītoko	hop
hiwa	cheerful; on the watch
hiwi	hill; hump
hiwi(-a)	to jerk line

hō	to shout; pout; droop
hō	spade
hoa	friend
hoake	give; to go on ahead
hoanga hinu	oilstone
hoanga huri	revolving grindstone
Hoani; Hoane	John
hoariri	enemy
hoata	new moon
hoa tāne	husband
hoa wahine	wife
hoatu	give away; go away; put into (i.e. add)
hoe(-a)	to paddle; a paddle
hoeha	saucer
Hoera	Joel
hoeroa	curved throwing weapon
hoetere	orphan; waif; upstart
hōhā	bored; boring
hohaia	recite spell; to plan
Hohea	Hosea
Hohepa	Joseph
hōhere	lacebark
hōhipera; hōhipere	hospital
hōhō	buzz
hōhonu	deep
hohoro	quick; to hurry
hohotu	sacrificial weapon
hohou rongo	make peace
Hohua	Joshua
hoi	deaf (see also heoi)
hōia	soldier
hoihere	lacebark
hōiho	horse
hōiho hupeke	vaulting horse
hoihoi	noise; stop noise!
hōkai	extended; go briskly; width
hokai	spread; spreader; brace
hokaka	desire
hoki	also; because
hōki	hockey
hoki(-a)	to return
hokioi	mysterious night bird
hoko(-na)	buy; sell; barter; redeem; alienate
hoko (+ number)	multiply by twenty
hoko tāhae	sell without authority
hokomirimiri(-a)	stroke
hokorari	ling (fish)
hokorua	20 × 2 = 40

hokowhitu	20 × 7 = 140 (favoured number for a war party); army
hōmai	give me
Hona	Jonah
Hone	John
hone (moana)	swell of the ocean
hongi	smell; press nose
honi	honey; to nibble
honihoni	scrape; intercourse
hono(-a)	to join
Hono-ki-wairua	gathering place of spirits; spirit world
hononga	joining; joinder (legal)
hōnore	honour; honourable
honu	turtle
Hopa	Job
hōpane; hōpani	saucepan
hōpara	belly; explore
hope	waist
hopēkē	carry on the back
hopi	soap
hopiri	stick together
hopohopo	overawed; afraid
hopu(-kina, -kia)	to catch; snatch
hōpua	pool; lagoon
hōpua o te whare	verandah
hora(-hia)	spread out; lie flat
Horana	Holland
Horano	Jordan
hōrapa	spread out
hore	not; emptiness
hore kau	not at all
hore rawa	never
horehore	bare; smooth
hori	mistaken; false; to slip by; speak falsely
hori(-a)	slit
Hōri	George
horihori	rubbish! I don't believe it
hōrite	equal to
horo	quick; be different; escape
hōro	hall
horo (whenua)	landslide
horo(-a)	to fall; be taken
horoeka	lancewood
horoi(-a)	to wash
horomi(-a)	to swallow
Horomona	Solomon
horopuehu	vacuum cleaner
horowai	waterfall
horu	grunt; roar of the sea
horuhoru	weep bitterly
hōtaetae	prevention
hotēra	hotel
hōtiki	to tether; a tie
hōtoke	winter cold
hotu	sob; desire
hotuhotu	accompanied with sobs
hōu; hou	new; feather; to enter
hou(-hia)	bind together; peace
hou-anga rongo	peace making
houheria	lacebark tree
houhi	lacebark tree
hounga	a year ago; a year to come
hounga	entrance
houru	hole
hourua	double canoe
hū	shoe; swamp; hiss; boil; bubble up; subsidence
hua	fruit; eggs; plenty
hua(-ina)	to name
hua manu	egg
hua moni	interest (money)
hua whenua	vegetables
huahua	preserved birds
huakanga	naming
huaki(-na)	open up; attack; opener
huaki kēne	can opener
huanga	profit
huanga	the name
(no whea te huanga	whoever heard of)
huānga	relative (by marriage)
huangō	asthma
huanui	road; path
huarahi	road; pathway
huarahi kei te watea mai	opportunity
hūare	spit
huata	spear
(whare huata o Māui	armoury)
huatahi	only child
hue	gourd
hūhū	thigh
Huhana	Susan
huhu	grub of beetle; peel
huhua	numerous; free of tapu
huhuti (hutia)	pull up (see huti)
hui(-a)	gather; meeting

hui atu	together with
Hui Takawaenga	Mediation Conference
hui take	
tūpāpaku	inquest
hūia	bird of that name
hūia ruatia	caught for second time
huka	sugar; foam; snow
huka (with	
numerals)	almost
hūka	hook
hukapapa	ice; frost; frosty
hukarere	snow
huke(-a)	excavate; to bolt; uncover
huki(-a)	pierce; avenge; quick glance; rising tide; spell to staunch blood
hukihuki(-a)	roast on a spit; have a convulsion; spasm
hūmārie	peaceful; beautiful; pleasant
hūmārietanga	beauty
hume(-a)	bring to a point
humehume	frill
humi	abundance
humu	hip; hum
huna(-ia)	to conceal; hide oneself
hunaonga	son-in-law; daughter-in-law
Hune	June
hunga	people
hunga mahi	
ngātahi	partners
hunga whakawā	jury
hungawai;	
hungarei	father-in-law; mother-in-law
hunu	ray of sun
hunuhunu(-a)	to singe
hūnuku	family
hupa	soup
hūpai	overcome

hūpana(-tanga)	fly up; fly back
hūpē	mucus; snot
hūpeke	bend; jump; vault
Hura	Judah/Jude
Hura Kaituku	Judas the Traitor
hura kōhatu	unveil gravestone
Hūrae	July
hurahura	to probe; search
Hūrai	Jew
hurere	excited
hūri	jury
huri(-hia)	turn around
huri koaro	turn inside out
huri noa	turn right around
Huria	Judea; Julia
huriaro	turn right round
hurihanga	turning; corner
huripapa	knucklebones (game)
huripara	wheelbarrow
huripoki	turn over
huripuru	corkscrew
hurirere	propellor
huritau	birthday; anniversary
huritua	turn the back
hūrokuroku	uninterrupted
huru(-huru)	feather; hair; undergrowth; fur
hurungutu	moustache
(rā huru	sun's glow)
huti(-a)	pull up
Hutita	Judith
hūto	judo
hūtu	suit
hutukawa	pohutukawa tree; flowers of pohutukawa; headdress made of them
hutupaoro	football
hututāwai	cedar
huuri	jury
hūwai	fat pipi; cockle
hūware	spittle
hūwiniwini	goose-pimples

I

i	by; from; with; (used to indicate object of a verb)
i	+ verb indicates past time (i haere = went)
i nē?	really?

ia	he; she; him; her; but; each; indeed; current (of water)
iaia	vein; sinews
ianā	then
ianei	then; indeed; isn't it?
iarā	indeed; each day
iāri	yard
iaua	look here!
Ihaia	Isaiah
Ihaka	Isaac
Ihapera	Isabella
Iharaira	Israel
iheuheu(-a)	separate; divide
ihi	power; shudder; split
ihiihi	dread power; exciting feeling
Īhipa	Egypt
iho	down; umbilical cord; essence; important person
ihonui	space in the meeting house between fireplace and door
Ihowa	Jehovah; Yaweh
ihu	nose; bow of canoe
Īhu	Jesus
ihu oneone	hard worker
ihumoana	large jellyfish; Portuguese man-of-war
ihupuni	dogskin cloak
ihuroa	elephant's trunk
ika	fish; victim
Ika a Māui	North Island of NZ
Ikaroa	Milky Way
ikeike	high; lofty
inā	because of; when
inā whakahaua	on demand
inaina	warm oneself
inake	recently
inakoa	because of; for
inakuanei	just now
inakuarā	recently
inamata	formerly; suddenly
inanahi	yesterday
inanga	whitebait
inangeto	in a little while
inaoake	two days ago; recently
inaoake nui	three days ago
inapō	last night
inarapa	rubber

inatahirā	day before yesterday
inawhai	not long ago
inawheke	not long ago
ine	measure
inei	is that so!
Ingarangi	England
Ingarihi	English
ingiki; iniki	ink
ingoa	name
Īnia	India
inihi	inch; hinge
inihua	insurance
initia	engine; engineer
inoi(-a)	to pray; beg
inu(-mia)	to drink
io	muscle; hanging thread; nerve
Io	God
ioio	muscular; hard
Io-matua-kore	God, the Absolute (parentless)
iorangi	cirrus cloud; god emblem
iota	yacht
ipo	darling
ipu	bottle; calabash
ipu para	rubbish bin
ira	life principle; freckle
ira tangata	human life
irāmutu	nephew; niece
irawaru	incest
iri	hang
irika	fire-blackened tree
iriiri	baptise
iri-iringa	baptism
iringatau	wax-eye
irirangi(-reo)	radio; spirit voice
iro	thread-worm; vermin; maggot
iroiro	swarming; writhing
ita	compact; tight
(kia ita	hold fast)
itahirā	day before yesterday
itarēte	interest (money)
Ītari	Italy
iti	small
ito	enemy; object of revenge
iwa	nine
iweri	hell
iwi	tribe; bone; people; strength
iwituararo	backbone
iwituaroa	backbone

K

ka	+ verb expresses start of a new action
kā(-ngia)	to be alight; to be burning
kāahu(-tia, -ria)	clothes; dress
kaea	long wooden trumpet; haka leader
kāeo	shellfish
kaha	strong; healthy; ability; rope
kahaka	calabash; bowl
kahakaha	inner garment; waistcoat
kāhaki(-na)	take by force; bolt (as a horse)
kahakore	feeble
kahana	dressing-gown
kaharoa	large drag net
kahawai	type of fish
kāheru	spade
kāhi	then
kahika(-tea)	white pine; chief
kahikātoa	tea tree
kāhiti	gazette
kāhiwahiwa	very dark
kaho	batten; lath
kāho	keg; cask; hawk
kāhore	not
kāhu	hawk
kahu	cloak; to put on
kahu kau	swimming-togs
kāhui	swarm; flock; herd
kahukura	rainbow; butterfly (Red Admiral)
kahunga	slave
kahupapa	raft; tree platform; board screen
kahurangi	noble; precious; pale greenstone; wandering; jewel; sky blue
kai(-nga)	food; to eat
kai	+ noun = influencing; controlling; used to (e.g. kai whenua = controlling land)
kai	+ verb indicates the doer of the word (e.g. kaihanga = maker)
kai ā kiko	flesh wound

kai ā kiri	flesh wound
kai iwi	aliens
kaiā	steal
kaiaka	clever man; adept
kaiaka motokā	mechanic
kaiako	teacher
kaiārahi	leader
kaihāhā	destroyer
kaihanga	creator; maker
kaihanga whare	carpenter
kaihauhau	carvers
kaihautu	leader
kaihe	donkey
kaihī	fisherman
kaihoko	salesman
kaihoko whenua	land agent
kaihokorongoa	chemist
kaihopu	captives
kaihoro	glutton
kaihou	sweetheart
kaihua	fruit tree (favourite spot for spearing birds)
kaihuia	palm tree
kaikā	eager
kaikaiwaiū	betray
Kaikauwhau	Preacher; Ecclesiastes
kaikāwhaki	plunderer
kaikeri	miner
kaikiri	quarrel
kaikōmako	tree for fire making
kaikora	loafer
kaikōrero	speaker; announcer; advocate
kaikuti	shearer; hairdresser
kaimahi	worker; operator
kaimakamaka	knucklebones
kaimataara	watchman
kaimatire	sentry
kaimōwhiti	optician
kainga	eating; to be eaten
kāinga	home; village
kāinga ahi	battlefield
kaingākau	value; cherish; popular
kaiora	fearsome
kaioraora	cursing; derisive chant
kaipatari	tempter
kaipatokupu	typist
kaiponu	mean; possessive
kāipuipu	hollow

kaipukapuka	jealous person	kaiwhakahaere	MC; director;
kaipuke	sailing ship		administrator;
kairākaihuru	hairdresser		executor
kairākau	warrior	kaiwhakahaere	
kairangi	wonderful; chief;	mahi	supervisor
	greenstone	kaiwhakahau	leader
kairēhita	registrar	kaiwhakamāori	interpreter
kairere whaitua	astronaut	kaiwhakamātau	instructor
kairīwhi	heir; proxy	kaiwhakaora	saviour
kairoro	lover	kaiwhakapae	complainant
kairūri	surveyor	kaiwhakarere	pilot
kaitā	large; excellent	kaiwhakarite	
kaitaka	fine flax coat	ūhunga	funeral director
kaitangata	cannibal	Kaiwhakarite-	
kaitango mōkete	mortgagee	rite	Book of Judges
kaitango rīhi	lessee	kaiwhakaū	upholder of the law
kaitautoko	supporter	kaiwhakawā	judge (of guilt);
kaitiaki	protector; caretaker;		adjudicator
	trustee	Kaiwhakawā	
kaitiaki taonga a		Kōti Whānau	Family Court Judge
Papatuanuku	conservationist	Kaiwhakawā	
kaitiki	carrier	Mana Iti	Justice of the Peace
kaititiro	spectator; attesting	Kaiwhakawā o te	
	witness	Kōti mo nga	
kaitirotiro	inspector; investigator	Tūpāpaku	Coroner
kaitirotiro o te		Kaiwhakawā o te	
ora	health inspector; sanitary	Kōti-ā-Rohe	District Court Judge
	inspector	Kaiwhakawā	
kaitoa	serves you right!; warrior	Tumuaki	Chief Judge
kaitohatoha	distributor	kaiwhanga	ambusher
kaitohutohu	counsellor	kaiwharawhara	wing feather of
kaitokomauri	excite; object of desire;		albatross
	the beloved	kaiwhiriwhiri	selector; judge
kaitono	claimant	kaiwhiu	prosecutor
kaitonotono	servant; waitress	kāka	cork
kaituhi	author	kakā	red hot
kaituhi kōrero	journalist	kākā	parrot
kaituhi whenua	surveyor	kaka	fibre; clothes
kaitui	seamstress	kaka o te ihu	bridge of nose
kaituki	fugleman	kākahi	shellfish; mussel
kaituku	traitor; sender	kākahu	clothing
kaituku mōkete	mortgagor	kākahu(-ria, -tia)	to dress
kaituku rīhi	lessor	kakakaka	stammer
kaitunuparaoa	baker	kakama	quick; clever; alert
kaitūtai/ei	spy	kakanga	slave
kaiurungi	helmsman	kākano	seed; berry
kaiwaewae	courier	kakapa	quiver
kaiwawao	defender; advocate;	kākāpō	ground parrot
	referee	kakara	pleasant flavour; fragrant
kaiwhaaki	informant		smell
kaiwhakaako	teacher	kakarauri	dusk
kaiwhakaata	adviser	kākari	urgent

kakari	single combat; fight; quarrel
kākāriki	parakeet; green; green lizard
kakaritanga	valley
kakati	sting; smart
kakau	handle; stem
kakauri	dusk
kakawa	sweat
kake(-a)	to climb; be superior
kakī	neck; black stilt
kama; kakama	eager; clever; quick
kāmahi	tree (tawhera)
kāmaka	rock
kamakama	quick
kamapūtu	gumboot
kāmera	camel; camera
kāmeta	scarf
kamo	eyelash; to wink
kamokamo	marrow; cucumber; wink repeatedly
kamonga	eyelash
kamupene	company
kāmura	carpenter
kanae	mullet
kanakana	stare wildly
kanapa	shining
kanapanapa no te wai	dark green (deep) water
kanape	abate (of the wind)
kanapu	brilliant (lightening)
kānahi	jersey
kānara	colonel; candle
Kānata	Canada
kanene	sly; cunning
kanewaha	damn cheek!
kānga	corn; maize
kanga(-a)	to curse; swear
kangaru	kangaroo
kani	a saw; to saw
kani maitai	hacksaw
kani mihīni	power saw
kanikani	dance
kāniwha	barb; barbed spear
kano	berry seed
kanohi	eye; face
kanoi	rope; trace descent
kānuka	manuka
kanukanu	ragged; torn; dilapidated
kāo!	no!
kao	dried kumara
kaokao	ribs; armpit

Kaokaoroa-o-Patetere	Tokoroa area
kāore	not
kāore anō	not yet
kaoriki	little bittern
kaotia	be denied
kapa	copper; row; rank; penny; procession
kapakapa	flutter; throb
kāpara	corporal; torch wood
kāpata	cupboard
kape(-a)	to reject; eyebrow; omit; copy; to pull out of
kāpehu	compass
kapekape	fire rake
kāpene	captain
kapeneihana	compensation
kāpeti	cabbage
kapeu	ear pendant
kapi	covered; closed
kāpia	kauri gum; ear wax
kapiti	crevice; joined
kāpō	blind
kapo(-hia)	snatch; flash
kapokapo	hand-signal
kaporeihana	corporation; incorporation
kapowai	dragonfly
kapu	cup; palm of hand; sole
kapua	cloud
kāpui(-a)	gather; earth up
kāpura	fire
kara	old man; form of address to male; colour; flag
karaehe	grass; glass; class
karāhi	glass
karahini	kerosene
karahipi	scholarship
karaihi	grass; glass; class
Karaitiana	Christian
karaka	clock; clerk; type of tree
karakahia	grey duck
karakia	prayer-chant; service
karakia hiki	to falter in a chant
karamea	red ochre
karamū	shrub
karamu	red-skinned potato
karamu	to flash
karamui	swarm around (see mui)
karanga(-tia)	call; relative
kārangaranga	repeated calls

karangatanga	relationship; vocation; relatives; something important	**kariri**	cartridge
kārangirangi	intolerance	**karito**	shoots of raupo
kārani	gallon	**kariwhenua**	hoe
karaone	hoe	**karo**	shortly; soon; (see **taro**)
karapoi	surround; be surrounded	**karo(-hia)**	dodge; circumvent; sidestep; avoid
karapoti(-tia)	surround; be surrounded	**karokaro**	slave
karapu	club (cards); group; glove	**karoro**	seagull
kararehe	animal	**karu**	eye
karāti	garage	**karu mowhiti**	eye-glasses
karatī	young snapper	**karu nika**	pudding
Karatia	Galatia	**kāruhiruhi**	cormorant
karatiti	to peg in; to bolt	**karukaru**	raggy; glaring
karauna	crown	**kārupe**	shelf
karauria	rock oyster	**kāta**	cart
karawhaea	scarifier; to harrow	**kata(-ina)**	to laugh
karawheta	struggle	**kāta roera**	castor oil
(hore kau he karawheta-wheta	out cold)	**kātae**	how great
karawhiti	assemble; uneven	**kātaha**	herring
karawhiu(-a)	wheel around; thump; swing hands	**kātahi**	then
kare	ripple	**kātahi anō**	for the first time; only then; at last
e kare	form of address	**kātahi te…**	what a…
kāre	not	**kātahi tonu(-nei)**	only just
kareao	supplejack	**katamu**	eat noisily
kārearea	bush hawk	**kātana**	carton
kare-ā-roto	sweetheart	**katate**	seagull
kararī; karatao	toy (jumping jack)	**katau**	right hand side
kārehu	spade	**katekate**	cape; shawl
karekare	surf; rough sea; wavy	**katekita; katakihi**	catechist
kareko	calico	**kātete**	leg
karengo	smooth; edible seaweed	**katete**	gull; move forward; size
kareparāoa	cauliflower	**kati**	fastener; zip
karēpe	grape	**kāti**	that's enough; stop it!
karere	messenger	**kati(-a)**	shut; bite; seal off
karetao	toy; jumping jack	**katikati**	nibble; shear
kāreti	college; carrot	**katikihama**	catechism
kāretu	scented grass	**katimarani**	catamaran
kārewa	buoy; a float; water surface	**katinara**	cardinal
karewarewa	bush hawk	**kātipa**	constable
kāri	garden; card	**katipō**	poisonous spider
kari(-a)	dig	**katira**	fishing rod
karia	soon	**kato(-hia)**	to pluck; flood tide
karihi	sinker on net; nut; fruit stone; tooth	**katoa**	all; every
Karihi	Greece	**Katorika**	Catholic
karioi	linger; dawdle	**kātua**	adult; mare
		kau	cow; alone; naked
		kau	(straight after verb) as soon as
		kau ake	soon
		kau(-ria)	to swim
		kaua	do not!

kauae	jaw
kauae mua	elder brother/sister
kauae raro	youngest child; earthly lore
kauae runga	celestial lore
kauahi	fire stick
kauaka	do not!
kauati	rubbing block for fire production
kauere	scented oil
kauhanga	open space
kauhau	sermon; preach
kauheke	elder
kauhoa	carry on stretcher
kauhoe	swim
kauhou	family tree
kaui(-tia)	to thread on string; string of beads
kaukau	swim; bathe
kaukauranga	swimmingplace;bathroom
kaumātua	old man; elder
kaunati	firestick
kaunihera	council
Kaunihera o Aotearoa mo te Mātauranga me te Akoranga i nga mahi Toko-i-te-Ora	New Zealand Council for Education and Training in the Social Services
Kaunihera Whakahaere Take-ā-Rohe	Territorial Local Government Council
kaunoti	firestick
kaupae	rung; trestle
kaupane	head
kaupapa	rule; basic idea; topic; plan; fleet (of ships); foundation; factors
kaupapa mahi	procedure
kaupare	to divert
(tono kaupare	non-molestation order)
kaupeka	stick; rung; footrest
kaupoai	cowboy
kauranga	ford; crossing
kauri	kauri tree; resin
kaurimarima	firestick
kaurori	stagger
kāuru	tree top; river head
kauruki	smoke
kāuta	cooking shed; kitchen
kautahanga	empty

kautāhoe	swim across
kautangatanga	swift move
kaute	account; count
kautū	to wade
kauwae	jaw
kauwae raro	lore of earthly things; lower jaw
kauwae runga	lore of heavenly things; upper jaw
kauwhau	sermon; recite legends
kawa	ceremonial; dedication; sour; bitter; to carry out ceremony; protocol
kāwai	family tree; creeper; pedigree
kāwainga	sign of the dawn
kawaka	New Zealand cedar; furrow
kawakawa	shrub; dark greenstone
kāwana	governor
kāwanatanga	government
kawa-pēke	cover sack; saddlebag
Kāwari	Calvary
kawariki	small swamp-plant
kāwatawata	gentle
kawau	shag; handle
kawe(-a)	carry; fetch; bring
kawe kē	to change
kaweka	ridge of hill; female parts; sidelines in family tree; to idle along
kawekawe	tentacles
kāwekaweka	lanky; rambling
Kawenata	Covenant; Testament
kawenga	burden; luggage
kāwerawera	huhu beetle
kāwhaki(-na)	take by force; bolt (as a horse)
kāwhe	calf
kāwhena	coffin
kāwiriwiri	intertwine
kawiti	decrease in width
kawititanga	wrist
kawiu	shrunk; enemy scalp
kē	already; different
kea	mountain parrot
kēā	dishonest
keha	turnip; smelly; white person
keho	top; frost; break wind (fart)

keho	top; frost; fart
kehokeho	clearly
kēhua	ghost
kei	in; at; on; with
kei	stern of canoe
kei	+ verb = don't
kei a	+ name = N. has it
kei hea?	where is?; where are?
kei te	+ verb = continuous action
kei whea?	where is?; where are?
keiwhā	before
keke	cake; obstinate
kēkē	armpits; to quack
kēkeke	hug; grapple
kekekeke	chatter (teeth)
kekeno	seal; sea lion; look around
kēkēwai	freshwater crayfish
keko	squinting
kēmihi	chemist
kemokemo	wink
kēmu	game; match
Kēmureti	Cambridge
kēna; kēne	can (vessel)
kenakena	Adam's apple
Kenehi	Genesis
kenepuru	mud; silt
keokeo	peak; summit
kerei	grey
kereiti	crate
kerekere(-pouri)	dark
kerēme	claim
kerepŏ	blind
kererŭ	pigeon
keri(-a)	dig
kerikohatu	pickaxe
kete	basket; kit
kēti	gate
ketu	digging stick; to rummage about
keu(-enga)	shaking; trigger
ki	to; into; against; at; with; by means of, etc
ki te mea	if
kī tūturu	declare
kī(-a)	tell; speak; full; key
kia	let (express a wish); when; so that
kia ora	hello!; thanks!; may you have health
kia tau!	keep still
kīaka	calabash; gourd
kī-anga	act of speaking
kiano	not yet
kiato	assembled
kiekie	climbing plant
kīhai	not (in past time)
kihakiha	pant; be out of breath
kīmihi	chemist
kīhau	ghost
kihi	kiss; murmur
kihikihi	cicada
kīhini	kitchen
kīki	gig
kikī	crowded; tight
kiki whenua	cicada
kīkiki	idiot; mad
kikikiki	to stutter
kikimo	shut eyes
kikini(-tia)	pinch; sharp pain
kikipounamu	cricket (insect)
kiko(-kiko)	flesh
kikorangi	blue
kikowhiti	forearm
kimi(-hia)	look for
kimo	to wink
kina	sea-eggs
kīnaki	relish; meat at meals
kīnga	act of speaking
kīngi	king
kini(-tia)	to pinch; hurt feelings; sharp pain
kinikini	nip off; skirt
kino	bad; ugly
kiore	rat; mouse
kiorere	buck (horse)
kipa	spur
kipakipatanga	spurring
kirera	squirrel
kiri	skin; leather; self (person)
kiri angaanga	scalp
kirihe	animal
Kirihimete	Christmas
kirikā	fever
kirikau	naked
Kiriki	Greece
kirikiri	gravel; basket
Kirikiriroa	Hamilton
kirikiti	cricket (game)
kirimangu	negro
kirimate	chief mourners
kirīmi	cream; palamino horse

kirimini	agreement	kohaia	girl
kirīni	green	kohake	old man
kiripaka	flint; treebark; crackle (pork)	kōhamo	back of the head
		kōhanga	nest; maternity house
kiritapu	unwed	kōhao	hole
kiritea	fair skin	kōhao hiko	power-point
Kiriti	Crete	kohapa	crooked; lame
kiritona	pimple	kōhatu	stone
kiriwai	inner skin	kohe	gabble; tree
kiriwera	sad person	kohekohe	cedar tree; long for
kirokaramu	kilogram	kōhengi	light breeze
kirometa	kilometre	kohera	twitch the limbs (omen)
kita	tightly	koheri	beat; whisk about
kitā	guitar	kohete(-tia)	scold; quarrel
kite(-a)	see; find; discover	kōhī	dark mud; heavy rain; adolescent
kitekite	see; see often		
kiwa	wink	kohi(-a)	collect; gather
kīwhi	disc	(mate kohi	tuberculosis)
kiwi	flightless bird	kōhia	passion-fruit vine
kiwikiwi	grey	kohikohi	collection; joining; gathering
kō	digging stick; chip; over there!; bird song		
		kōhiku	tail end of cloak
ko	used before definite article, no particular meaning	kōhimihimi	whisper
		kohine	girl
		kohititanga	rising
ko atu	further over	kohitū	tuberculosis
ko hea?	where to?	kōhoi	emaciated
ko mai	this side	kohonihoni	gnaw
ko(-ia)	to dig	kohu	mist; fog; curse
(e ko!	girl!)	kōhua	to boil; pot
koa	happy; please; indeed	kohuki	to turn
(hei aha koa	doesn't matter)	kohukohu	misty; chickweed; moss; seaweed
koaea	choir		
koakoa	inane	(kohukohu ruahine	a rite performed with seaweed)
kōanga	spring; planting time		
koanga	happiness	kōhumuhumu	whisper
koangi	breeze	kōhungahunga	crushed; infant
kōaro	overturned; inside out	kohurangi	blue
koata	quarter	kōhure	to turn over; outstanding
koatata	translucent	kōhurihuri	saplings
koati toa	billy goat	kōhuru(-tia)	to murder; treachery
koati uwha	she goat	kohutapu	sand plover
kōauau	flute	koi	sharp; point (see kei)
koawa	valley	koia; koianā	it is so; just that
kōawaawa	gully	koikara	finger; toe
koe	you	koinā	indeed it is!
kōeke	old man	kōingo	strong desire; sorrow
koeko	sharpened to a point	kōipuipu	blistered
koekoeā	long-tailed cuckoo	kōiro	conger eel
koemi	to flinch; wince	koitareke	quail
koha	donation; gift; parting message	kōiti	little finger; toe; weirdo; 5 cm

kōiwi	bone; corpse	kōnae	small basket
(purekoiwi	food for the dead)	konani	chewing-gum
kōkā	mother	konei	here
kōkako	crow	kōneke	sledge
kōkara	mother	koneki; koni	here
koki	angle; corner	kōnĕnĕ	berry on parasitic vine
kōkihi	to sprout; spinach	konene	a wanderer
kōkiri	fish; leatherjacket	konga	charcoal
kokiri(-tia)	to rush; charge	kongakonga	smash to bits
koko(-a)	ladle; scoop; corner; ear pendant	kongangi	creak
		kōngenge	worn out
kōkō kahawai	kahawai net	kōngutu	estuary
koko mihini	bulldozer	koni	to move
koko pokohiwi	shoulder blade	koni atu	more
koko tatakī	humourist	konihi	stealthy; move stealthily
kokohu	hollow	kono	small basket
kokonga	corner	konohe; konohi	face
kokopi	shut	kōnohete	concert
kōkopu	native 'trout'	kōnohi	yearn for
kokoru	bay	kōnohinohi	grieve
kōkota	flattish mussel	kōnui	thumb; big toe; 2 cm
kokoti	ambush	kōnumi	fold double; double back
kōkōwai	red ochre		
koma	comb	kooti	court (of law) (see kōti)
kōmā	whitish; ashen faced	kopa	bent; crippled; folded; satchel; fly off; pass by; juice-bag
kōmako	bell bird		
kōmata	teat		
kōmeke	comic book; fern root; cloak	kopa iti	inside left corner of meeting house
komekome	chew	kōpae	lying sideways; food basket; circle; meridian line
komeme	withered; broken in		
komenga	chewing		
kōmihana	commission	(whare kōpae	round house)
Kōmihana a te Karauna	Royal Commission	kōpaki	wrap up; gifts given at a tangi; pillow slip
Kōmihana mo nga āhua tanga-ā-iwi	Commission on Social Policy	kōpako	back of head
		kopanga	space in front of house
		kōpani	close lid
Kōmihana mo nga Tari Kāwanatanga	State Services Commission	kopapa	small canoe
		kōpara	bellbird
		kōpare(-a)	shade eyes; blindfold
Kōmihana mo te Ture	Law Commission	kope	nappy (baby's); wrap
		kōpeke	cold; winter
kōmiri(-a)	to rub	kōpenu	squash
komiti	committee	kōpepe	necklace
komo(-tia)	push in	kōpere	sling; dart
kōmore	bracelet	kōpeti	running noose
komuri	backwards; gentle breeze	kope-ū	bra
komuru(-a)	rub off	kopi	chrysalis
konā	there (near you)	kōpiha	storage pit
kōnā	corner	kōpikopiko	wandering to and fro
kona	cone	kōpīpī	weak; immature

kōpiri	shrivelled up; huddled close
kōpiro	fermented; marinated; intestines
kōpū	belly; womb; pregnant; planet Venus
kōpua	deep waters
kōpuku	fine cloak; swell; rounded
kōpūpū	blister
kōpura	kumara tubers
kōpurepure	spotted
kōputa	hole; blistered
kōputaputa	sieve
kora	spark
korā	over there
kōra	goal; score
koraha	desert; open country; go to empty bowels; fish hook-shank
kōrako	white feather cloak; chief
kōranga(-tia)	to lift
kōrapa	flinch; make a wrong move (omen)
korapu	shining
korara	shrapnel; scattered
kōrari	flax; stem of flax
kore	not (will not); nil
(ka kore	void (legal))
kōre	nappy
korekiko	useless
korekore	waning moon
kōrengarenga	overflowing; mashed up
kōrere	tap; gutter; funnel; cone
kōrere turuturu	shower
kōrero(-tia)	speak; news; converse; quotation
kōrero ahiahi	fairy tale; legend
kōrero kāweka	joking
kōrero paki	fairy tale; legend
kōrero pakiwaitara	fairy tale; legend
kōrero pono	tell truth; true account (legal)
kōrero pukapuka	read
kōrero pūrākau	fairy tale; legend
kōrero tara	fairy tale; legend
kōrero whakatū	drama
koretake	no good
kori	wriggle; play; physical exercise
(kai kori	jelly)
Koriata	Goliath
korihi	bird song
koriki	quail (bird)
korimako	bellbird
Koriniti	Corinth
koringa	movement; wriggle
kōriparipa	ploughing through water
korirangi	cloak (black and white border)
korire	grey warbler
kōriroriro	grey warbler
koro	sir; old man
koro o te rore	noose
koromahanga	noose
kōroa	forefinger
koroahu	steam
Korohe	Colossians
korohea	thrush
koroheke	old man
korohū	steam
korohuhū	boil liquid
koroingo	desire; welcome ceremony for new-born baby (see **maioha**)
koroiti	little finger; toe
korokē	(strange) fellow; chap
korokoro	throat; turkey
koromatua	big toe; thumb
koromeke	looped; coiled; doubled up
koromenge	frown; crumpled
koromiko	type of shrub
koroneihana	coronation
Koroni	Colony
koropā	bolt (door)
koropana	shoot up
koropeke	doubled up (bagged food)
koropiko	bow down; kneel; worship
koropū	storehouse; swollen
koropuku	hidden
koropungapunga	porous rock; pumice
koropupū	to bubble; boil
koroputa	hole
koroputaputa	smallpox
kororā	blue penguin
kōrori	stir up
korōria	glory
korotaha	sideways
korotū	want

korou	desire
koroua	old man
koroukore	listless
korowai	tag cloak (chiefly)
korowhāwhā	anchovy
korowhiowhio	blue duck; whistle
korowhiti	bent round; hoop
koru	folded; loop; dented
kōrua	you two
kōruarua	hole
korukoru	wrinkle; fold; turkey
kōrupe	carving over doorway
kōruru	carved face on gable; cloudy; knucklebones (game)
kota	shell; sawdust
kōtaha	sling
kotahi	one
Kotahitanga o nga Iwi o te Ao	United Nations
kotakota	chips; shavings
kōtamutamu	chew
kotara	wide belt
kōtare	kingfisher
kote(-hia, -tia)	squeeze
Koterana	Scotland
kotere	swelling
kōtero	fermented kumara or potatoes
koti	coat; jacket
kōti	court of law; goat
Kōti mo nga Take Iti	Small Claims Court
kotiate	flat short club
kotikara	nail of finger/toe
kotikoti	divide up; dividing fence openings; to cut in pieces
kōtimana	thistle; Scot
kotinga	boundary line
kotingotingo	speckled
kotiotio	prickly
kotipū	cut off; cut short
(tau kotipū	early winter)
kotiri	meteor; twitch during dream; in single file
kōtiro	girl
kotimutu	small bottle or calabash
kotiti	wander; crooked; stray; blossom
kotiuru	splitting headache
kōtiwhatiwha	speckled; dispersed
kōtore	tail; buttocks; kingfisher
kōtua	turn the back; bad omen
kotuku	white heron
kotuku ngutupapa	wading bird; royal spoonbill
koukoutanga	hair done up in knot
kounu	out of joint
kōura	crayfish; gold
koura rangi	shrimp
kouraura	shrimp
kōuru	top of tree; head of river; pith of the cabbage tree
koutou	you (plural)
koutu	point of land; dwelling of the priest
kōutu	bail water
kowaowao	overgrown
kōwaruwarutanga	intricacies
kōwatawata	gleaming
kowha	split open; scoop out of shell; flash
kōwhai	yellow; shrub
kōwhai ngutu kākā (mate kōwhai	red flowering kōwhai hepatitis)
kōwhaiwhai	scroll work on rafters
kōwhaki(-na)	pluck off; ready to pluck; flash
kōwhakiwhaki	flash; tear off strips
kowhanga	tossing and turning
kōwhanga	nest
kōwhao	hole
kōwhatawhata	gleam
kōwhatu	stone
koweke	garment; rag
kowhera	yawn; open up
kowhetā	to wriggle
kōwhetawheta	writhing
kōwhete(-tia)	quarrel; scold
kōwhewhe	split open
kōwhiri (-whiri, -a)	whirl
kōwhiti(-hia)	turn inside out; pull out; to shell fish; new moon; shine
kōwhiuwhiu	to fan
kōwiri	screw; wriggling
kōwiriwiri	to wriggle
kua	indicates completed actions

kūaha	doorway	kuparu	John Dory
kūaka	godwit	kupenga	net
kūao	young of animals	kupi	be covered; shut
kūare	stupid; ignorant; lack of understanding	kupiki	cubic
kūhā	thigh	kupu	text; word; message
kuha	ragged; gasping	kupu āpiti	schedule
kuhu(-a, -ngia)	enter; hide; put on clothes	kupu taurangi	oath; guarantee proactive provision (legal)
kuia	old lady	kupu tohunga	wise words
(e kui	when addressing her)	kupuāhua	adjective
kuihi	goose; fart; murmur	kupumahi	verb
kuihipere	gooseberry	kura	red; school; feather; treasure
kuini	queen		
kuiti	narrow space	kura māhita	school teacher (male or female)
kuki	cook		
kūkū	pigeon	kura takahi puni	militia
kuku(-a)	to haunt; mussel; hold; clench teeth	kūrae	headland
		kūraetanga	projection
kukume (kumea)	pull	kūraruraru	puzzled; open to question
kukune	fill out		
kukupā	pigeon	kurawai	water tank
kūmara	sweet potato	kurehe	wrinkled; withered
kumarahou	green plant	kurī	dog; animal
kume(-a)	pull; asthma	kurikuri	stinking; speargrass
kumekume	pull out; attract	kuru	mallet; to thump; throw; ear pendant; greenstone ornament
kumete	wooden food bowl		
kumewaha	bit (horse)		
kumi	six feet; fathom (sometimes 10 fathoms)	kurupae	beam
		kuru whengi	shoveller; spoonbill; wading bird
kumikumi	beard		
kūmore	headland	kūtai	mussel
kumu(-a)	backside; tail of bird; to clench; stingy	kutere	to flow; flow together; flabby
		(kau) kutētē	dairy cow
kumukumu	gurnard	kuti(-a)	draw together; cut
kunekune	plump	kutikuti(-a)	to shear; shears; scissors
kūpā	belch		
kūpae	sprat	kutikuti roa	shears
kupango	dark coloured	kutu	louse
kūpapa	bend low; go quietly; lie flat; remain quiet; traitor	kūwaha	doorway
		kūware	stupid
		kūwhā	thigh; marriage dowry

M

mā	white; clean; for; by; by way of; and	mā raro	to go on foot
		maaha	satisfied
mā	(added to name or noun) and others (e.g. Hōri mā = George and the others; e koro mā = you elders (all))	Maaka	Mark
		maea	tired
		Māehe	March
		māeke	cold
		māeneene	soft; smooth; itch; itchy

mãero	mile; channel; fabulous monster
maengarangi	apathetic
maha	many
mãha	satisfied
mãhaki	disease; calm; humble
mahamaha	liver
mahana	warm; temperature
mahanga	snare; cage
mãhanga	twins
mahara(-tia)	remember; consider
mãharahara	worried; to worry
mahau	verandah
mãhau (= mãu)	for you
mãhē	sinker for fishing
maheni	smooth; bald; shine
mahi(-a)	do; work; to make; deed; undertaking; act
mãhi	mast
mahi ngãtahi	partnership
Mahi	
whakahaere	
whakaemi	
Moni a te	
Kãwanatanga	State-Owned Enterprise
mahihore	peeled
mãhina	twilight
mahinga kai	cultivation
mãhita	teacher; master; school mistress
mãhitareta	magistrate
mãhiti	dog's hair cloak
mahoe	type of tree
mahora	spread out; give away
mahu	healed; scarred
mahue	left behind
mahue kē	instead of
mahukihuki	remove tapu
mãhuna	head
mãhunga	head
mãhuri	sapling
mai	towards the speaker; clothing
mai rãno	from long ago
mãia	brave; brave man; bravery
maiaka	thin
maiangi	springy; weak
maiaorere	fine cloak
maihamo	back of the head
maihao; matihao	finger; toe
maihara	muscles

maihi(-hi)	carved barge boards; mast
maiki	creep off
maikuku	fingernail; toenail; claw
maimai aroha	token of affection
maioha	welcome
maioro	fortified with earthworks and ditches; palisade
mãipi	wooden spear; weapon
maire	hard wood; horn; chant
(whare maire	house of higher learning)
mairehau	aromatic shrub
maitai	iron
maka	mug
maka(-ia, -a, -ina)	to throw; to put in place
makamaka	scattered; toss; place
makao	shark's tooth; to sprout
mãkara	head
makara	leave; arrive
mãkarakara	tasty
makariri	cold; winter
makau	wife; husband; darling
makawe	hair (used as plural); mane
mãkekehu	light-haired
makere	drop; be dropped; leave; dismount; depart; ceased
makere mai	departed from
makeremumu	winter
mãkete	market
mãketoiho	mackintosh
maki	invalid
makimaki	ugly; monkey-like; monkey
mãkiri(-hia)	debone; insult
mako	shark; shark's tooth
mãkoi	shell; sharpened point
makokōrori	caterpillar
makomako	bellbird; tree
mãkona	satisfied
makorea tangata	survivors
mãkū	wet
mãku	for me
mãkūkū	damp
makuku	lazy; pleasant
mãkutu	bewitched; black magic
(tiro mãkutu	stare)
mãkuware	ignorant; regardless
mãmã	light; easy; mother; free of tapu; few

mamae	pain; sore
mamaha	steam
mamahu	soothe
mamaku	fern tree
māmangu	black ink
mamao	distant; distance
mamāoa	steam; cooked food
māminga	cunning; pretence; deceive; deceitful
mamingo kata	beaming with smiles
māna	for him; for her; he will; she will
mana	power; influence
mana ā-iwi	tribal authority
mana āpiti	ancillary powers
mana motuhake	autonomy
mana muru	distress warrant
mana muru rawa	warrant to seize property
mana whakahaere	jurisdiction
mana whakatau	summary jurisdiction
manaaki(-tia)	entertain; befriend
mānahenahe	cleared country
manaia	bird-like carved figure; seahorse
manako(-hia)	hope for; desire
mānāpu	type of tree
manatu	homesick; worried
manatunga	keepsake; heirloom; souvenir
mānawa	fourth finger; mangrove
manawa	heart; breath
manawa kiore	last breath
manawa nui	brave; patient
manawa pā	anxious; grudging
manawa reka	satisfied
manawa tuawhiti	stout hearted
manawa wera	angry chant; anger
Mane	Monday
manehau	type of fern
mānehenehe	peevish
manene	stranger; wander
manga	stream; branch
mangā	barracouta
māngai	mouth; spokesman
mangainga	descendant
māngaro	floury
mangaru	mongrel
mangeao	type of tree
mangemange	creeper
mangeo	itch
māngere	lazy
māngiongio	chilblain
mangō	shark
mangōpare	hammerhead shark
Mangōroa	Milky Way
mangōururoa	white shark
mangu	black
mangumangu	negro; ink; ugly
mangungu	closely woven; crushed; uncooked
mānia	plain country; plateau
mania	slippery; to slip
maniua	manure
mano	thousand; large crowd
mānu	to float
manu	bird; kite
manuao	man o' war; naval vessel
manuhiri	guest; visitor
mānuka	tea tree
mānukanuka	anxious; anxiety
manukura	chiefs in council
manumanu	collar-bone; sting-ray
manurere	aeroplane; kite
manuware	stupid
manuwhiri	guest
mao	weather cleared
maoa(-nga)	cooked; ripe
maoka	cooked
maomao	type of fish
maonga	cooked; ripe
māori	ordinary; fresh; native people
Māoritanga	Māori culture
maota	green; freshly grown
mapau/mapou	type of tree
māpere	middle finger
mapere	marble; conscription
mapi	map
mapu	mob; sigh; flow freely; pump
(tangi te mapu	pant)
mapu(-a)	to clean up
māpura	fire; burn
māra	cultivation
mara	steeped in water; dirty
(e mara!	old man!)
marae	meeting-ground
marahea	of low degree
maràhiki	molasses
mārakerake	a clearing; bare
Maraki	Malachi
marakihau	sea-monster
mārama	light; clear

marama	moon; month	matā	bullet; lead; flint
maramara	chips of wood	matā kai kutu	warrior
maramataka	calendar	mata wī	rushes
maranga	rise up	mataahi	roasting spit
marangai	east wind; storm; rain	mataaho	clear; window
marara	umbrella; scattered	mataati	first victim
marari	butterfish	mataheu	razor blade
mārau(-a)	forked stick	mātai	gaze out (to sea)
marea	many; hordes	matai	black pine
mārehe	stickler; fussy	mataihi	front end
māreherehe	fussy	mataika	first victim in battle
Marēhia	Malaysia	mātaitai	seafood
Mareia	Malaya	matakahi	wedge
mareikura	female supernatural being	matakana	watchful
maremare	cough; cold	matakerepō	blind
mārena	wedding; marry	mātakitaki	to watch; view
mārenatanga	marriage; marriage service	matakite	seer; second sight; prophecy
marere	drop; get down	matakoma	bulging
mārewa	set out; raise up	matakopa	floor space to left inside door of meeting house
mārie	peaceful; quietly; peace		
mārika	careful; really; quite		
(āe mārika	well, well)	mataku	afraid; to fear
maringi	be spilt	matakupenga	belly fat
marino	calm	matamata	point; top; sudden
marino tuāukiuki	settled calm	matamata huānga	distant relations
māripi	knife	mātāmua	first child
mārire	quiet; gentle	mātāmuri	last child
mārō	solid; stretched out; straight ahead; hard; fathom length	mātangatanga	hanging loose
		matangerengere	embarrassed; cramped; numb
maro(-hia)	apron; use as apron	matangi	wind; breeze
maro whaiapu	patterned belt	matangohi	first victim
mārohirohi	strong; brave	matanguru-nguru	nervous; shaking; goose pimples
maroke	dry		
mārōrō	strong	mātao	cold
maroro	flying fish; ruined	mataora	living; tattooing chisel
mārū	gentle	mātaotao	cold; getting cold
maru	abundance; covered; shelter; safeguard; protection; crowded	matapihi	window
		matapiko	mean; stingy
		matapō(-ke)	blind
marū	bruised; crushed; cooked	matapopore	solicitous; caring for
mārua	pit; cavern	matapōuri	downcast
maruāpō	dream; night	mātāpuna	source
marumaru	shaded; overshadow	matapuputu	old people
mātā	stack in layers; fern; fish; swamp	matara	untied; distant; rough; comb out hair
mata	blade; uncooked; eye; edge; face; green; unripe; mesh; spiritualist medium	mātārae	prominent headland; chief
		matarahi	large

matarau	many-pointed fishing spear
matarekereke	numb
Mātāriki	Pleiades stars
mātāriki	breeze from northeast
mātātā	fern-bird; swamp; swamp plants (see mātā)
matata	be split
mātātahi	teenagers
mātātaki	to challenge
matatara	dam; weir
matatau	intently; expert at (ki...); fully aware
matatira	in a line; in a row
matatū	wakeful
matatuhi	seer; prophet
matau	hook; right side
mātau	us; we
mātau(-ria)	know; understand
mātauranga	knowledge
mātautanga	knowledge
matawaia	brimming with tears
matawaenga	undecided
mātāwaka	ancestral canoe; kinsfolk from ancestral canoe
matawhāura	battle
matawhawhati	unexpected
mate	dead; sick; death; doomed; worn out
mate kikohunga	gangrene
mate koroputaputa	smallpox
mate oha	affectionate
mate urutā	epidemic
matekai	hungry
matenga	death
mātenga	head; Marsden
mātengatenga	cramped; numbed
matenui	desire
matewai	thirsty; thirst
māti	match; type of spear
mātia	to drive in stakes
matihao	finger; toe; claw
matihe	sneeze
matika	stand up; fish-hook
matikara	finger(-nail); toe(-nail)
matike	stand up; get up
matikuku	finger; toenail
matimati	fingers; toes
matipou	type of tree
matire rau	rod for fishing; also used in pure ceremony

mātiro	stare fixedly
mātiti	peg; wedge
matiti	split; crack
Matiu	Matthew
mātoro	woo; stretch out
mātoru	crowded
mātotoru	thick; strong (tea)
mātou	us; we
matū	fat; tasty food
matua	main stem; parent
mātua	parents; first; main body of army; division
matua whāngai	foster-parent
mātuhi	small bird; needle; stitch
māturuturu	trickle
mātūtū	convalescent
mau	fixed; comprised
māu	for you
mau(-ria)	bring; carry
(i a...	caught by...)
(ki te...	caught hold of the...)
mau tangetange	guilty; captured
mau taringa	ear pendant
mau te rongo	peace reigns
mau tonu	remain fixed
maua	be taken
māua	we two (excluding one spoken to)
mauāhara	hatred
mauāhua	film negative
mauherehere	prisoner
maui	on the left; magic
māuiui	tired; weary
maukino	despise
māuku	fern
maumahara	remember
maumau	waste; to no purpose; prodigal
maunga	mountain
maunga-ā-rongo	peace making
māunu	bait
maunu	drawn from belt; taken off; emigrate; turn of tide
maure	twelfth day of moon
mauri	life principle; special character
mauroa	long; type of kūmara
mauru	eased; satisfied
mautohe	oppose constantly
māwake	southeast breeze
mawehe	be separated

māwhatu	curly hair	mihini maitai	tank
māwhe	faded; pale colour; white dog-skin cloak	Mika	Micah
		mimi	urine; to urinate
mawhiti	leap; skip; glance	mimiti	dried up; devalued
māwhitiwhiti	grasshopper	minamina	long for
me	and (use between nouns); if; with; please	mine	gather together
		mingimingi	shrub; juniper
me te	while	mingo	wrinkled
mea	thing	mingomingo	
mĕa	mayor	kata	grin; broad smile
mea(-tia)	say; do; think; intend	minita(-tia)	minister; to minister to
mea kau ake	in a while; get on with it!	Minita Kaitiaki putea	Minister of Finance
meăke	soon	Minita mo nga	
meha	measure	Take Māori	Minister of Māori Affairs
mehameha	set apart; lonely		
mehemea	if	Minita mo nga	
mĕhua	measure	Take Rāwaho	Minister of Foreign Affairs
Mei	May		
mei	if; according to	miniti	minute
meia	mayor	mira	mill
meinga	be done; be thought; deemed	miraka	milk
		miri(-a)	rub
meinga ake	turn on (the power)	mirimeta	millimetre
meinga iho	turn off (the power)	miriona	million
mekameka	chain	miririta	millilitre
meke(-a)	to punch	miro	cotton thread; spin
mema	member	miro	type of tree
memeha	dissolved; sickly	miromiro	bird; tom-tit
memene	make faces; grimace	mita	faultless diction; metre; idiomatic speech
mĕnă	if		
mene	be assembled	mīti	meat
menemana	amendment	miti(-kia)	to lick
menemene	smile	mo	for; about
meneti	minute	moa	giant extinct bird
mĕnetia	manager	(mate-ā-moa	dead as the dodo)
menge	withered	moana	lake; sea
mĕra	mail	moari	swing; giant strides (game)
mere	short flat club		
merekara	miracle	moata	early
merengi	melon	moe(-a)	sleep; marry
meta	metre	moe puku	concubinage; de facto marriage
mĕtara	medal		
metemea	as if	Moehau	Coromandel
miere	honey	moehewa	dream
miĕre	be exhausted	moemiti	praise; give thanks
mīharo	to wonder at; admire	moemoeā	dream
mihi	greet; admire	moenga	bed; marriage
mihinare	missionary; Anglican	moeoneone	type of grub
mihingare	missionary; Anglican	moetăhae	adultery
mīhini	machine; engine; motor	mohani	smooth
mihini hauhuti	vacuum cleaner	mohimohi	pilchard; smooth

mōhio(-tia)	+ ki = to know; clever
mōhiotanga	knowledge
mōhiti	ring; spectacles
moho	stupid
mohoa	up to now
mohoao (...wao)	hermit; uncouth
mōhou	for you; about you
mōhŭ	selfish; mean
mōhua	yellowhead
moi	call a dog
Moihi	Moses
moka	end; remains
mōkai	pet; slave
mokamōkai	pet
mokemoke	lonely
mōkete	mortgage
mōkete tautuarā	
āpiti	collateral security
moki	type of fish; scented plant
mōki	raft; surfing
mōkihi	raft
moko	tattoo; lizard; personal mark; caterpillar
mokomoko	lizard
mokopuna	grandchild
mokoroa	huhu bug
mōku	for me
momi(-a)	suck
momo	race; type; make of
momoe	drowsy; eyes closed; sleep together
momohanga	remnant
momohe	soft
momohu	lucky; successful at
mōmona	fat; fertile
momori	smooth; bare
momote	underhand (see mote-a)
momotu	move away; set free; cut off; cessation
momou	to wrestle
mōna	for him; for her
monamona	joint; knot
mōnehunehu	misty; gentle rain
mongamonga	crushed; smashed to bits
moni	money
moni āwhina	loan; monetary assistance
moni hua	proceeds; profit
moni matua	principal sum
moni whakapaua	expenses incurred
moni whakatau	deposit
moni whāngai	premiums

mono	plug; caulk; spell to disable the enemy
mōrehu	survivor
mōrehu hōia	veteran soldier
moremore	smooth; bald
mōrere	swing
mori	bald; toothless
mōrikarika	dirty; horrible; overeating
moroki	up to now
mōrunga	lifted up; high up
mōtā	mortar gun
mōteatea	laments; apprehensive
mōtemea	because
mōtini	motion (in council)
mōtītanga	consuming
motokā	car
motomoto	strike with fist
motopaika	motorbike
motorore	lorry; truck
mōtoi	ear ornament
motu	island; cut off
motu(-hia, -kia)	to separate; wound
motuhake	separate; extra; special; absolute
motukā	car
motumotu	sticks; faggots
moturere	cut off
mōu	for you
moua	mower
moumou	waste; to no purpose
moumouranga	(marriage) engagement
mōunu	bait
moutere	island
mōwai	calm sea; gentle
mōwhiti	ring; spectacles
mŭ	draughts (game)
mua	in front; formerly; front
muanga	first born; eldest
muhani/muheni	insult; abuse; ill-treat
mui(-a)	swarm around
muka	flax fibre
muku(-a)	wipe; rub
muku	
papatuhituhi	board duster; to dust the board
mumu (= āwhā)	boisterous wind
mūmŭ	complain; beetle; morose
mumutawa	ladybird
muna(-ia)	to gossip; tell secretly; darling

mura	flame; shine	Muriwhenua	North Cape
mura o te ahi	front line; heat of the battle	muru(-a)	rob; plunder; pluck; confiscate; cleanse
mūrere	clever; cunning	mutu	ended
muri	after; in future; north; the back; breeze	(ka mutu mō te...	very good at...)
Murihiku	Southland	mutu anō	that's all
murikōkai	back of the head	mutumutu	cut short
muringa	last born; afterwards	mutunga	end

N

nā	satisfied; of; belonging to; by way of; there	napō	last night
		napuka	type of plant
naenae/naeroa	mosquito	narunga(-tia)	be up
Nahareta	Nazareth	nāti	headstrong; stray (animal)
nāhau	belonging to you		
nahe	alone	nati(-a)	nut; to pinch; choke
nāhea	when?	natinati	encircle with rope; squeeze
nāhi	nurse		
Nahinara	National Party	natu(-a)	scratch; stir; rip out
Nahumu	Nahum	nāu	your; yours
nāianei	now	nauhea	rascal
naihi	knife	naumai	welcome
naka	over there; by you	nāwai	after a time
nākahi	snake	nawe	sufficient; on fire; scar; complaint; excited; immovable
nāku	my; mine		
nakua	recent		
nama	debt; number	nē?	isn't that so?
namata	ancient times; distant past or future; (ānamata = future; onamata = past)	neha	distant past; to doze
		neha?	isn't it? (implies question)
		Nehemia	Neheiah
namu	sandfly	nehenehe	bush; forest
namunamu	blister	nehe-rā	ancient times
nāna	belonging to him/her	nēhi(-tia)	to nurse; a nurse
nanahi	yesterday	nehu(-a)	bury
nanakia	treacherous; cunning; clever; fierce creature	nei	(indicates connection with speaker)
nanao (naomia)	lay hold of	neinei	type of shrub
nanapi	to cling to	neke(-hia)	move
nanekoti	goat	neketai	tie (article of clothing)
nanenane	goat	neketerini	nectarine
nāngara	insect	nēnene	to tease
nani	wild turnip; cabbage	Nepukaneha	Nebuchadnezzar
nanu	indistinct; murmur	nēra	nail
nanunanu	stammer	neti	net; a dart
nao(-mia)	lay hold of	netipōro(-paoro)	netball
naomanga	holding	newha	to doze
nape	make mistake in speech or in karakia; jerk	niao	gunwale; edge of instrument
		niho	tooth

nihoroa	tusk
nihotunga	toothache
nīkau	palm
niko(-a)	put rope around
nini	glowing
ninia	diffused with light
ninihi	neap tide; steal away
niti	dart
niu	to tell future; pole
Niu Tireni	New Zealand
niupepa	newspaper
nō	of; belonging to
nō hea?	from where?
noa	free from tapu
noa atu (i mua)	long ago
noa iho	quite; just; only
noatanga	unimportant
Nōema/Nowema	November
nohinohi	small
noho(-ia)	live in; sit; dwell
noho ā iwi	race relations
noho wehewehe	apartheid
nohoanga	seat; squatting; habitation
nohopuku	silent; fast from food
noi	high; to be high up
noke	worm
noko	stern (of canoe)
nōku	my; mine

nōna	his; hers
nōnahea?	when?
nōnāianei	just now
nōnamata	long ago
nōnānoanei	just recently; from then
nōnatahirā	day before yesterday
nono	backside
nonohi	small (plural)
nonoke	wrestle
nōtemea	because
noti (nōtia)	pull together with string; strangle
nōu	yours
nōwhea?	where from?
nui	big; many; size; volume
nui whaka-harahara	enormous; formidable
nuinga	majority
nuka(-ia)	deceive; trick
nukarau(-tia)	deceive
nuke	plot; bent
nuku(-hia)	move up; increase; shift
nukuhanga	extension
numi(-a)	to pass behind; fold; pleat
numu(-a)	pass by
nunui	big (plural); large size
nunumi	to disappear; pass behind
nūpepa	newspaper

NG

nga	the (plural)
ngā (ngāngā)	to breathe
ngaehe	to rustle; murmur
ngaengae	heel; wheeze
ngaere	to quiver; roll; soft
ngaeroa	mosquito
ngahae	torn; dawn
ngahau	games; entertain; enjoyment
ngahengahe	forest; weak
ngahere(-here)	forest
ngahiri	beater; pounder
ngahoa	thud
ngāhoahoa	headache
ngahoe	thud
ngahoro	to fall; be plentiful
ngahu(-a)	to hammer; promontory
ngahuru	autumn; harvest; ten; abundance
ngai	title of tribe

ngāi tāua	we, the people
ngaio	ngaio tree
ngākau	heart (i.e. emotions)
ngaki(-a)	cultivate; dig; avenge
(ngaki mate	seek vengeance)
ngako	grease; fat
ngākoikoi	rock cod
ngana	be eager; persevering
ngāngā	gasp
ngangahu	sharp; in sharp outline; pull faces
ngangana	glowing red; bluster
ngangara	spider; insect
(hoa-ngangare	enemy)
ngangau	disturbance
ngangī	cry of distress
ngangore	gums
ngao	adze (trimmed timber); to taste; to trim with adze
ngaoke	creep

ngaoko	itch; budge
ngãpara	resinous wood used for torches
ngarahu	black cinder
ngãrara	reptile; monster; creepy
ngare(-a)	send; close relative
ngari	annoying
ngaro	lost; absent; blowfly
ngaromanga	disappearance
ngaru	a wave of the sea
ngãruru	headache
ngata	satisfied; snail
ngãtahi	together; jointly
ngãtata	split open
ngãtatata	crack (of landslip)
ngãtoro	resound
ngãti	people of... (used with tribal names)
ngau(-a)	to bite
ngãueue	to shake; quiver
ngautuarã	back-biting
ngãwari	soft; pliable; patient
ngawẽ	yelp
ngãwhã	hot springs
ngãwhariki	hot pools
ngawhi	be punished
ngawĩ	yelp
ngẽ	noisy; screech
ngehengehe	soft; weak
ngehingehi	bag for squeezing berries
ngenge	weary
ngere	missed out
ngengere	grunt; growl
ngerengere	fortifications; leprosy
ngeri	fierce chant
ngeru	cat
ngia	like (to be alike)
ngiha	burn
ngingio	withered
ngira	needle
ngõ	to grunt; cry
ngoengoe	screech
ngohengohe	soft
ngohi	fish
ngoi	strength
ngoikore	weak
ngoio	asthma; whistling sound
ngõiro	eels; conger eels
ngõki	creep
ngongengonge	deformed
ngongo	suck; waste away; tube; pipe; gun barrel
ngongore	blunt
ngongoro	snore
ngore	to entice; soft
ngorengore	rubbery; young eel
ngota	piece; fragment
ngotangota	crushed
ngote(-a)	suck
ngoto	penetrate deeply; head
ngũ (wahangũ)	dumb
nguha	fierce; fight
ngũngũ	dumb person; stillborn child
ngunguru	rumble
nguru	flute
ngutu	lips; beak; mouth
ngutu huia	show off
ngutu kãkã	scrollwork
ngutu ngutu	gossipy
ngutuawa	river mouth

O

o	of
õ	to answer 'what?'
õ	provisions
õ (mai)	struggle into
oati	oath
oha	last words; inheritance; greeting; generous
õhãkĩ	dying speech; legacy
õhanga	cradle; family home
ohaoha	generous; plentiful
ohinga	childhood
oho	to wake
ohorere	suddenly; spark off
ohu	working bee
õhua	half moon
oi	mutton bird
õi	quicksands; dangling
oinga	childhood
oioi	shake gently; stir up
oka	dagger; butcher knife
okaoka	stab
oke	struggle; ill
okeoke	to struggle; restless; wallow

Oketopa	October
ōkiha	bullock; ox; barren sow
okioki	to rest; a rest
oko	wooden bowl
okooko	to parry a blow
ōku	my; mine
oma(-kia)	to run; escape
omanga	running race; refuge
ōna	his; hers
onāianei	of the present time
onamata	of ancient times
one	beach; sand; earth
oneone	earth
onepū	sand
oneuku	clay
onewa	grey stone; club made of it
ongaonga	angry; irritated; tingle; nettle
onge	scarce
ongeonge	lonely
onioni	to wriggle; intercourse
ono	six
ono(-kia)	to plant
opa(-ina)	to throw; pelt
Oparia	Obadiah
ope	expedition; war party
ope taua	war party
opeti	crowded
opua	verandah
ora	alive; well; full; a slave or servant

oraiti	just escaped
oranga	health; welfare
oranga hinengaro	emotional health
oranga ngākau	well-being
oranga tinana	bodily health
oranga wairua	spiritual health
oreore	shake
orihou	type of shrub
oriori	sleep-time chant
ōrite	equal
ōrite te waihoe	forward together
ōriwa	olive
oro(-hia)	sharpen; echo
oroko	as soon as; for first time
orokohanga	beginning
orongonui	waning moon
oruoru	secondhand; swampy
ota	uncooked
ōta	order
Ōtākou	Otago
otaota	weeds; rubbish; grass
Ōtautahi	Christchurch
Ōtepoti	Dunedin
oti	completed
oti atu	never returned
otiia; otirā	but; however
ōu	your; yours
oumu	oven
ouou	few
ōwhā	last words; inheritance

P

pā	shut; clump; bush; get in touch; fortified village
pā(-ngia)	affect; block; touch; strike; be heard; catch a disease
paamu	farm
pae	circumference; horizon; perch; beam; cast ashore; balance of accounts
pae kākaho	skirting board
pae kura	lost property; jettisoned
pae o te ara	roadside kerb
pae o te riri	battlefield; camp of war-party
paekaha	gum

pāeke	speechmaking custom when local orators all finish before the visitors commence speaking
paekiri	flat space by palisade; beam
paemanu	collar-bone; thwart of canoe
paemate	mourners
paenga	threshold
paepae	lie across; threshold; seat for orators; open container
paepaeroa	richly worked
paera(-tia)	boil

paerata	pilot
paerau	resting place of spirits
paeroa	range of hills
Paeroa o Whānui	Milky Way
paetini	poison
paewai	type of eel; important person; collar-bone; jaw-bone
pāha	arrive suddenly
pāhau	beard; whiskers
pāhauhau	windbreak
paheke	to slip
pāhekeheke	unstable
pahemo	pass by
pahī	expedition; camp; slave; subgroup of tribe
pāhi	pass; boss; parcel; strike; purse; bag; pannier
pahi	bus
pāhihi	passenger
pahika	passed on
pāhiketepaoro	basketball
pāhoahoa	back of the head; headache
pāhoro	fort taken by storm
pahū	gong; explode; drum; falsehood; break
pāhua	rob
pahuhu	slip off
pāhūhū	to pop (corn)
pāhuki	brush-fence
pāhunu	anxious; burning
pahupahu	to bark
pahure	be accomplished; pass by
pai(-ngia)	to like; good
paiaka	root of tree
paihamu	opossum
paihana	pheasant; poison; basin
paihau	beard; wing; type of fish
paiheneti	percent
paihere	bundle; tie up
paihikara	bicycle
paikaka	homebrew beer
pāike(-a)	hit
paikea	type of whale
(whare paikea	long house)
paina	pine
painaina	sunbathe; warm oneself; bask
paināporo	pineapple
paipa	pipe
Paipera	Bible
paipōro	piebald
paitini	poison
pākā	reddish
pāka	box
paka(-tia)	weather-beaten; bugger
pakā ngā whakaaro	full of hope
pakahā	rainbird; shearwater
pākai-ahi	fireplace
pākākā	brown
pakakē	whale (motif); busy
pakakina	glowing
pakanga	war; battle
pākano	seed-pod
pakari	mature; sturdy
pakaru	broken; torn
pākaru(-a)	gush out; break
pākarukaru	smash
pākati	dog-tooth pattern
pākau	wing; kite
pākaurua	stingray
pākē	rough cloak
pake	stubborn
pākehā	not Māori; European
pākeho	limestone; white clay
pākehokeho	slippery
pakeke	adult; difficult; stiff; hard
pakepakeha	ghostly people; weird
paketai moana	driftwood
pākete	bucket; packet; carton
paki	fine weather; apron; kilt
pakiaka	root of tree
pākihi	dig for roots; barren country
pakihiwi	shoulder; ell measure (approx 1 metre)
pakikai	garment
pakiki	inquisitive
pakimaero	fairy story
pakipaki (pākia)	slap; clap; side flap; preserve heads; keep in line; feel; dried food; decorated border of cloak
pākira	bald
pākirikiri	butterfish; grimace; blue cod; show one's teeth
pakitara	wall; gossip
pakitea	dandruff
pākiwaha	boastful; pectoral fins
pakiwaitara	fairy story; scandal

pakiwara/pakiwhara	naked
pakō	bang; blister
pākoko	childless
pakoko	statue; shrunk
pākoko tawhito	hero
pākoreha	destitute
pākoro	store; storeroom
pakū	explosion
paku	matter in the eye; dried
pākūhā	marriage gift
pakupaku	small
pākura	red sky; bad omen
pākuru	percussion stick; chant sung to the beat
pākūwhā	marriage gift
pāmamao	distant
pāmangu	grey
pāmārō	hard; steady
pāmu	farm
pana	tea tree berry
pana(-a, -ia)	push; throw out; sack; expel
pana penihini	petrol pump
pana tamariki	bring to birth
panahau	pump
panana	banana
pane	head; leader; postage stamp
panekākā	rough in appearance; country bumpkin
paneke	move forward
panekoti	skirt
panekoti Kōtimana	Scottish kilt
pānga	riddle; obstruction; share
panga(-a, -ina)	to throw; put; aim at
pānga-ā-taonga	estate (legal)
pānganga	thin
pango	black
pangopango	dark coloured
pangu	punch
pani(-a)	orphan; smear; paint
pani hinu	ointment
Paniora	Spanish; Spaniard
panipani(-a)	spread
pānui	announce; advertisement
pānui nama	confession of claim
pānui tautohe	counter claim
panuku	move on
pānukunuku	toboggan
panumi	ski; slide

pao(-a, -tia)	beat; strike; song; scattered; hammer
paoa	smoke
paoho	give alarm
paoi	beater; beat fern root
pāoka	fork
paopao	to strike
paorangi	thunderclap
paoro	ball; echo
paoro(-tia)	crash into
papa	floor; board; door; sufferers; sea bed; basis; box; flat; shelf
papā	explosive noise; to explode; clash
pāpā	father
papa angaanga	skull
papa kāinga	original home
papa parāoa	bread plate; bread board
papaahu	skull
papahu	cheating
papai	good
papaihore	buttocks
pāpaka	crab
papa-kati	shutter
papake	whale meat
papaki (pākia)	slap
pāpākiri	tree bark
pāpaku	shallow
papanga	layer
papangārua	quilt; duvet
pāpango	dark; black teal
pāpapa	shell (egg); husk
papapātua	food container of totara bark
papa-purei-hōiho	race course
pāpara	physical father
paparahi	floor
paparakauta	public house
paparewa	skinny
pāpāringa	cheek (of face)
papāroa	scarce
papatahi	flat
papatairite	level; flat surface
papatākaro	playing-field
papatāniwhaniwha	plant; daisy
papatipu	land without legal title
papatu	clash together
papatū	barricade; champion
papatuanuku	mother earth
papatuhituhi	blackboard

papatupu/papa-tipu	Māori land free of title
papī	ooze; blind; puppy
papu	pump
pāpuni	dam; block flow
pāpura	purple
Papurona	Babylon
para	garbage; pulp; scraps; edible fern; frostfish
para rākau	sawdust
pārae	open country; paddock
paraehe	(see paraihe)
paraha	flat; broad
pāraharaha	flat; flat rope (3 strands)
paraheahea	ugly
parāhi	brass
parahia	(kumara) seedlings; weed
parahua	sandy earth
pārai	screen; push back
parai(-tia)	to fry; fried; flapjack; frying-pan
paraihe	prize; brush
paraihe heu	shaving brush
paraihe niho	toothbrush
paraikete	blanket
paraire	bridle
Paraire	Friday
paraiti	blight
parakau	slave
parakimete	blacksmith
parakipere	blackberry
parakitihi	practice
parakuihi	breakfast
parama	plumber
paramanawa	provisions
paramino	palamino horse
paramu	plum
parangia	overcome by sleep
parani	brandy; brand; daisy; verandah; France
Paranihia	Polynesia
parāoa	flour; bread; sperm whale; whalebone; weapon; (fig) chief
parāoa kinikini	dumplings
parāoa koroua	thick scone
parāoa parai	scones; fried bread; flapjack
parāoa rēwena	potato-yeast bread
parāoa roa	weapon of whale rib
parāone	brown

parapara	offal; excrement; a place of rites
paraparau	puzzled; speak falsely
pārara	lie open to
pararā	whalebird; scooper
pararahi	flat area
pararau	slave
pararē	to shout; cry
parareka	potato; fern
pararutiki	paralytic
parata	whirlpool demon
Parata	Brother (of religious order)
parataniwha	plant; herb
paratiki	plastic
paratŭ	high up
parau(-tia)	plough; tell lies
parauri	dark coloured; dark skinned
parawaha	spit; bits of food
parawai	fine ceremonial cloak
pare	headband; carved door lintel
pāre	barley
pare(-a)	divert
pareho	skull; eaten up
pārekareka	pleasant; comical; enjoy oneself
pārekereke	seedling bed; sandal
parekura	battlefield; disaster
Pāremata	Parliament
Pāremata o te Kotahitanga o nga Iwi o te Ao	United Nations
paremo	drowned
parenga	river bank
parengo	dried seaweed (as food)
parepare	defences; bulwark; palisade; gills
pārera	wild duck
parerori	cramp; tight muscle
paretai	river bank
pārete	spurs; to tow
pāreti	porridge
pari	bodice; cliff; high tide; incoming tide
pārihirihi	skull
parirau	wing
pari-uma	bra
pārō	food basket; hollow of hand
paro(-a)	to dry; skull

paroiwi	bone
parore	mangrove fish
pārore	weakening
pāroro	storm clouds
paru	mud; dirt; dirty
paruheti	dirt; dirty
paruhi	perfect
paruparu	dirt; dirty
pāruturutu	jerk; knock together
pata	butter; grain; seeds; a drop
pātai(-a)	ask; question
pātaka	storehouse
pātangatanga	banana-like fingers of tawhara vine; starfish
patapata	to drip; raindrops
patapātai	ask; challenge
pātara	bottle
Pātari	Magellan Clouds
pātari (tari)	amuse; entice; provoke
pātata	near
pātaua	submersed
pāteke	brown teal
pātene	button; batten
pātere	to flow; abusive song
pātero	break wind
patete	type of tree
pātī	party; patch
patī	to splash
pati(-pati)	flatter; praise
pātiki	flounder (fish); paddock
pātiki rori	sole (fish)
patiko	hurriedly
patipati moni	beg
patiti	scattered
pātītī	grass
pātito	sores on crown of head
pātotara	juniper bush
pātōtō	knock; knocker
pātōtō kupu	to type
pātū	wall
patu(-a)	to beat; weapon; beater
pātua	pretend
pātuki	strike
patunga tapu	holy sacrifice
patupaiarehe	fairy
pau	exhausted; eaten up
pāua	shellfish; hook made with its shell
paukena	pumpkin
pauku	cloak rolled on arm as shield
pauna(-tia)	pound; to weigh; impound
paura(-tia)	to powder; powder
paute	spout
pawa	smoke
pāwai	collar-bone
pāwera	scared; hot; panic-stricken
pāwerawera	dread
pāwhera	dried fish; rape
pāwhero	reddish hair
pē	mashed up; messy
pea	perhaps; pair; pear; bear
peha	proverb
pēhanga	press; look down; heap
pehapeha	boast
pēhea?	how?
pēhi(-a)	press down
pehipehi(-a)	ambush
pei	spade; bay horse
pei(-a)	drive out; push; shove
peihana	basin; pheasant
Peina	Spain
peita	paint
peka	branch; bundle of fern; visit; to turn aside; season
pēkana	bacon
pekanga	side road
pekapeka	9-strand rope; bat (animal); starfish; greenstone ornament
pēke	sack; bag; pocket; roll sleeves
pēke(-tia)	back up (car)
peke (pekepeke)	to jump; limb
pēke tera	saddlebag
pekepeke haratua	daddy-long-legs
pekepeke kiore	fungus
pekepoho	first-born child
pekerangi	outer palisade
pēkerohe	boundary peg
peketua	burden; centipede
peki	chirp
pēnā	like that
pēne	band; sheep pen
pene	pen; pencil; penny
penehini	benzine
pēnei(-tia)	like this
penerākau	pencil
penihana	pension

penihana koroua/ kaumatua	superannuation
penu	completely; flat
penupenu	squashed flat
pepa	paper; pepper
pēpē	butterfly
pepe	baby
pepeha	proverb; boast
pepeke	frog; draw up legs; hurry
pēpepe	butterfly
pēpi	baby
Pepuere	February
pērā	like that
pera	pillow
pere	bell; arrow
pere whaitua	space-ship
pēre/pēra	bucket; pail; bale
perehi(-tia)	to press; print
perehina	bristle; hair
Perehipiteriana	Presbyterian
perehitini-o-raro	vice-president
pereki	brick; brig
pereti	plate
peretopa	felt top-hat
pero	head of fish
peru	swelling of eyes; apoplectic; eaves; nail head; to snort
peruperu	dance with weapons; eyebrow
Peterehema	Bethlehem
pēti	bet; spades (cards)
peto	used up
pewa	arc; snare; eyebrows
pēwara	bevel
pēwhea?	how?
pī	bee; pae; urine; rising tide; chicken
pia	beer; learner; glue
piako	empty; hollow
piana	piano
pīari	hunchback
pīata	to shine; bright
piau	iron axe
piha	butcher; gills of fish; yawn
pihanga	window
pihapiha	gills; fish offal
piharau	lamprey
pihareinga	grasshopper; outlaw
piharoa	iron chopper

piharongo	black stone used for tools
pihau	break wind quietly
pihepihe	girdle
pihi	sprout; shoot up
pihi	piece; cow's horn
pihikete	biscuit
pihoi	deaf
pīhoihoi	New Zealand pipit; groundlark
pīhopa	bishop
pihopatanga	diocese; bishopric
pīhuka	gaff; hook
piira	appeal (legal) (see pīra)
pīkaokao	rooster
pīkaru	discharge from eyes
pīkau(-ngia, -ria)	carry on back
pīkete	biscuit
pīki	fig
piki(-tia)	to climb; feather
piki maunga	mountaineer
pikiarero	climbing plant
pīkini	billy can
pikiniki	picnic
pikipiki	climb over
pikitanga	ascent
pikitia	pictures (film)
piko(-a)	to bend; stoop
pīkoko	famished
pikopiko (mauku)	fern shoots; fronds
pikopoto	warped
pīnaki	weeding tool
pinakitanga	gentle slope
pīnao; pīngao	sand-dune grass
pīnati	peanut
pine	close together; pin
pinepine	little
pīni	bean
pīnohi	tongs; use tongs
pinono	peep; cadge
pioi	enemy heads
pīoi	shake; brandish
pioka; pioke	shark
piopio	extinct thrush
pīpī	chicken; young bird; duckling
pipi	cockle; fledgling
pipī	ooze; gush out; smear; bathe
pipiha	snore; spout (whale)
pīpihi	storm
pīpipi	shallow; brown creeper

pipiri	cling together
pīpīwai	damp; swampy
pīpīwharauroa	shining cuckoo
pīra	appeal (legal)
pīrangi	desire
pirau	rotten; extinguish
pire	bill; pill
piri	cling to; hide
piri ka piri	press near; close quarters
piriawaawa	leech
pirihi	priest
pirihimana	policeman
pirihŏ	fleecer (fleeco)
pirihongo	linger near
pirikatea	be attached to
pirimia	prime minister
Pirimona	Philemon
piringi kāta	spring cart
piriniha	prince
piriongo	linger near
Piripai	Philippians
piripiri	huddle together; winter; biddy-biddy
piripoho	baby; suckling
piriota	billiards
pirita	supplejack
piriti	bridge; priest
piritoka	limpet
piriwheke	prefect
piro(-ngia)	to stink; be smelled out
pīrori	roll about; hoop
pītara	pistol
pīti	beaten
pitihana	petition
pītiti	peach
pito	end; navel
pitoiti	almost
pitoitoi	robin
pītongatonga	grey warbler
piu(-a)	to swing; toss; skip
piupiu	flax skirt; to swing
piuta	solder
piwa	fever
pīwaiwaka	fantail
pīwakawaka	fantail
piwari	fluid; graceful
piwhera hāte	beaver hat
pŏ	night; death; after life; realm of death
pŏ rākaunui	full moon
poa	food; bait
poaka	pig; pork

pŏānini	dizzy
pŏangaanga	skull
poapoa	to lure
poari	board (council)
Poari	
Hauora-ā-rohe	Area Health Board
poatāima	four times (game of cards called all fours)
poataniwha	bush with aromatic leaves
pŏauau	stupid; be lost
pŏhā	bag made of kelp; food container; youngest child
pŏhara	poor
pŏhatu	stone; pebble
pŏhauhau	confused
pŏhēhē(-tia)	to mistake; think (mistakenly)
pohepohe	distracted
pŏhewa	small basket
pŏhimāhita	postmaster
pŏhiri(-tia)	to welcome
poho	chest
pohoi	ear ornaments
pohū	bang
pŏhue	convolvulus-type creeper
pŏhutuhutu	constant splashing
pohutukawa	tree
pŏī	swarm about
poi(-a)	ball; swing the poi
Poihākena	Sydney
poito	chop
pŏito	a float
poka(-ia)	hole; grave; dug out; gut fish
pŏkahu	mixed up
pokahū	a hollow in the ground
pŏkai	reel; ball of string; assemble
pŏkai(-a)	swarm; flock of birds; adopt a line of conduct
pŏkaikaha	confused
pŏkaitara	band of warriors
pŏkākā	stormy; type of tree
pokake	bumptious
pokanga noatanga (poka noa)	to do anything without reason; aimless; strange
pokapoka	pierce with holes

pokapū	centre
pōkarekare	ruffle; rough (water)
poke	dirty
poke(-a)	haunt; knead; crowd
pōkēao	dark cloud
pōkeka	poetic saying
pōkēkohu	heavy mist; lowering cloud
pokepoke	knead; mix with water
pokere	hole; cockpit; in the dark
pōkere	purple
pokerehu	accidentally
pokiha	fox
pokipoki	rat-trap
poko	hole; be put out (fire or light)
pokohiwi	shoulder
pokokōhua!	boil your head! (the ultimate curse)
pokuru(-a)	to throw
pokorua	ant
pokotaringa	ear
pokowhiwhi	shoulder
pōma nukiria	nuclear bomb
pona	cord; knot; knee; elbow
ponaho	little potato
pōnānā	rush about; flurried
ponaturi	sea-ghosts who sleep ashore at night
pōnga	night; become dark
ponga	tree fern
pongāihu	nostrils
pongere	smoulder
pōngerengere	dark; suffocating
pongi	type of taro
pōngia	overtaken by night
pono	true; truth; to be found
pononga	servant; slave; witness
pononga hāmene	bailiff
popo/ pōpopo(-tia)	rotten; borer-eaten
popoke	crowd around
popoki	cover; lid; knee-cap
pōpokoriki	ant
pōpokorua	ant
pōpokotea	whitehead (small bird)
pōporo	breadfruit tree
poporokai-whiria	type of tree
popoto	short
pora	big canoe; coarse cloak; block

(tangata pora	man from ship (i.e. foreigner))
porae	trumpeter fish
porahu/ pōrahurahu	awkward; annoying
poraka	frog; block; jersey; shirt; sweater
pōrangi	mad; in a hurry
porapora	rough cloak
pōraruraru	confused
pore	faint; slip off
pōre	de-horned
pōrearea	bother; nuisance
pōrera	mat
poria	circular bead of bone
pōrihirihi	skull
Porinihia	Polynesia
pōriro	bastard
pōritarita	worried
pōro	ball
poro(-a, -tia)	cut short; a log
poroaki	farewell
porohaurangi	drunk; drunkard
porohehio	procession
porohete	prophet
porohewa	with a bald patch
porohita	circle; wheel
porohuri	upset
poroiwi	bones
poroka	(see poraka)
porokainga	insult
porokakī	neck
porongaua	insult
poropeihana	probation
poropiti	prophet
poroporo	breadfruit tree
poroporo(-tia)	cut short; stained dark
poroporoakī	farewell
poropu	broken off
pororaru	disturbance
pōrori	slow; stupid; door-knob
pōrorotua	numb; cramped
pororua(-tia)	tamper with
porotaka	round
porotiti	disc; circulate; go round; whizzer toy; scattered
porowhā	square; oblong
porowhā rite	square
porowhita	round; circle
porowhiu(-a)	throw away
porowini	province
pōrutu	splash; thrown; dumped

pōtae	hat
pōtaka	spinning-top
pōtangotango	very dark
pōtari	snare
pōtete	tied up
poti	boat; cat; basket; corner
pōti	vote
pōtiki	youngest child; runt
pōtini	whistle
potipoti	stinging; sandhopper
poto	short; all fixed up
potopoto	short
pōtuki	baton
pōturi	deaf; slow
pou	a post
pou(-a)	stick in; to plant; to dip
pou haki	flagpole
pou mua	verandah centre post
pou roto	front centre pillar
pou tahu	centre back pillar
pou tokomanawa	centre pillar
pou waea	telephone pole
pōua	grandfather; old person
(e pou	form of address to old person)
Pou-ā-haokai	feast of seafood
pouaka/ pouwaka	box
pouaka hukapapa	fridge
pouaka whakaata	television
pouaru	widow
pouawhi	probation officer
pouihi	battens
poukei	lie in a heap
poukoki	stilts
pounamu	greenstone; bottle; to preserve
pounga	plunging in
(te pounga o te marama	eclipse of moon)
poupou	steep; posts; in-laws; old folk
pourewa	tower
pōuri	dark; sad
pōuri ake	get out of the way
pōuriuri	gloomy
pōuruuru	gloomy
poutama	step-like pattern in tukutuku
poutāpeta	post office
poutoti	stilts

poutū	on high (moon etc.)
poutuki	baton
pouturu	stilts
pouwhenua	long club
pōwhiri(-tia)	wave; welcome
pū	exceedingly; gun; wise person; clump; root; homeland
pū(-ia)	lie in a heap
pu kaea	war horn
pū mihini	machine-gun
pū mōtā	mortar-gun
pū ngote	drinking straw
pū o te take	fundamental document
pū repo	cannon
pua	seed; flower
pūaha	door; river mouth
pūahi	dogskin cloak
puaki	tell; emerge
puango	hollow; empty
pūao	dawn
puaotanga	dawn
puapua	plant for wreaths; seed; break of waves; female parts
puare(-tia)	to open; hole; exposed
pūareare	show part of victim; full of holes
puāwai	flower; blossom
puawananga	clematis
pūāwanga	land breeze at night
puawhe	blown about
puea	avenged
puehu	dust; blown like...
pūeru	skirt
puha	full
pūhā	sow-thistle
pūhaehae	envious; envy
pūhana	glow
pūhanatanga	glowing
puhapuha	fish gills; puff
pūhara	raised platform
pūhau	lightweight
puhere	well bound
puhi(-a)	shoot; virgin; girl of noble family kept for the right match; bunch (feathers); topknot
pūhihi	sun ray; feeler
pūhina	grey
puhipuhi	adorned with feathers
pūhoi	slow; deaf

pūhore	bad luck in hunting or fishing; bad omen
pūhou	type of shrub
pūhuki	blunt
pūhungahunga	incomplete work
pūhuruhuru	hairy
puia	volcano
puihi	cat
pūihi	shy; wild
pukā	eager; jealous
pūkai; pūkei	lie in a heap
pūkaki	source of river
pukakī	a boil
pūkana	stare wildly
pūkanohi	eye
pukapuka	book; lungs; a volume
pukapuka whakatū	receipt
pukatea	type of tree
puke	hill; to swell up; flood
pūkei	lie in a heap
pūkēkē	armpit
pūkeko	swamp hen
pūkenga	wise person
pukepuke	hilly; rough
pūki	bookie
pūkino ki te kai	greedy
pūkohu	mist; misty; moss
pūkorero	oratory
pūkoro	sheath; pocket; eel net
pūkorokoro	throat; windpipe
puku	belly; swelling
pukukiki	stunted
pukumahi	active
pukupā	barren
pukupuku	gooseflesh; caterpillar; cloak, rolled and wet to use as a shield
pukuriri	angry
pukutakaro	jovial
puku te rae	livid with rage
pūmā	grey; whitish
pūmanawa	breathe deeply
pūmau	permanent; reliable; fact
pūmuka	stab at
puna	spring of water
puna ika	fishing spot
Puna Mātau-ranga o Aotearoa	National Library
punanga	refuge
punarua	second wife; ride pillion; in pairs
punaweta	type of hawthorn
pune	spoon
pūnehu	misty; mist; dust
punga	anchor; eel trap; ankle
pungapunga	pumice; pollen
pungarehu	ashes
pūngāwerewere	spider
pūngohe	slack (cord)
puni	camp; blocked up (see whare); to complete planting a line
pūniho	gums
puninga	camp-site; tribe
pūnitanita	thistle
pūnu	spoon
punua	young (of animals and birds)
pūnui	close (near); ferns
pūnuki	blunt
pūoho	startle
pūoro	sing
pupū	boil up
pūpū	make into a bundle
pūpū	winkle; shellfish
pupuha	spout like a whale
pupuhi (puhia)	blow; shoot; swell up
pupuni	lurk; crouch
pupuri (puritia)	to hold
pupuru	to grip; pulpy
pupūtanga	sum total
pura	grit in eye; blind
pūrahorua	messenger
purākau	story; myth; incredible story
pūranga	heap
purapura	seed; seed potatoes
purapura whetū	wall pattern of stars
pūrārā	twigs
pūrara	plaited
purari	bloody
purata	clear; very calm
pure	ceremony to remove tapu
purehu	cloud; mist
purehurehu	butterfly; moth
purei	to play
purei hōiho	horse races
pūreirei	bushes; rough stumps
pūremu	adultery
pūrena	brim-full

purepure	patchy; spotted
pŭrere	blown away; escape
pŭrerehua	butterfly; moth
pŭreretanga	escape
puretumu	to seek redress
pŭrewa	float
purini	pudding
pŭriri	New Zealand oak tree
puritanga	holding on; grip
pŭrotu	handsome
pŭrotutanga	beauty
purŭ	blue
pŭru	bull
puru(-a)	stopper; plug; block up; soak; put into; cork
puruhau	air-valve
puruhi	flea
puruma	broom; to sweep
purupuru(-a)	to block crevices
purutanga	holding
puruwai	tap; stop-cock
puta(-ina)	appear; opening; escape; move onwards
puta pĭ	beehive
pŭtahi	crossroads; centre
pŭtahi o te manawã	aorta
putãihu	nostril
pŭtake	base; foot; ancestor
pŭtame	tommy-gun
putanga	appears; circumstance; publication

pŭtangitangi	paradise duck
putaputa	full of holes
pŭtara	shell trumpet
pŭtãrera	splintered
pŭtatara (pŭ tetere)	trumpet
pŭtĕ	basket (especially for holding prepared muka)
pŭtea	bag; clothes basket; fund
pŭteketeke	crested grebe
pŭtere	stranger
pŭtia	butcher
pŭtiki	knot
pŭtiotio	rough; prickly
putiputi	flower
pŭtoi	bunch of feathers; to tie in a bunch
pŭtorino	flute
pŭtu	boot
putu	to lie in a heap; foot (measure)
pŭtumu	slow moving
putupaoro	football
putuputu	frequent
pŭwaha (pŭaha)	river mouth
pŭwerewere	spider
pŭweru	skirt; cloak; clothing
pŭweto	tiny swamp bird
pŭwhã	sow-thistle
pŭwhara	fighting stage of palisade
pŭwhero	reddish

R

rã	by way of; day; date; sun; over there; a sail
(Rã tahi	Monday)
(Rã rua	Tuesday)
(Rã toru	Wednesday)
(Rã whã	Thursday)
(Rã rima	Friday)
(Rã horoi	Saturday)
(Rã tapu	Sunday)
rã tõ	west (setting sun)
rae	forehead
raha	extended
rahaki	on one side
Rahera	Rachel
rahi	big; area; size
rahirahi	thin; weak (e.g. tea)

rahirahinga	temple (head)
rãhiri	line of people
raho	deck; testicle
rahu	basket
rahua	overcome; failure
rãhui(-tai)	no trespass sign; reserve; reservation
rahunga	seizing
rahurahu	bracken; to meddle with
raihana	licence
raihi	enclosure; fence; rice
raima	cement; lime
rãina	line
rainei (rãnei)	or; either...
raitarihã	day before yesterday
raiti	light

raiwhara	rifle
raka	agile; lithe; that one; there is; lock
raka(-ina)	lock up
rākai	decorate oneself
rakaraka	harrow; to scratch
rākau	tree; stick; wooden; bat; weapon
rākaunui	full moon
rake	clump; barren
raki	north; dried up
rakiraki	duck (tame); rake
Rakiura	Stewart Island
rako	albino
raku	scrape
rakuraku	rake
rama	light; lantern; torch; rum; go fishing with torch (rama tuna; rama pātiki)
ramarama	type of tree
Rānana	London
rānea	plentiful
rānei	or; whether (placed immediately after verb to indicate a question)
ranga	weave; uproot
ranga(-nga)	perform sacred rites on a child
ranga nuku	woven over earth
ranga pae	woven over horizon; encircling the earth
rangahau(-a)	search for
rangapū	company
rangarangaihi	to desire; extol
rangatahi	fishing net; modern youth
rangatira	chief
rangatiratanga	kingdom; principality
rangi	sky; weather; tune; day
rangimārie	peaceful
rangiora	shrub
rangirangi	annoy; roast; dry
rangirere	aeroplane
rangiroro	dizzy
rangirua	uncertain; confused
rangitahi	brief (one-day job)
rangitoto	lava; scoria
rango	blowfly; roller
rangona	be heard
Raniera	Daniel
rāno; rā anō	from then on

rāoa	choked
raorao	plains; level country
rapa	canoe stern; blade of paddle
rapa(-a, -ia)	seek
rāpaki	girdle; sash
rapaki	slope
rapanga	searching
raparapa	carved ends on barge boards; sole of the foot; to search for
rape	buttocks tattooing
rāpea	indeed
rāpeti	rabbit
rapi	rabbi
rapi(-rapi, -a, -tia)	to scratch
rāpihi	rubbish
rāpoi	cluster; swarm
rapu(-a)	look for; squeeze
rapurapu	in doubt
rara	rib; school of fish; scattered; over there!
rarā	roar
rārā	twig
rarahi	big (plural)
rarahutanga	seizing
raraku	to scrape
raranga	to plait; weave
rārangi	line; row; column; in lines; inventory
rarapa	seek (see rapa); clinging
rarata	to tame; soothe
rarau	gather up; grope; catch
rarauhe	bracken; fern root
rarawhi	grasp
rare	sweets; lollies
rarī	disturbance; uproar
raro	bottom; under; north; below
(ma raro	on foot)
rarohenga	underworld
Rarotonga	Cook Islands; Mount Smart
raru	trouble
raruraru	trouble
rātā	type of tree
rata	tame; friendly; divination; seer; doctor
Rātana	religion of Ratana
rātana	lantern

rāti	lance
rato	served; supplied
rātou	they; them
rau	100; leaf; a crowd
rau(-a, -tia)	catch
rau aroha	signs of love (e.g. leaves worn in headdress)
rāua	they; them (2 only)
rauaruhe	bracken; fern root
rauawa	canoe sides
rauhanga	trickery
rauhī	hold; put together; take care of
rauhītanga	guardianship
rauhui	true New Zealand flax
rauika	assembly; heap
rauiri	intertwine
Raukawa	Cook Strait
raukawa	aromatic tree; branches as a sign of mourning
raukirikiri	sand-pit
raukoti	disturb; meddle
raukura	feather
raumahara	puzzled
raumati	summer
rāuna	round
raungaiti	desolate
raupā	chapped; cracked skin
raupani	frying pan
raupapa	flat ground
raupatu(-tia)	to seize land; confiscated land
raupō	bullrush
raupeka	in doubt
raurangi	another time
raurau	divination rite
raureka	deceitful
rauriki	sow-thistle (puha)
rauroha	extended
rauru	plaited cord; satisfied
rautahi	peaceful; serene; childless person
rautangi	scented oil; shrub
rautao(-ngia)	to wrap food in leaves
rautau	century; centenary
rauuru	hair
rauwene	object of criticism
rauwhare	thatch
rawa	indicating superlative (e.g. pai rawa = the best); possessions; very; quite; door latch; bolt
rawa a te tokorua	matrimonial property
rawa atu (-ake)	very; eventually (when used with a verb)
rawahanga	mischievous
rāwāhi	other side of; bank; shore
rāwaho (whakāaro rāwaho	outsider; foreigner travelling expenses)
rawakore	poor
rāwaru	rock cod
rawe	excellent; sufficient; comical
raweke(-tia)	meddle with; form
rāwhera(-tia)	raffle
rawhi(-a)	snatch; basket; surround
rāwhiti	east
Rawiri	David; Book of Common Prayer
rē!	(exclamation)
rea	grow; numerous; murmuring noise
rearea	fresh growth of spring; leaves of turnip
rehe	expert; wrinkle
rehea	balked; baffled
reherehe	buttocks
rēhia	recreation; pleasure
rēhiri	medicinal plant
rēhita	register
rehu	mist; misty; dusty; flute; flintstone
Rēhua	Antares (star); Sirius
rehutai	spray
rei	tusk; treasure; breast
rei puta	tusk; neck pendant
rei(-a)	rush after; rush over; be popular
reinga	place of leaping
Reipa	Labour Party
reira	there; then; already mentioned
reiti	rates
reka	sweet
rekareka	itching
rekereke	heel
rekoata	recorder; record
remana	lemon
reme	lamb
remu	lower end; hem; tail feather
remuremu	plant

renga	full; mash	rima	five
rengarenga	spinach; crushed	rimu	red pine; seaweed
reo	voice; language	rimurapa	bull kelp
reo e rua	bi-lingual	rimurehia	sea-grass
repata	leopard	rimurimu	seaweed
repe	lump on skin	rīnene	linen
reperepe	buttocks, especially	ringa	arm; hand; 12 cm
	tattooed ones	ringaringa	knucklebones (game)
repo	swamp; cannon	Ringatu	religion (Upraised Hand)
rēra	rail	ringi	ring
rera	thigh	ringi(-hia, -tia)	pour
rere	to flow; fly; escape; go	rino	iron; twisted cord
	swiftly; dive;	rio	withered; wrinkled
	diarrhoea	ripa	ridge; edge; furrow
rere kōkiri	swoop down	rīpeka(-tia)	crucify; cross; crucifix
rerehau	hang-glide; glider	ripene	ribbon
rerekē	different; unusual;	rīpeneta	repentance
	otherwise	Ripia	Libya
rerenga	place one flies from;	ripo	whirlpool
	escapers; distant	rīpoata	report
	relations; survivors	rire	deep water
rererangi	aeroplane	rirerire	a cricket
rererere	dash about	riri(-a)	be angry; battle
rērewē	railway	ririka	impatient; wriggling
reri	ready		about
reta	letter	ririki	small; minor
rēti	rent; rates; insurance	ririo	withered; wrinkled
reti	toboggan	rīriri	angry
rētihi	lettuce	riro	gone; happened
rewa	to float; melt; set out;	riro i...	obtained by
	mast	riroi	twisted; bent
rewanga	storey; floor	riroriro	grey warbler
rewarewa	wood (honeysuckle)	rita	litre
rēwera	devil; level (tool)	rite	similar; fulfilled; ready;
rewha	eyelid; eyebrow		paid for
rewharewha	flu	(te rite	relationship;
rewheri	referee		comparison)
Rewitikuha	Leviticus	ritenga	custom; meaning
rī	dish; screen	rito	central shoot of flax
Riana	Diana	ritua	separated
rihariha	louse; lousy	riu	riverbed; bilge; valley
rīhi	dish	riu o Tāne	canoe
rihīti	receipt	rīwai	potato
rika	impatient; to squirm;	riwha	broken
	keen	rīwhi	substitute
rikarika	angry	rō	in; into; low (cards);
riki	small; minor		stick insect
rīki	League; leek; onion	roa	long; tall
rikiriki	exceedingly	roanga	continuation; additions
riko	dirt	roanga atu	the rest
rīkona	deacon	rōera	royal
rikoriko	twilight; twinkle	roha	to spread; untidy

rōha	rose (plant)
rohe	boundary; district
rohea/rowhea	weary
roherohe	to separate
rohi	loaf
rōhutu	type of tree
roi	knot
rōia	lawyer; barrister
rōia a te karauna	crown prosecutor
rōia a te kōti	duty solicitor
roimata	tears
roiroi	dwarf
rokiroki	exhausted
roko kumea	be pulled out further
rokohanga	come upon; found; foraging
rōku	log
roma	stream; channel
Roma	Rome
Romana	Roman
romi(-a)	to squeeze; rub gently
rona	bind
rōnaki	gliding
ronarona	struggle
rongo	obey; hear; sense; feel; news; taste; fame; peace
rongoā	medicine
rongo matua	big toe; thumb
Rongo-mā-Tāne	God of peace and agriculture
rongomau	peace
rongonui	famous
Rongopai	Gospel
rōnihi	launch
rōpā	slave; lodger; bachelor
rōperi/rōpere	strawberry
ropi(-a)	to close; cover; body
ropiropi	care for
rōpū	society; group
rōpū o nga kaimahi	trade union
Rōpū whakamana i te Tiriti o Waitangi	Waitangi Tribunal
rora	of low birth
rore	snare; lord (title)
rōreka	sweet; melodious
rōri	road
rōria	Jew's harp
rorirori	stupid; clumsy

roro	brains; front of house; district
roroa	lengthwise; long (plural)
rorohū	whizz; buzz off
rorohuri	foolish
roroi	grated kūmara; fern root
rorokore	brainless
roromi (romia)	to squeeze
Rota	Lot
rōtāne	stick insect
roto	the inside; in; lake; towards the source of a river
rotu(-a)	subdue by a spell
rou kākahi	dredge for kākahi
rourou	small basket
rū	shake; earthquake
rua	two; hole; storage pit
ruahine	old woman
rua kanapu	ill-omened; lightning flash
ruaki	vomit
ruānuku	wizard
ruarua	few
Ruaumoko	God of earthquakes
ruha	ragged; worn out; rags
Rūhia	Russia
rui(-a)	sow seed; shake; sprinkle
Ruka	Luke
rūkahu	false; blundering
rukaruka	completely; utterly
ruke(-a, -hia)	throw away; pour out
ruku(-hia)	to dive; rush along
ruku karu atu	dive head first
rukuruku	dip often; small bag
rūma	room
ruma noho	lounge
rumaki(-na)	bury; drown; plant
rūmātiki	rheumatism
rūna	earthquake
runa(-a)	draw together; keep close; dock plant
runanga	assembly; debate
Runanga whakatinana i nga Tikanga o te Tiriti o Waitangi	Treaty of Waitangi Commission
runanga-ā-iwi	assembled tribes
runga	up; top; south
rūpahu	to tell lies; bluster

rupe	pigeon	ruruhi	old lady
rūpeke	all assembled	ruruku	draw together; fasten; bind; establish
rura	brandish		
ruranga	guest; stranger	rururu	owl
rure(-a)	to shake; wave; scatter	rurutu	fall like tears
		rūrūwai	foolish
rurenga	castaway	rūtā	bluster
rūri	ruler (instrument)	rūtawa	grey hair
ruriruri	amorous chant	Rutu	Ruth
ruritanga	admeasurement (legal)	rutu(-a)	throw down; jolt
ruru	owl; morepork; enclosed; tied up	ruturutu	jolt; bump along
		ruwha	rag; worn out; weary (kei ruwha te tūroro)
rūrū(-hia)	handshake; wave; shake		

T

tā	the...of	tāhere	tie; hang up
(e tā!	hello friend!)	tahi	one
tā	feather; stalk; mallet	tahi(-a)	sweep; to dust
tā(-ngia; -ia)	to print; strike; to overcome; net; cut out; paint	tahinga	sloping
		tahirā	day after tomorrow
		tahito	ancient; old
tā manawa	breathe	tahora	wilderness; open country
tā moko	tattoo	tāhū/tāhuhu	ridgepole; crossbar
tae	layer of mist	tahu(-na)	burn; set alight; cook; controlled burn off
tae(-a)	arrive; succeed		
tae atu ki	as far as; including	Tāhua	Mayor Island
taea	be done; captured; taken; accomplished	tahua	heap of food/money (fund); offering
taeke	snare	tahua roa	division of food
taenga	arrival	tāhuahua	sandhill
tāepa	hanging loose	tahuhu haere	trace descent
tāepaepatanga	hanging down	tāhuna	sandbank; shallows
taewa	potato; foreigner; cold	tāhuna tara	gathering of chiefs
tahā	calabash	tahupera	false
taha	side	tahurangi	fairies
tāhae(-tia)	steal; cheat; filth; rogue	tahuri	turn to; start
tāhake	young man	tahuti	run off; hurriedly
tahaki	on one side; seashore	tahuti mai!	welcome!
tahanga	naked; empty	tai	sea; tide; boy!
taharangi	horizon	tai tamatāne	west coast
tahataha	steep bank	tai tamawahine	east coast
tahatai	seaside	taiaha	long club
tahatika	seaside	taiao	universe; wide world
tahatū	horizon	taiapo	carry; enfold in one's arms
tāhau	your; yours; leg; shin		
tāhau o te ringa	forearm	taiapu(-tia)	to attack
tahawhenua	wander	taiari	crush; drive back
tahe	abortion; flux	taiaroa	weary; stretch oneself; gossip; yawn; grisly memento
tāhei	bird snare; collar-bone		
tāheke	waterfall; go down		

taiatea	nervous
taiāwhio	encircle
taiepa/taiapa	fence; paddock
taiheke	descend; rapids; waterfall
taiheketanga	slope
taihoa	soon; wait a while
taika	tiger; horse
taikaha	violent; strict; severe; force
taikākā	heartwood
taikarehā	day before yesterday
tāiki	basket; rib
(hanga taiki	basket)
tāiki e!	unite (weave together)
tāikiha	thank you
taikiri!	dear me! (express surprise)
taikiu	thank you
taiko	black petrel
tāima	time
taimaha	heavy; weight
taimana	diamond
taimau	betrothed
taina (pl. tāina)	young brother (of boy); young sister (of girl)
taina kareha	day before yesterday
tāinahi	yesterday
tainanahi	day before yesterday
tainaoake	day before yesterday
tāingawai o te ihu	bailing place
taipā	be silent
taipara	volley
taipo	goblin; ghost
taipū	heap; sandhill
taipuna	in heaps (e.g. cumulus clouds)
tairangi	raised; mixed with water
tairi	hang up
tairoa	linger; spend time
tairua	valley
taitahae	young man
taitaheke	young man
taitai(-a)	strike; tapu removal ceremony; brush
taitama	young man
taitamāhine	young woman
taitamaiti	child
taitamariki	young person
taitapa	edge
taitara	title

taitarihā	day before yesterday
taitata	near
Tāite	Thursday
taitea	pale; sapwood; white; fearful
taitoa	brave
taitonga	south
taitua	other side (of object)
taituarā	security
Taituha	Titus
taiwharu	small fish (gudgeon)
taka(-ina)	fall down; prepare food etc; come about
taka te wā	the time came
takaahuareka	happy
takahanga	stamping ground
takahē/takahea	notornis; flightless bird
takahi(-a)	trample; despise; contravene
takahi whakamua	forward together
takahore	widow; widower; unclothed
takehorohoro	impetuous
takahuri	somersault; roll over
takai	fitted; wrap up; bandage
takakau	virgin; unleavened bread; free from ties; mutton-bird
tākakī	neck; throat
takakino	to spoil; be in a hurry
takamuri	last; loafer; to lag behind
takanewhanewha	close the eyes
takanga	paddock; place to roam
takapapa(-a)	flatten; tablemat
takapau(-ria)	mat; to spread mat
(huringa takapau	purify from tapu)
takapau hora nui	legitimate children
takapū	belly; calf of leg; gannet
takapui	familiar (of people)
takarangi	stagger; feel dizzy
tākare	eager
tākaro(-hia)	to play
takaroa	late; to arrive late
takarua	type of eel
takatakahi	to trample
takatāpui	bosom friend
takatū	prepared; ready
takawaenga	negotiator; justice; liaison; counselling co-ordinator
takawai	damp; calabash; humid

takawairore	toy made of spinning discs; object of affection
takaware	dawdle
takawiri	corkscrew; to screw
take	cause; root; base; title; matter; subject for discussion
take atu ano	a further topic; interlocutory proceedings
take ki te whenua	right to land
take o te hemonga o te matenga rānei	cause of death
take taharua	bi-culturalism
take takimano	multi-culturalism
take tikirua	bi-culturalism
take whakarato	prima-facie case
tāke	tax
tāke pane kuini	stamp duty
tāke tapiri	Goods & Services Tax
takea	from which comes
takeke	entangle; make loops; garfish
takenga mai o nga kōrero	topics; agenda
takere	hull; keel
taketake (rongo taketake	a base; well-founded lasting peace)
taki(-na)	lead chant; recite; challenge; accompany; entice
taki	+ number = in groups of...
tākīkī	stripped; lopped off
takimore	insignificant
tākiri(-tia)	sudden departure; lagoon; snare; attack; dawn; loosen
takitahi	individual; in single file; stepping forwards
takitai	coastline
takitaki(-na)	provoke; seek revenge; recite
takitaki-ā-manu	snare
takitaro	in a little while
takitini	in crowds
takitū	in formation
takitūtū	in file; parade
takiwā	area; space; time; place
takiwhenua	wander
tako	gums (of teeth)
takō	worked loose (e.g. lashings, bark of tree)
takoha	taxes; gifts; spread out
takohu	vapour
takoki	strained; sprained
tākoko	shovel (for removing excrement)
takonui	big toe; thumb
takoroa	forefinger
takoto(-ria)	to lie; approx 2 metres
takoto kau	empty
takotoranga	resting place; position
tākou	red ochre
tāku; taku	my; mine (singular)
takuahi	fireplace
takurua	winter; Sirius (star)
tākuta	doctor
takutai	sea coast
takutaku	recite
tama	son; boy
tamāhine	girl; daughter
tamahou	baby boy; new potatoes
tamaiti	child; boy
tamaiti whāngai	adopted child
tāmaka	4-strand cord
Tāmaki-makaurau	Auckland
tāmanga kōtore	youngest or penultimate child
tāmaoa	cooked
tamariki	children; child; childish
tamaroto	inner man
tāmaru(-tia)	cloud over
tamatama-ā-rangi	weapon
tamatāne	young man; west coast
tāmau(-tia)	love; betrothed; bind
tamawahine	young woman; east coast
tame pū	tommy-gun
tāmi(-a)	smother; press
tāmina	to desire
tāmiro	twist thread
tamitami	openly; food
tamumu(-tia)	to buzz
tāmure	snapper; type of dance
tāmutumutu	intermittent; discontinuous
tāna; tana	his; her; hers
tana	ton; tonne
tānakuru	spanner

tānapu(-tia)	to trump (cards); rear up	tāone	town; city
tāne	husband; male	taonga	property; treasure; artefact; relic
Tāne Mahuta	god of forests		
tānekaha	type of tree	taonga mahi	tool; instrument; apparatus
Tānewaka	Dannevirke		
tānga	assembly; rows of people	taonga tinana	personal effects
tānga manawa	draw breath; beloved	taonui	flesh-footed shearwater
tānga whenua	native inhabitants	tāoro(-a)	to break down; spread news
tangai	bark of tree; peelings; neck vertebrae		
		taoroa	long spear
tānga-ika	slaying of victim	taotū	wounded
tāngari	dungarees	tapa	margin
Tangaroa	god of the sea; waning moon	tāpā	cracks in skin
		tapa(-hia, -ia, -ina)	to cut; recite; to name; to claim
tangata (pl. tāngata)	person; man; people; human		
		tapa hē	misname
tangata hara	accused (legal)	tapa rima	pentagon
tangata hē	respondent	tāpae(-tia)	to stack up; offer; present
tangata nōna te whenua	owner of land		
		tapahi(-a)	to cut; chop
tangata whakapaetia	defendant	tapahinga	a slice
		tapairu	honoured lady; first-born female
tangata whenua	local people		
tangatanga	loose; easy	tapamaha	many-sided
tangetange	consumed; out of order	tapaono	hexagon
(mau tangetange	guilty; captured)	tāpaora	to simplify ceremonial (e.g. to omit long lamentations)
tangi(-hia)	to cry; weep; mourn; Lamentations		
		tāpapa	stoop; lie flat; seedling bed
tangihanga	mourning		
tangipātua	pretend to cry	tapape/tapepe	trip; stumble
tangiwai	fine clear greenstone	tāpara	double
tangiweto	cry like a baby	tapatahi	folded once
tango(-hia)	take hold of; take away	tapatapa	claim by naming; groin
tango moni	attachment order (legal)	tapatapahi(-a)	cut in pieces
tango whakaahua	take photographs	tapatoru	triangle
		tapatoru piataata	prism
tangotango	to use; to remove frequently	tāpatu	thatch; beat
		tapawaru	octagon
tanguru	gruff voice	tapawhā	square; oblong
tāniko	embroidered border	tapawhā rite	square
taniwha	water monster; chief	tāpeka	wrapped up
tanoi	sprained joint	tapere	amusement (house of)
tanu(-mia)	bury; to plant	tapetape	talk continuously
tanuku	crumble	tāpi(-a)	smeared on
tānumi	fold double	tapiki(-tia)	to grip; fold; cross over; crossed teeth
tanumi	disappear behind		
tao	spear	tapitapi	touch of colour
tao(-na)	to cook; on fire	tāpiri(-tia)	to join; assist; assistant
taokete	brother-in-law (of man); sister-in-law (of woman)	tāpoa	abscess
		tapoki/tapoko	to enter; to sink in mud
		tāpokopoko	soft; boggy; billowy

tapokoranga	entering; sinking
tāpora	cook in small baskets
tāpōrena	tarpaulin; raincoat
tapotu	reach the bottom
tapou	depressed; bowed down
tapu	sacred; forbidden
tāpu	tub
tapuhau	calf of leg
tapuhi	nurse in one's arms
tāpui	reserve; bundle; close friend
tāpuke(-tia)	bury
tapukōrako	red hawk
taputapu	goods; tools; a spell
tapuwae/tapuae	footprint
tara	point; peak; disturb; erect; seagull
tāra	dollar
tara iti	side of meeting house to left of door
tarahae	quarrel; envious
tarahanga	fork of tree; saddle of hill
taraheke	bramble bush
tārai(-a, -tia)	hollow out; shape; to try; to score
taraiki	strike
tarai-pāta	whaler's try-pot
taraire	type of tree
taraiti	a tern
taraiwa(-tia)	to drive; driver
taraka	truck
tarakihana	tractor
tarakihi	type of fish; locust
taramoa	brambles; thorns
taramutanga	drumming
taranga	separate
tāranga	tree (6m high)
taranui	place of honour at the right side of door; paspalum grass; Caspian tern
tarapake	insect
tarapakihiwi	shoulder
tarapeke	to spring; leap
tarapu	stirrup; strap
tarapunga	seagull (red-billed)
tararau	make a din
tarariki	bitterly
tararua	double peak
tarata	tree with scented gum
taratara	rough; barbed

tarau	trousers
tarau tāngari	jeans; dungarees
tārāuma	chest; thorax
taraute	trout
tarautete	trousers
tārawa	swell of sea; hang; rail; washing-line
tarawāhi	bank of river; valley
tarāwhe	draught (horse)
tāre	doll
tare(-a)	hang; send
(tare te haki	raise the flag)
tārehu	cover; conceal
tārei (waka)	hollow out; carve
tārekoreko	hazy; blurred; grey
tarenga	bench (e.g. tarenga kai = food bench; tarenga mahi = workbench)
tārera	pull faces (defiance)
tārere	natural vine; swing
taretare	ragged
tārewa	hanging up; sinking sun
tari(-a)	carry; wait for; in a while; urge; expect; plaited cords; snare; method of plaiting
tari	a study; office
Tari	Department; Office; Ministry
Tari Kaute	Audit Department
Tari mo nga Kura	Department of Education
Tari mo nga Mahi Whānui	Ministry of Works and Development
Tari mo nga Take ki Tāwāhi	Ministry of Foreign Affairs
Tari mo nga Take Mahi	Department of Labour
Tari mo nga Take Māori	Department of Māori Affairs
Tari mo nga Take o te Ao Tūroa	Ministry for the Environment
Tari mo nga Take o Tēnei Whēnua	Department of Internal Affairs
Tari mo nga Take Pūngao	Ministry of Energy
Tari mo nga Take Wāhine	Ministry of Women's Affairs
Tari mo nga Whare	Housing Corporation

Tari o te Ora	Department of Health	tatanga	approach; nearing
Tari o te Ture	Department of Justice	tatangi	jingle
Tari Tatau	Department of Statistics	tatao	supporter; younger
Tari Tauhokohoko	Department of Trade and Industry		child; lie flat; droop
Tari Tiaki i te Ao Tūroa me nga Taonga Tuku Iho	Department of Conservation	tātara	conch shell
		tātarakihi	locust; cicada
		tātarāmoa	brambles
		tatari (tāria)	wait
		tātari(-tia)	sift
Tari Toko i te Ora	Department of Social Welfare	tātata	get near; close together
Tari Waka	Ministry of Transport	tātau	we; us (includes the one spoken to)
Tari Whakawhanaungatangaā-iwi	Race Relations Office	tatau(-ia, -ria)	to count; door
		tatauāmoa	casual acquaintance
		Tatimana	Dutchman
tāriana	boar; stallion	tātou	we; us (includes the one spoken to)
tarikarakia	cord of 4 or 8 strands		
taringa	ear	tatū	settled; to land; to reach bottom; dismount
taritari (tāria)	carry		
taro	bread; plant; soon	tātua(-tia)	belt; to put on a belt; apron
(kāore i taro	it was not long)		
taro ake	in a while	tātuatanga	don clothes
taro kau iho	in a short time	tau	year; season; song; sweetheart; expert; beautiful; to land; to perch; to be fine; to sing; to settle
tārona(-tia)	strangle		
tārore	snare; struggle		
tarotaro	cut the hair		
taru	grass; weeds; thing; painful		
		(kia tau!	settle down!)
tārua	presently	tāu	your; yours
tāruke	hurry; crayfish pots; avenge	tau(-ia)	to shut
		tau kotahi	you alone
taruna	connected; related	tau te mauri	peace
tarure	become listless; sudden	taua	that (mentioned before)
tāruru	crowded; groundbait	tāua	we two (i.e. you and I)
tārūrū	painful	tauā	in mourning
tāruturutu	jerk	taua(-tia)	to attack; war party
tatā	bail water; bailer	Tauanga	Numbers (Book of)
tata	near	tauapo	hug; carry in the arms; take for oneself
tātā (tāia)	smash up; contradict		
tātā	tail of hapuku	tauawhi	embrace
tātā wahie	chop firewood	tauera	towel
tātaeko	whitehead (a bird)	tauera kanohi	face towel
tātahi	at the seaside	tauera whakamaroke	bath towel
tātāhuka	sugar-cane		
tātai	arrange; recite; to measure; family tree	tauhanga	lie in wait
		tauheke	decline; old man
tātai moni	count money; teller; bank clerk	tauhere(-a)	bind
		tāuhi	sprinkle
tātai whetū	cluster of stars	tauhinu	small tree
tataiore	cloudy	tauhou	stranger; strange; silvereye; blight bird
tataku	recite		
		tāuhu, tāhuhu	ridgepole

taui	sprained
tauihu	bow figurehead
tauira	example; student; tutor; draft
tauiwi	foreigner
taukehiwa	ridge on hill
taukiri!	how horrible!
tăukiuki	ancient
taumaha	heavy; serious; prayer to free from tapu
taumahatanga	encumbrances
taumaihi	upright support; small tower
taumaka	butterfish; rock cod
taumanu	thwart of canoe; collar-bone
taumarumaru	shady
taumata	brow of hill; high place; to gaze at; speakers' bench
taumau	betrothed; reserve
taunaha	claim; child betrothal
taunga	used to; landing place
taunga ika	fishing grounds
taunga manurere	airstrip; aerodrome
taunu(-tia)	jeer at
taupă	obstruction; hymen; fat covering intestines
taupăhi	camp
tauparapara	classic chant to start a speech
taupare	to block
taupatupatu	compete; beat one another
tăupe	bend down; hunched; hunchback; weak
taupiri	intimate
taupiripiri	arm-in-arm; to clasp round waist
taupoki(-na)	to cover; cultivate; overturn; lid
taupokina!	attack!
taupŭ	heap; heaped
taupua	to float; support oneself
taupunipuni	hide and seek; secret rendezvous
taura	rope; cord
taura whiri	cord of many strands
Taura Whiri i te Reo Măori	Măori Language Commission
taurahi	barren
tauraki	to dry in the sun
tauranga	anchorage
taurapa	sternpost of canoe
taureka	scoundrel
taurekareka	slave; scoundrel
taurepo	a shrub
taurewa	no fixed abode; fugitive
tauri (kōmore)	wristlet; anklet
taurima	entertain; adoption
taurite	opposite; alike; even things up
tăuru	source of stream; tree top
taurua	double canoe; set net; long; double
tautahi	only child; odd one
tautanga	alighting
tautangata	stranger
tautapa	give command
tautara	fishing rod
tautau	to bark (dog); moan; hang; tie in a bunch; pendant; hang in cluster
tautauă	coward
tautauwhea	low-born; coward; lazy
taute/tautohe	quarrel; dispute
taute	repair; look after; ripen
tautika	level; straight; direct
tautini	for long
tautōhito	skilled; adept; expert
tautoko(-na)	to support
tautoko i te ora	welfare help
tautuku	hillock
taututetute	jostle; to elbow; bend; yield; give way
tauware	secret touch
tauwehe(-a)	to separate
tauwehewehe	discrimination
tauwera	towel
tauwhăinga	contest
tauwhanga	wait for; ambush
tauwhare	to overhang
tauwharenga	overhang
tauwhena	dwarf; small
tauwhere	bind
tauwherŭ	tired
tăuwhi(-a)	sprinkle
tauwi	spray
tawa	type of tree
(tawa uho, para	fruit of tawa)
tăwaha	entrance; opening; mouth; bitter-tasting

tāwāhi	other side of valley; overseas; over river	teka	lying; false; toy dart; crosspiece
tāwai	tease; deceive; ridicule	tekau	ten; tenth
tāwaka	shark	Tekau mā Rua	Jury
tāwao	dandelion	teke	female parts
tawara	pleasant flavour; hum; murmur	tekehi	deck
		tekere	ragged
tāwari	cloak; tree; exhausted	tekihana	section
tāwaru	carving pattern	tekione	section
tawatawa	mackerel	teko	projecting
tāweka	hindrance	tekoteko	carved figure (on house)
tawetawē	noisy	temepara	temple
tāwēwē	sound with plumb line; dangle	tēnā	that (near you)
		tēnā koa!	come now, let me see!
tāwhana	curved; bow; spring	tēnei	this
tāwhao	brushwood; refuse (rubbish)	tēneki	this
		tēneti	tent
tāwhaowhao	driftwood	tenga	goitre; Adam's apple; bird crop
tāwhara	vine used for food and drink; fruit of kiekie		
		Tepania	Zephaniah
tāwharau(-tia)	shelter with branches	tēpara	stable
tāwhe	travel around	tepetepe	jellyfish
tawhe	fluff; down	tēpu	table
tāwheo	roundabout	teputi	deputy
tāwhero	tree forming canopy	tērā	that (away from us)
tāwheta	writhe; dangle; feel listless	tera	saddle
		tera pēke	saddlebag; a pack
tāwhi	suppress feelings	tere	quick; drift; school of fish; sail swiftly
tawhi	food; beckon		
tāwhio(-tia)	go around	terei	dray
tāwhiri	wave; call of welcome; fan	terēina	train; drain
		terenga	swimming place
Tāwhirimatea	God of winds	teretere	flow; be spread out; brown gecko
tawhitawhi	to delay		
tawhiti	distant; rat trap	tereti	slate
tawhito	ancient; genitals; adept	tero	backside
		teroi	watercress or puha and mussels
tāwhiwhi	entangled; fixed		
tawhiwhi	small tree; type of vine	tētahi/tētehi	a; one; a certain; specific
tāwiri	cowardice; cowardly; shaking	tētahi atu	another
		tetē	bare teeth
tē	not; explosive sound; crack	tētē	fart; teal; fern fronds; figurehead; chief
te	the (singular)		
tea	white; clear	tetēā	gnash teeth
Teharonika	Thessalonians	tetekō	gobbling noise
tehea?	which?	tētēkura	chief
teihana	station	tētere	swollen
Te-Ika-a-Māui	North Island	tewe	caul; fermented juice
teina (pl. tēina)	younger brother of boy; younger sister of girl	tewha	chant (for planting time)
		tewhatewha	long axe-shaped club
teitei	high	tī	tea; hand or stick game
		tī (kouka)	cabbage tree

tia(-ina)	stick in; decorate; deer; dear; steer	tikinare	dictionary
tia	abdomen; jar	tīkiti	ticket
(e tia	like; as if)	tikitiki	topknot; diadem
tiaho	to shine	tiko	move bowels
tiaka	jug	tīkohi	gather carefully
tiakareti	chocolate	tīkoke	high in the heavens
tiaki	jack (cards); jug	tikotiko	diarrhoea
tiaki(-na)	to guard; look after	tikumu	type of plant; timid
tiaki huarahi	traffic control	tima	steamer; beak; wooden garden grubber
tiaki niho	dental care	tīma	team; streamer
Tiamana	German; chairman	tīmata(-ria)	begin
Tiamani	Germany	timatanga/timat-	
tīamu	jam	atanga	beginning; matrix
tianara	general (military)	timere(-a)	chimney; funnel
Tiapani	Japan; Japanese	timo	peck (see tima)
tiare	scent; hollow; empty	timohu	asthma; wheezing
tiāti	judge	Timoti	Timothy
tiatia	stick in	timu	low, ebb tide
tiāwhe	chaff	timuaki	head man
tiehe	clothes	timutimu	tail
tīeke	saddleback; measure	tina	dinner; fasten; fixed
tīemi	see-saw; unsettled	(kia tina	make firm)
tiepa	hanging loose	tinaku	to garden; germinate; tubers; delay
tiere	scent; jelly	tinana	body; trunk
tīhae(-a)	to rip; tear	tinei(-a)	extinguish; lean out
tihe	to sneeze	tini	many; tin; gin
Tīhema	December	tīni	chain; change
tiheru	bail water; tote water	tinia	overcome (feelings)
tihewa	sneeze	tinihanga	trick; fraud; cheat
tihi	tip; apex; summit; top	tino	very
tīhi	cheese	tio	oyster; very cold
tīhohe	giggling	tioka	chalk
tīhoka	drive stakes	tioki	jockey
tihore(-a)	split; to peel; baldy!	tioro	to tingle; scream; shrill whistle; caterwauling
tiiti	deeds	tiotio	rough; prickly
tika	correct; straight; rights	tipa	scallop
tikanga	custom; rule; principles; obligations; conditions (legal); provisions (legal)	tīpako	pick out
		tīpakopako	pick up bits; at odd times
(whai tikanga	important)	tīpao	more irregularly; catapult
tikanga-rua	bi-cultural	tīpare	headband
tīkaokao	fowl; rooster	tīpāta	teapot
tīkape	mournful lament	tipi	glide; skim along; destroy; slice off
tīkaro(-hia)	tear out; scoop out		
tīkera	kettle	tipiwhenua	roaming; vagabond
tīkera hiko	electric kettle	tipu(-a)	grow
tiketike	high; height	tipua	devil; foreign; strange
tiki	neck pendant	tipuaki ·	top of head
tiki(-na)	fetch; do		
tikihope	trunk below ribs		

tipuna	ancestor
tira	group of travellers; row (line)
tira	deal
tiraha	bundle of sticks; lie face up
tirairaka	fantail
tirara	wide apart
tirau	dig with stick
tiraumoko	bastard
tiremiremi	ebb and flow
tirengirengi	bounce up and down
tiri/tiriti	share out
tirikara	treacle
Tiri Kīngi	Three Kings
tirira	messenger
tiriti	street; treaty
tiriwā	widely spaced; space
tiro(-hia)	to look
tirohanga	view
tiromākutu	stare
tirotiro	inspect
tirotiro tūpāpaku	autopsy; post mortem
tīrou	sharp stick; fork
tītaha	wobble; tilt; slanting
tītaketake	turn over and over
tītama(-tia)	to dawn; light up
tītari(-a)	scatter
tītī	mutton bird; steel nail
titi(-tia)	stick in; peg; pin; comb; rays of light; streaks of cloud
titihaoa	shout of joy
titikai	theft
titiko	watersnail
titipi/tipi	glide along
titiro (tirohia)	to look; perspective
tītitipounamu	bush wren; rifleman (bird)
tititorea	stick-game
titiwai	overhang; glow-worm
tītīwainui	petrel (fairy prion)
titiwha	to glitter; glittering lure to catch fish
tito	to tell lies; to compose story or song
tītoi	mock
tītoki	New Zealand ash producing chiefly red dye
titoko(-na)	pole; spreader; fend off
tītokotoko(-na)	keep away; spreader
titongi	to peck; nibble
tītore	split open
titorea	make slip-knot
tiu(-a)	swing; strike; restless
Tiuteronomi	Deuteronomy
tiutiu	thrush
tīwaha	shout
tīwai	tree trunk
tīwaiwai	swirl around
tīwaiwaka	fantail
tīwakawaka	fantail
tiwanawana	dishevelled
tiwani	sandpaper; file; to smooth
tīwatawata	fence; palisade
tiwha	to squint
tīwhaiwhai	wave about
tiwhikete	certificate
tīwī	television
tō	stove
to	the...of (use to form possessive pronouns, e.g. to māua = our; to kōrua = your)
tō(-ia)	drag
toa	shop; warrior; brave; store; champion; boar
toanga	heroism
toangi/toengi	west
toanui	shearwater; seagull
toatoa	type of tree
toe	left over
toemi	hand net
toenga	remains; balance (books)
toetoe	sedge grass
tohatoha(-ina)	to distribute
tōhau	dew; sweat
tōhē	thief; mean; miserly
tohe(-a)	persist; argue
toheroa	shellfish
tohetaka	dandelion; lazybones
tohi(-a)	purification ceremony; sprinkling with water
tōhi(-tia)	to toast; a toast
tohitū	direct; straight; end on
tohorā/tohoraha	whale
tohu	sign; mark; symptom
(ināhoki tōu tohu	as you have shown)
tohu(-ngia)	keep; preserve; save
tōhua	full moon; egg yolk
tōhuka	sugar-cane
tohunga	expert; specialist; priest

tohunga ahurewa	highest class of priest
tohunga horomatua	lower class of priest
tohunga kēhua	charlatan
tohunga mākutu	wizard (black magic)
tohunga mata/matuhi	visionary
tohunga pouwhiro	superior priest
tohunga ruanuku	wizard
tohunga tā moko	tattoing expert
tohunga tārei waka	expert canoe builder
tohunga tuahu	high priest
tohunga whaihanga	expert builder
tohunga whakairo	expert carver
tohungatanga	prowess; quality
tohutohu	directions; brief (legal); recommendation; supervision (legal)
toi	art; knowledge; point; central part of a citadel; move quickly
toi whenua	original inhabitants
toihau	head
tōihi	stride; be split
toimaha	heavy
tōingo	gay; smart (e.g. of clothing)
toiora	well-being; health; spiritual protection
toipoto	close
toiroa	wide apart
tōiti	little finger/toe
toitoi	goby fish; to fish with a bob of worms; trot quickly
toitū	permanent; trot
tōiwi	rogue
toka	rock
tokakawa	steam; damp; sweat
tokanga	large basket
tokānuku	man of importance
toke	worm
tōkena	stocking; sock
tokerau	northern
tokere	castanets; clappers
toki	axe; adze
toki kaata	dog cart
toko	pole; prop up

tokohi	adultery
tokohia?	how many people?
toko-i-te-ora	guarding health
tokomanawa	central post; mainstay
tokomaha	population; numbers
tokomauri	hiccough; fall in love
tokonui	thumb; big toe
tokopuaha	belch
tokorangi	crane machine
tokoroa	lean
tokotoko	god stick; quarter-staff; walking-stick
tokotoko rangi	epidemic; infectious
tokotoko tao	non-infectious disease
tokotoko wae	crutch
tokouru	west wind; the west
tōkū	my; mine
toma	place for bones
tomo(-kia)	enter; (go out)
tomokanga	entrance
tomotomo	be filled
tōmua	early
tōmuri	afterwards; last
tōna	his; hers; its
tōnana	warts
tonanawe	lag behind
tōnapi	turnip
tōne	stone (weight)
tonga	south; south wind
tongāmimi	bladder
tongi	spot; fertiliser
tōnihi	move cautiously; walk stealthily
tono(-a)	claim; to command
(he tono	*ex-parte* application)
tono kaupare	non-molestation order
tonotono	bossy
tonu	still; always; very; only just
tonu iho	straight away
tōnui	thumb; big toe; prosperous; under one heading
tōnuitanga	prosperity
topa	soar; fly
tope(-a)	cut; chop
topetope	chop; chopper
Topia	Tobias
topito	end; extremity
tōpū	assembled; pair; couple
tōpuni	dog-skin cloak

tore	aroused; aflame; female parts	toto	blood; to bleed
tŏrea	oystercatcher (bird)	tŏtŏ	to pull
toremi	drown; disappear	tŏtŏă	disrespectful; waste
torengi	disappear; set (sun)	totoa	impetuous; fierce; reckless; urgent
torere	infatuated; gorged; abyss; heart's desire	totohe (tohea)	persist; argue
		totohu	to sink
toretore	eye inflammation	totoko	support; push; spring up
torewai	tearful; shellfish	tŏtoro	stretch out; droop
tori	cat	tou	buttocks; anus
torino	wafted sound; basket	tŏu	your; yours; stove
(pŭ torino	flute)	tou(-a)	set on fire; dip in water
torŏ	drawer		
toro(-na)	stretch out; visit; spy; blaze up; explore	tŏuarangi	rain
		toupiore	listless; languid; lazy
toro te nuku roa	survey the distance	tourepa	restless; wandering
toroa	albatross; drawer; feather	toutou(-a)	sprinkle; dunk
tŏroa	middle finger	toutouwai/	
torohanga	view	tŏtŏwai	robin
torohĕ	examine; marauding party; ambush	towene/toene	set of sun
		tŭ	be wounded
tŏroherohe	wag; sway	tŭ(-ria)	to stand; type of; girdle
torohĭ/torohihi	diarrhoea; spurt out	tua	back; on other side (of solid)
torohĭhihi	short, scanty hair		
torohŭ	secret	tua	+ number makes the ordinal (from 1 to 9), e.g. tuatahi = 1st; tuarua = 2nd
toroi	fermented puha and mussels		
toroihi	bud; to sprout		
toromi	drown	tŭă(-ina)	to name; magic spell
torŏna	throne	tua(-ina)	to cut down
toronga	distant relative	tua atu	further
torongi	disappear; set (sun)	tŭă ua	shower
toropapa	lie flat; shrub	tua wahine	lady; heroine
tŏrŏpuku	flesh	tŭahiahi	evening
torotika	straight; stiff	tuahine (pl.	
torotoro	put out hands; scouts; vanguard; go visiting; type of cloak	tuăhine)	sister
		tuahiwi	ridge; skeleton; rising ground; shoal
(aka torotoro	creeper for binding)	tŭăhu	shrine; sacred place
torouka	raw; unripe	tŭai	skinny; thin
toru	three	tuaitara	spines on fish back
torutoru	few	tuaiwi	backbone
toruwae	tripod	tuakana (pl.	older brother (of boy);
tŏtă	sweat	tuăkana)	older sister (of girl)
tŏtaha	tied around	tuaki(-na)	to gut fish; disgorge
tŏtahi	almost; nearly; solitary	tuakiri	wall of house; person
tŏtara	tree; canoe made of it	tuakoka	poor
tote	salt	tuamaka	cord
totepita	saltpetre	tŭămanomano	of many strands
toti	limp	tuangi	small cockle
tŏtika	straight; just	tuanui	roof; ceiling; harsh; overhanging
tŏtiti	sausage		

tūao	casual; short-time worker	tuhinga kōrero tautoko	deposition
tuaone	beach	tuhinga kupu	
tūāpae	horizon	hopu tangata	warrant of arrest
tūāpapa	flat rock; foundation	tuhinga kupu	
tūāpō	night work	mau herehere	committal warrant
tuapōkere	purplish	tuhinga kupu	
tuarā	the back; spine	oati	affidavit
tūāraki	north; north wind	tuhinga kupu	
tūārangi	from afar; ancient; important	pono mo te whakapae	indictment
tuarāwharau	thatched roof	tuhinga kupu	
tuarea	anxious; sad; numerous	whakapae	charge sheet; information
tuari	steward	tuhituhi(-a)	write; draw; stitch; panel work
tūāriterite	same		
tuaroa	backbone	Tuhituhinga	
tuarongo	back wall	Tapu	Holy Scripture
tuāru	coast	tūhono(-a)	to join
tuarua	second; twice	tūhonohono i nga	
tuata	early	rōpū	federating body
tuatahi	first	tuhoro kai	greedy
tuātara	spine on fish	tūhou	new one
tūātea	froth; foaming wave	tūhourangi	clumsy; boorish
tuatea	pale; anxious; evil	tuhua	obsidian rock
tuatete	spiny; rough	Tuhua	Mayor Island
tuatinitini	of many strands	tūhui	paspalum grass
tuatua	chop up finely; ridge of hills; chop repeatedly; edible shellfish	tūhunga	perch (lure)
		tūī	bird; parson bird
		tui(-a)	to thread; stitch
tuaukiuki	old	tuiau	flea
tuauri	ancient; ritual	tuiri	a drill; tremble
tuauriuri	open sea; dark; very many	tuitui(-a)	to stitch; panel work; refit canoe sides
tuawhenua	mainland; interior; country as distinct from town	tūkaha	strenuous; hasty; passionate
tuawhiti	thick; fat; fleshy; of good quality	tūkari	heap up; spade; lusty; eager
tueke	swag; rucksack	tūkarikari	toss about; handle roughly
tuere	blind eel		
tuha	spit; distribute	tūkawikawi	eager; quick; nimble
tūhāngai	bestride; open out; flatten	tuke(-a)	elbow; nudge; approx 30 cm
tūhauiri	cold	tūkeka	lament
tūhawaiki	leprosy	tūkeke	lazy
tuhāwiri	shiver	tukemata	eyebrow
tūheihei	untidy; dishevelled	tuketuke	funny-bone
tuhera	open	tuki(-a)	to attack; butt; pestle
tuhi(-a)	write; draw; stitch; signal with hand; redden (sky)	tuki whatianga	elbow
		tūkino	illtreat
		tūkirakira	stand on end
tuhinga	official document; warrant	tukituki (tukia)	beat
		tukorou	desire

tuku(-a)	let go; allow; present; bequeath; dismount; forward letter; give freely; parry a blow; make submissions (legal); surrender
tuku mahi āwhina ki te iwi	tribal delivery system
tuku rangatiratanga	devolution
tuku te tūtū	send messenger; call assembly
tukunga	offering; handing over
tukupū	overcast; misty
tukurou	desire
tukutahi	simultaneous rush; together
tukutuku	panel work; web
tuma	challenge
tūmaeo	lazy
tumakuru	fear
tūmanako	hope; objective
tūmāngai	type of prayer chant
tūmatakuru	thorns; brambles
tūmatarau	stingy
tūmatatenga	apprehensive; sulky
Tū-mata-uenga	God of war; mankind
tūmatohi	erect; watchful
tūmau	slave; fixed
tume	slow
tumeke	take fright
tumere	chimney; funnel
tūmomo	sort; kind of; the make
tumu	coo; stump; grunt; pike; bird snare
tumuaki	head man; president; Your Honour
tumutumu	stump
tuna	eel
tunewha	drowsy
tunga	toothache
tūnga	wounds; place to stand; standing up; fixture
tūnga pahi	bus stop
tūnga pukapuka	bookstand
tungane	brother (of girl)
tūnganangana	disturbance; excitement
tungatunga	beckon; wave hand
tungaroa	back part of house
tungi(-a)	set alight
tungongo	chrysalis; to dry up
tūngou	nod; beckon
tūngoungou	chrysalis
Tunihia	Tunisia
tunu(-a)	to roast; frighten
tunu puku	roast whole
tunuhuruhuru	illtreat; offend; quarrelsome; hurt a friend
tunutunu	afraid
tuohu	bow the head; stoop
tūoi	thin; skinny
tūoma	run; hurry
tūoro	monster who lives underground
tupa	dried up; rough; scallop
tūpai	happy
tūpāpaku	corpse
tūpara	double-barrelled gun
tūpare	shade eyes with hand; garland
tūpari	cliff
tūparu	panelling (decorated)
tūpato	cautious
tupe	spell to make powerless the enemy's weapons
tūpehu	angry
tupeka	tobacco
tūpeke	to jump
tupenu	squashed
tupere	pout the lips; shark; female parts
tūpererū	quail (bird); whirr; bluster
tūpono	to happen upon
tūpou	bow; stoop; dive; rush; throw head first
tūpourangi	steep place
tupu(-ria)	grow; real; own
(whakaheke tupu	treat with contempt)
tupua	demon; foreigner
tupua(-tia)	kidnap
tūpuhi	storm; thin
tupuna (pl. tūpuna)	ancestor
turaki(-na)	throw down
tūrama	illuminate; restless
tūranga	position; identity
tūranga(-ranga)	in disorder; puzzled; tired
tūrangahakoa	happiness
Tūranga-nui	Gisborne
tūrangawaewae	domicile

turapa	spring	tūtara	slander; gossip
ture	law; institution	tūtara kauika	school of whales
Ture a te Hāhi	Canon Law	tutarere	struggle
Ture Whaka-		tūtata	near
mārama Ture	Acts Interpretation Act	tūtaumaha	a spell
tūrehu	fairy; ghost	tute(-a)	to shove; nudge
tūrehutanga	winking	tūtehu	restless (sleep)
Tūrei	Tuesday	tūtei	spy
tūreikura	pining; miserable;	tūteko	two tricks (cards)
	bewitched	tutetute	jostle
tūreiti	late	tūtika	upright; just
tūrere	flee; creep off	tūtira	stand in line
turi	knee; fence-post; deaf;	tūtohu	agree to; indicate
	obstinate	tūtoko	walk on stilts; pole-vault;
turihaka	bow-legged		desire
turikere	deaf	tūtoro	dreamy
turingonge-		tutū	noisy; cheeky; be raised
ngonge	crippled; weak-kneed		up; stirred up
turipa	tulip	tutū te puehu	great disturbance
turipēpeke	with knees bent	tutū te tai	high tide
turipona	knee joint	tūtū	be established
turipū	weak in the knees; charm	tutu(-a)	shrub called toot;
	to make one so		preserve; soak in
turituri	noise; shut up!		water; blue-black
turiwhatu	slow	tūtūā	low-born; reach limit
tūroa	well established	tūtuki (tukia)	bump; knock
tūrohi	weary; exhausted	tutuki	reach limit; conclude
turori	stagger; totter	tūtukitanga	collision
tūroro	sick person; patient	tutuku	depart
tūrotowaenga	midnight	tutukutahi	simultaneous rush
turu	16th day of moon; leak;	tutumaiao	mythical people
	drip; fix post; fly kite	tūturi (tūria)	bend knee; kneel down
tūru	chair	tuturiwhatu	plover (banded dotterel)
turua	beautiful	tūturu	permanent; reliable; door
turuawēpō	midnight		post; leak
tūruhi	tourist	tūtutupō	red glow; rash
turuki(-tia)	follow; support; crowded	tūwaewae	visitor; war dance
turuma	sacred place; lavatory	tuwaharoa	yawn
turuturu	to establish; fixed; to	tuwatawata	strong fence of fort
	drip	tuwha(-ia)	spit; distribute
tuta	back of neck	tuwhanga	apart
tūtae	dung	tuwhara	coarse floor mat
tūtahi	painted with	tuwhare	saliva
tūtai	spy; scout	tūwhenua	leprosy; sores
tūtakererewa	apprehensive	tuwhera(-tia)	open
tūtaki(-na)	meet; shut door	tūwhiti	expel; to lever
tūtanga	portion	tūwiri	tremble; drill

U

ū	firm; breast; teat	ū(-ngia)	reach land (ūnga)

ūā	isn't it; please don't...	**unua**	join two canoes; double
ua	backbone; lift head; neck	**unuunu**	pull out
	of cloak; when	**upane**	in rank; abreast
ua(-ina)	to rain; caught in rain	**upoko**	head; chapter; heading
uaki	shut; open	**upoko mārō**	monolithic; insensitive
uakoao	stranger; alien	**upokokororo**	grayling
uara(-tia)	value; long for	**ura**	glow red; brown
uarapa	disorderly; messy	**uraura**	irate; flushed
uaua	difficult; sinew; muscle;	**ure**	penis
	effort	**ure tārewa**	ancestral line through
uauawhiti	cramp		male
ueke	rough; hardened	**ureure**	fire-stick; kiekie fruit
Ūenuku	personified form of	**uri**	descendant; dark green
	rainbow; chief of		(of water or stone)
	Hawaiki	**uri tata**	relative
uepū	squad; group	**uriuri**	dark
ueue (uea)	shake; incite	**Ūropi**	Europe
uha	female	**uru**	clump of trees; orchard;
uhi	tablecloth; yam; chisel;		the west; head; peak;
	cover		tip of weapon
uhi(-a)	put on	**uru(-a)**	enter; concerning; to join
uho/iho	umbilical cord; bone		with
	marrow; heart-timber	**(nga uru**	hair)
uhu	numb; cramped	**uruao**	fry of cockabully; winter
uhumanea	clever	**uruhau**	glad; contented
uhunga	lament; mourning	**uruhi**	rampage; rush upon
	ceremony	**uruhua**	bruise; swelling
ui(-a)	ask questions	**uruhumu**	swelling; tumour
ui ake	at a later date	**urukehu**	light haired
uira (ira)	lightning; flash	**urunga**	rudder; pillow
uiui	question; interrogate	**urungi(-tia)**	rudder; setting sun; to
(hui uiui mo te			steer
tūpāpaku	inquest)	**uruora**	helper; partner
uka	blood clot; staunch blood	**urupā**	cemetery; finish
ūkaipō	alma mater; mother	**urupare**	response
ukiuki	peaceful; olden times	**urupū**	painstaking; persevering
uku	clay (used as soap)	**urupuia**	clump of trees
ukui(-a)	wipe; tea-towel	**ururua**	overgrown
ūkura	gleaming	**urutā**	epidemic; contagious
uma	bosom; chest	**urutapu**	virginal; pure
umanga	occupation	**Ure-te-ngangana**	God of stars
umara(-tia)	assaulted	**urutira**	dorsal fin
umere	cheerful shout; sing	**uruumu(-tia)**	swell
umu	oven; earth oven	**uruuru**	join; urge on
unahi	scale of fish	**uruwehi**	be in awe of
unahiroa	will o' the wisp; comet	**uta**	to shore; to land;
ūnga	landing place		inland
unga(-a)	to send	**uta(-ina)**	to put; to load; to go
ungaunga	insist		aboard
uniana	union (political)	**utanga**	burden; luggage
unu(-hia)	take off; withdraw	**utauta**	goods; utensils; loading
unu(-mia)	to drink		up; furniture

utiuti	worry; niggle
utu(-a)	value; pay for; price; costs; revenge; dip water
utu kōti	court costs
utu wawe	punctual payment
utu whakahaere take	filing fee (legal)
uwha	female animal
uwhi	yam
uwhi(-a)	to spread out; to cover
uwhiuwhi	to sprinkle

W

wā	space; time; place; season; opportunity
wā kāinga	true home
wae	foot; leg
waea	telegram; phone
waea kōrero	telephone
waenga(-nui)	in the middle
waengarahi	centre
waere(-a)	clear away
waerehe	wireless
waerenga	clearing; field
waero	tail
waeroa	mosquito
waetea	fleet of foot
waewae	foot; leg; paw
waewae rākau	stilts
waewae tapu	stranger; newcomer
waha	mouth; entrance; voice; nozzle; spout
waha(-ngia, -tia, -a)	carry on back
waha kōrero	counsel
wahahuka	bragging; skite
wahaika	short club
wahakawa	finicky about food
wahanga	load; burden
wāhanga	section; chapter; segment
wāhanga toru	platoon; a third part
wahangū	dumb
wahapū	harbour; rivermouth; estuary
waharoa	gateway to pā; mussel
wāhi	part; place; small (placed before noun)
wāhi/wawāhi (wāhia)	to break
wahi iti	almost
wahi tapu	cemetery; reserved ground
wahi whaka-tupuranga	birthplace
wahia/wahie	firewood

wāhina	virgin
wahine (pl. wāhine)	woman; wife
waho	outside; lower reaches; out at sea
wai?	who?
wai	water; liquid
wai aruhe	bitterness; unavenged
waia	accustomed to
waiapu	sharp stone; made of fine flax
waiariki	hot springs
Waiariki	Rotorua area
waiata(-tia)	song; to sing; psalm
waihakihaki	itch
waihanga	build; remake; builder
waihape	change course; go about
waiho(-ngia, -tia)	leave; remain; put
waiho hei	be regarded as
waihoki	similarly; also
waikamo	tears
waikauere/ waikauwere	feeble; exhausted; worn; tired; worn out
waikeri/waikari	ditch; irrigation canal
waikohu	mist
waikorohuhō	half-hearted
waikū	dew
waikura	rust
waimaero	weak
wai-māori	fresh water
waimatua	source
waimarie	lucky; quietly
wāina	wine
waingōhia	easy
Wainui-ā-rua	Wanganui area
waiora	health
waiora-a-Tāne	source of health
waipiro	liquor
Waipounamu	South Island; greenstone
waipū	reddish; deep water; volley of gunfire

waipuke(-tia)	flood
waipuna	spring of water; well
waiputa	waste-pipe
wairākau	manure; medicine; dye
wairangi	excited; wild monster; reckless
wairanu	gravy
wairau	bruised; potato peel
waireka	lemonade; soft drink; satisfied; calm
wairere	stream (of water)
wairoro	brains
wairua	spirit
wairuhi	tired; exhausted
waitai	salt water
waitākiri	spasm; twitch
waitara	hailstones
waitau	decay; grow faint; immature
waitete	disagreement
waitohu	mark; sign; appoint
waituhi	child birth rites
waiū	milk
waiuku	fine clay; soap
waiuku makawe	shampoo
waiū-maroke	cheese; dried milk
waiwai	soaked; sodden
waiwai pū	volley of gunfire
waka	vehicle; canoe; box for feathers
waka taua	war canoe
waka tētē	ocean-going canoe
waka tīwai	light canoe (no topsides)
waka tūroro	ambulance
wakarere	aeroplane
wakawaka	garden rows
wāke	to walk
wakewake	hurry up
wāku	my; mine
wana	bud; sprout; ray of light; thrilling; fierce
wāna	his; hers
wana take	one trick (cards)
wānanga	learning; occult
wanawana	fearsome; bristle
wanea	satisfaction
wani(-a)	scrape; skim over; find fault
wao	forest
wara	indistinct sound; rustle
warahoe	untrustworthy

waraki	strange; birds' morning song
warawara	yearning; longing
ware	ignorant; tasteless; low-born
warea	occupied; overcome by
wareware(-tia)	forget
warihi	waltz
wāriu	value
waro	coal; deep hole
waru	eight; peel; plane (tool)
waru(-hia)	scrape; shave
warunga	shavings
wāta	slowly; carefully
wāta-kirihi	watercress
wātea	free; clear
wātene	warden
wati	watch
wau/wahau	I; me
wāu	your; yours
wauwau	grumble; digging stick
wawa	rushes
wāwā	fence
wawae	separate
wāwāhī (wāhia)	spanner; split; split open; partition
wawana	fierce
wawao	defend
wawara	indistinct sound; rustle
wawaro	indistinct
wawata	daydream; desire; wishful thinking
wawe	early; quick; soon
wē	squeak
wehe(-a)	to divide; enraptured; delighted with
wehenga	division; discrimination
wehenga tūturu	irreconcilable breakdown
weheruapō	midnight
wehewehe (wehea)	sort out; arrange; divorce
wehi	fear; awe; be afraid; formidable
wehiki	whisky
wei	whey
weka	wood-hen
wekī	tree fern
weku(-a)	catch hold of; scrape; rip; hook
wene	envy; grumble; offshoot; small item
wenerau	object of criticism or envy

Wenerei	Wednesday	**wewehe**	love-struck
wenewene	calabash; gourd; moth; scar; open wound	**weweia**	dabchick; low-born
		wewete	(see **wete**)
wepu(-a)	whip	**wī**	chasing; playing tag
wepuwepu	whip frequently	**wihara**	whistle
wera	hot; burnt; Wales	**wihiki**	whisky
werawera	sweat; hot; temperature	**Wiki**	week; Sunday
were(-were)	hang up; barnacle; female parts	**wiki**	ripple; fuse wire
		wini	window; to win
weri	centipede; tentacles; roots	**winiwini**	to shudder
		wira	wheel; a will; willow
weriweri	offensive; awful; ugly	**wiri**	drill; screw
wero(-hia)	pierce; challenge	**wiriwiri**	to shiver; twist; quiver
werowero	stab frequently	**wītā**	fence; hedge
weru/weruweru	garment; tassel; dress	**wīti**	wheat
wētā	type of insect	**wīwī**	tussock grass
wete(-kia)	untie; set free	**Wīwī**	France; French
wetewete/		**wiwini**	to shudder
wewete	set free	**wōnati**	walnut
wetiweti	loathsome; frightening	**wōro**	wall
weto	be extinguished; be overcome	**wūru**	wool
		wuruheti	woolshed
weu	strand of hair; fibre; tuft	**wūruhi**	wolf

WH

whā	four	**whaioro**	encounter
whae	lady!; miss!	**whairoiro**	dimly seen
whāea/whaene	mother; aunt	**whāiti**	narrow
whāereere	sow; mother of animals	**whaitiri**	thunder
whai	string game; stingray	**whaitua**	side; region; space
whai(-a)	follow; chase; possessing	**whaiwhai**	to hunt; chase
whai hara	guilty; sinful	**whaiwhaiā**	bewitch; witchcraft
whai kōrero	make a speech	**whaka**	towards
whai kupu	talk seriously	**WHAKA** — this prefix to a word gives the meaning of 'to do' or 'cause to do' that particular action. If a word begining 'whaka' does not appear in the following list, look it up under the second part of the word.	
whai pānga	have a share or vote		
whai rawa mo te utu	attachment/statement of means		
whai takenga/			
taketanga	claim	**WHAKAāe(-tia)**	to agree; favour; grant
whai taonga	rich	**WHAKAae-ā-**	
whai tikanga	important	**pukapuka**	written agreement
whaiāipo	sweetheart	**WHAKAaetanga**	contract
whaiao	daylight	**WHAKAahu**	
whaiapu	sharp stone; made of fine flax	**(-tia)**	to heap
		WHAKAāhua	change oneself into; drawing; photo; painting; delineate
whaiaro(-aro)	personality; real self	**(-tia)**	
whaiawa	riverbed		
whaiere(-tia)	express outrage; revulsion		
whaihanga	make; do	**WHAKAahua-**	
whāina(-tia)	fine (penalty)	**tanga o te**	
whāinga	follow; goal	**tangata hara**	pre-sentence report
		WHAKAāio	peaceful

WHAKAāio	
whenua	peacemaker
WHAKAako	
(-na, -tia)	teach
WHAKAako-	
ranga whaka-	
tikatika	corrective training
WHAKAanga	approach; way
WHAKAanga-	
anga	to ponder over
WHAKAangi-	fly a kite; dive through
angi	the air
WHAKAara	hostile; showing hostility
WHAKAara	
(-hia)	arouse; erect
WHAKAaranga	see in the mind's eye; see
	in a vision
WHAKAare	expose backside (insult)
WHAKAari	expose to view; exhibit
WHAKAariki!	invaders!
WHAKAaro(-tia)	think; opinion; feelings;
	concept
WHAKAaroaro	consider
WHAKAarorangi	flee; fascinated by
WHAKAata	reflection; mirror
WHAKAatea	clear a pathway
WHAKAatu(-ria)	to show; announce;
	explain; introduction
WHAKAatu	
kupu	
whakapae	information
WHAKAatu pono	affirmation (legal)
WHAKAatu-	
ranga	memorandum
WHAKAatu-	
ranga hara	
hangahanga	infringement notice
WHAKAau	sound asleep
WHAKAawa	make grove
WHAKAawe	out of reach
WHAKAaweawe	lover
WHAKAea	to pay; come up for air;
	gasp; reparation
WHAKAeaea	to sob; lift from water
WHAKAeke(-a)	to attack; go up; heap
	up; ally; join forces;
	arrive
WHAKAemi(-a,	
-hia)	gather; be gathered
WHAKAero	rot; shrink away
WHAKAeto	dissolve; evaporate
WHAKAhā	breathe

WHAKAhaehae	lacerate
WHAKAhaere	organise; direct; exercise
(-tia)	(rights)
WHAKAhaere	
Whakaemi	
Moni a te	
Kāwanatanga	State-Owned Enterprise
WHAKAhāhaki	point out
WHAKAhake	
(-tia)	denude; strip off
WHAKAhara	to convict
WHAKAhara-	
hara	huge; extraordinary
WHAKAharatau	practise speech or
(kōrero)	manual dexterity
WHAKAhau(-tia)	give command
WHAKAhau a te	
Kāwanatanga	bureaucracy
WHAKAhau	non-publication
hōtaetae	direction
WHAKAhauhau	to order; hurry; urge on
WHAKAhauora	refresh; revive
WHAKAhāwea	despise
WHAKAhē	to blame; lead astray
WHAKAhē	
whakapae	denial of liability
WHAKAheke	let down
WHAKAheke	
ngaru	surf ride
WHAKAheke-	
heke	striped
WHAKAheke-	
tupu	to insult; lose status
WHAKAhemo	eat up; consume; destroy
WHAKAhemo-	attend the death bed
hemo	(help to die)
WHAKAhere	offering to the gods;
	sacrificial gift
WHAKAhianga-	
nga	favourite
WHAKAhiango-	object of violent
ngo	affections
WHAKAhiato	gathered
WHAKAhiato-	
tanga o te	
titiro whānui	inter-sectorial focus
WHAKAhīhī	to show off; vain
WHAKAhinga	cause to fall; defeat
WHAKAhinu-	
hinu	glossy; shiny
WHAKAhipa	alter course; deviate;
	human head

WHAKAhira	boast; vainglorious
WHAKAhirahira	great; important
WHAKAhoa	be friendly with
WHAKAhoahoa	play favourites
WHAKAhōhā	make weary; to bore
WHAKAhoki	to reply; return
WHAKAhoki	devolution; returning
mana ki te iwi	power to the people
WHAKAhōnore (-tia)	to honour
WHAKAhore	refuse; despise
WHAKAhori(-a)	disbelieve; reject
WHAKAhoro	let down; slip off; free from tapu; to speed up
WHAKAhoro rākau	drill with weapons
WHAKAhouhou	disgusting
WHAKAhū	keep silent
WHAKAhua	recite; speak out
WHAKAhua te moni	make money available
WHAKAhuaki-tanga	opening
WHAKAihi	betroth; set apart; affect by a spell
WHAKAingoa (-tia)	to give a name
WHAKAingo-ingo	sob; wail
WHAKAinu	to give a drink to
WHAKAio	single file; steady
WHAKAipo	woo; cherish
WHAKAiri(-a)	hang up
WHAKAiringa toto	impute misfortune to neglect of duty
WHAKAiro(-tia)	carve
WHAKAiti(-tia)	despise; reduce; shrink
WHAKAkā (-ngia)	to light; entice
WHAKAkaha (-ngia)	strengthen
WHAKAkāhore	refuse; deny; ignore
WHAKAkahu	to dress
WHAKAkai	earrings
WHAKAkākahu	dress
WHAKAkakara	scent
WHAKAkake	hold oneself superior
WHAKAkana	to grimace
WHAKAkāni-wha	notch; barb
WHAKAkao (-tia)	gather

WHAKAkapi(-a)	fill up; substitute; shut
WHAKAkapo-kapo	twinkle
WHAKAkapo-wai	steep in boiling water; preserve birds, heads
WHAKAkata	make laugh; laugh
WHAKAkeko	aim
WHAKAkī	fill
WHAKAkīkī	tell
WHAKAkikiwa	keep one's eyes shut
WHAKAkiko	pretend
(mahi whakakakiko	livelihood)
WHAKAkino (-ngia)	despise; ignore
WHAKAkite(-a)	to display
WHAKAkitenga	Book of Revelations; Apocalypse
WHAKAkoi	sharpen; point
WHAKAkopa	to finalise
WHAKAkopa-kopa	fold
WHAKAkōpeti	make a loop snare
WHAKAkopi (-tia)	to bend; close
WHAKAkōpura	shine; flicker
WHAKAkore	abolish
WHAKAkore mārena	dissolution of marriage
WHAKA-kori tinana	aerobics; physical exercise
WHAKAkorikori	disturb; shake; upset
WHAKAkoro	strive for; desire
WHAKAkoro-koro	unwind; loosen
WHAKAkorōria	glorify; honour
WHAKAkotahi	unify
WHAKAkurī	turn into a dog
WHAKAmā	ashamed; shy
WHAKAmaake/ whakamā ake	more shy
WHAKA-maenga-rangi	apathetic
WHAKAma-hana	to warm
WHAKAmahara (-tia)	remind
WHAKAmahau	verandah; porch
WHAKAmahi (-a)	set to work
WHAKAmā-horahora	feel at home

WHAKAmai-angi	incantation to lift something
WHAKAmă-kŭkŭ	appetising
WHAKAmămă	make easy; free from tapu
WHAKAmamae	inflict pain
WHAKAmana (-hia)	accredit; give power to
WHAKAmana wehe	separation order
WHAKAmana-mana	very important
WHAKAmanawa	type of rope
WHAKAmana-wanui	courageous; patient
WHAKAmania	abuse
WHAKAmanu	change into a bird
WHAKAmaoko	concealed
WHAKAmăori	translate
WHAKAmărama (-tia)	explain
WHAKAmarara	scatter
WHAKAmărie	pacify
WHAKAmărŏ	stretch
WHAKAmaroke	to dry
WHAKAmaroke răkau	make wither
WHAKAmaru-maru	to shelter
WHAKAmataku (-ngia)	to scare
WHAKAmătau	to try out
WHAKAmătau-ranga	testing; exam
WHAKAmătau-tau	attempt; inspect
WHAKAmate(-a)	kill; crave for
WHAKAmau(-a)	fix
WHAKAmauru	soothe
WHAKAmene-mene	pull faces
WHAKAmĕnetia	manager
WHAKAmeno-meno	show off
WHAKAmĭere	checkmate
WHAKAmĭharo	surprising
WHAKAmihi	praise; congratulate
WHAKAmine (-ngia)	assemble; gather
WHAKAminenga	assembly
WHAKAmoe(-a)	put to sleep; give in marriage
WHAKAmoemiti	praise; thank
WHAKAmŏhio (-tia)	let know; tell
WHAKAmoka	move stealthily
WHAKAmŏkă (-tia)	muzzle
WHAKAmŏ-mona	fatten
WHAKAmomori	grieve deeply; make a strong effort; try to improve; commit suicide
WHAKAmŏtĭ	to destroy; dislike fatty foods
WHAKAmua	forwards
WHAKAmuri	backwards
WHAKAmutu	finish
WHAKAmutu-nga	last
WHAKAnami-nami	dangle before
WHAKAnamu-namu	appear like a speck
WHAKAnanu(-a)	to mix
WHAKAngă	have a rest
WHAKAngaere (-a)	to be shaken
WHAKAngahau	amuse
WHAKAngahoro (-tia)	to attack; charge
WHAKAngaio	deceive; trick
WHAKAngaro (-a)	destroy; lose
WHAKAngau(-a)	hunt with dogs
WHAKAngăwari (-hia)	move quietly; make easy
WHAKAngita	make firm; heap up; a face
WHAKAnoa	free from tapu; make common
WHAKAnoho	fix in place; give in marriage
WHAKAnoti	draw string; fasten
WHAKAnui(-a)	enlarge; celebrate
WHAKAo	answer a call
WHAKAoho(-tia)	startle
WHAKAoma	hasten
WHAKAomoomo	care for; nurse
WHAKAonga-onga	excite
WHAKAora (-ngia)	save; revive

WHAKAŌrite	equalise; equality
WHAKAoti(-hia)	finish
WHAKAotinga	completion; last child
WHAKApā-(-ngia)	touch; be struck by sickness
WHAKApae	accuse; slander; across; complaint
(tangata whakapaetia	accused)
WHAKApai	approve; bless; improve
WHAKApai ruaki	nausea
WHAKApaipai	decorate
WHAKApākanga	youngest child
WHAKApakari	make mature; strengthen
WHAKApākehā	translate into English
WHAKApakeke (-tia)	be illtreated
WHAKApakoko	statue; chief; dried human head; embalm
WHAKApāoho reo	broadcast
WHAKApapa	genealogical table; cultural identity; Book of Chronicles
WHAKApara-hako	despise
WHAKApara-nga	skite; boaster
WHAKAparure	feeble; bewildered
WHAKApāta-ritari	annoy; incite; challenge
WHAKApati	bribe; flatter
WHAKApatipati	flatter
WHAKApau-(-ngia)	use up; squander
WHAKApeha-peha	boastful; vain
WHAKApeke	fold up; hide
WHAKApīata	polish
WHAKApiko(-a)	bend
WHAKApīoioi	sway
WHAKApirau	turn off
WHAKApiri(-a)	fasten
WHAKApiro	consider offensive
WHAKApōkai-kaha	work hard
WHAKApono (-hia)	believe; faith
WHAKApono-nga	tenets
WHAKApōre-area	darken
WHAKApōuru-uru	look mournful
WHAKApowai	smoke (meat etc.)
WHAKApū	heap up
WHAKApua(-tia)	smoke
WHAKApuaki (-na)	announce; declaration
WHAKApuare	open
WHAKApuhari (-a)	to scare off
WHAKApuhi(-a)	to pet; spoil
WHAKApupuni	crouch; hide and seek
WHAKApuru	cram; compress; saddle-cloth
WHAKAputa (-ina)	make come out; appear; issued
WHAKAputu	save money; heap up
WHAKArae	raw; sapwood; to eyeball a person
WHAKAranea	elaborate; beautify
WHAKAraoa	choke oneself
WHAKArapihi (-tia)	despise; make rubbish of
WHAKArāpo-poto	summarise; summary
WHAKArārangi (-tia)	put in line
WHAKArarata	pacify
WHAKAraro	lower reaches (of river); north; lower part; downwards
WHAKAraru	be busy; hindrance
WHAKArata	pacify; friendly overtures
WHAKArato	serve
WHAKArau	multiply; capture; periodic detention
WHAKArauora	save alive
WHAKArāwai (-tia)	enhance; decorate
WHAKArei(-nga)	cast away; ornamented
WHAKAreka (-ngia)	make agreeable
WHAKArere(-a)	forsake; suddenly; bequeath; exceedingly; sail away
WHAKArerekē	to change
WHAKAreri(-a)	prepare
WHAKArewa	melt
WHAKArewa-rewa	war dance

WHAKArihariha	disgusting; disgusted
WHAKAripa	along the edge
WHAKAririki	
(-tia)	to humble
WHAKArite(-a)	arrange; compare; opportunity; fixed
WHAKAroa	to delay; lengthen
WHAKArongo	listen
WHAKAropiropi	hand game
WHAKAroro	big
WHAKAruatapu	several flax nooses
WHAKAruhi	weaken; diminish
WHAKAruku	bathe
WHAKArunga	upwards; upper reaches (of river); upper part
WHAKAruru	afford shelter
WHAKAruruhau	shelter; protector
WHAKAtā	tò rest; draw
WHAKAtaetae	competition; formidable
WHAKAtahe	abortion
WHAKAtaka	to prepare; knock down; surround; turn round; muster
WHAKAtakariri	angry
WHAKAtakataka	move about; shake
WHAKAtakere	bed of river; straggler
WHAKAtaki(-na)	avenge; recite; seek
WHAKAtaki-taki(-na)	explain fully
WHAKAtakohe	dawdle; loiter
WHAKAtakoto (-ria)	lay down; to plan
WHAKAtāmara-mara	blustering; remonstrate
WHAKAtangi	play an instrument
WHAKAtanguru	grumble
WHAKAtanuku (-tia)	devour
WHAKAtara	to challenge
WHAKAtare	peer at; keen; intent upon
WHAKAtarewa	suspend; not settled
WHAKAtari	incite
WHAKAtaruna	connected; go through formalities
WHAKAtata	to approach
WHAKAtau	intently; pause
WHAKAtau(-ria)	declare; try out; to quarrel; to bark; decide; welcome; charge (legal)
WHAKAtau	
arataki tangata	community care
WHAKAtau a te	
nuinga	democracy
WHAKAtau	
āwhina i te iwi	community service
WHAKAtau	
kaupare	non-molestation order
WHAKAtau kua	
whakatāre-	
watia	reserved decision
WHAKAtau mo	
te tangata hara	supervision (legal)
WHAKAtau	
tango moni	attachment order
WHAKAtau tiaki	
tamariki	custody of the child
WHAKAtauākī	proverb
WHAKAtaukī	proverb
WHAKAtaunga	examination/statement of
utu	means
WHAKAtaurite	equalise
WHAKAtautapa	give the word for action
WHAKAtautau	to moan
WHAKAtauto-	
penga	rearguard
WHAKAteitei	grow tall
WHAKAteka	discredit
WHAKAtemaui	to the left
WHAKAtene-	
tene	annoy
WHAKAtere	buoy up; support; sail; steer; accelerate
WHAKAtete	to quarrel
WHAKAtetēā	gnash the teeth
WHAKAtētere	to bloat; liquid flow
WHAKAtiaho	illuminate
WHAKAtika(-ia)	straighten; set out; to stand up; amend; prepare
WHAKAtiki	fast from food
WHAKAtina(-ia)	fix; imprison; sharp birth pains
WHAKAtinana	embody; mandate
WHAKAtipi	glide past; vagrant
WHAKAtipu (-ria)	grow; bring up; educate; nurtured
WHAKAtiraha (-tia)	to place; lie face up
WHAKAtō(-kia)	to plant; ambush
WHAKAtoe	left over
WHAKAtoi(-a)	cheeky; annoy; paint

WHAKAtoi-maha	heavy
WHAKAtōkere	ceremony over bones
WHAKAtokihi	creep along
WHAKAtomo-nga	force inside
WHAKAtopa	soar aloft
WHAKAtopa-topa	give orders; bossy; to plant
WHAKAtōpū (-tia)	combine; unified
WHAKAtoro	stretch out
WHAKAtorouka	troubled sleep
WHAKAtū	Nelson
WHAKAtū(-ria)	erect; suggest; formal talk; make stand; stop; brake; appoint
WHAKAtū rākau	weapon drill
WHAKAtuapeka	fake
WHAKA-tumatuma	act defiantly
WHAKAtūpato	cautious; to warn; suspicious
WHAKAtupe-hupehu	fury; bluster
WHAKAtupere	sulk
WHAKAtupu (-ria)	to grow
WHAKAtupu-ranga	generation
WHAKAturu	fix
WHAKAtūtehu (-tia)	to upset
WHAKAtūtū	set up; build
WHAKAtutuki	carry to completion; comply
WHAKAtuturi	stubborn; disobedient
WHAKAtūturu	establish; definitive
WHAKAtūwae-wae	war dance
WHAKA-tuwhera(-tia)	to open
WHAKAū	establish; support; enforcement; confirm; fixed
whākau	surround
WHAKAuaua	be energetic
WHAKAupa	procrastinate
WHAKAupoko	introductory verse
WHAKAuru	unite with; assist
WHAKAurunga	bending over
WHAKAute	look after; nurse
WHAKAutu(-a)	answer; respond to caress
WHAKAuwhi	cover; show hospitality
WHAKAwā	to judge; condemn; convict
WHAKAwae	carved side of doorway
WHAKAwaha	carry on the back
WHAKAwahi(-a)	anoint with oil
WHAKAwai(-a)	weapon drill; amuse; tempt
WHAKAwaireka (-tia)	to delight
WHAKAwaituhi	turn red; ceremony after birth
WHAKAware(-a)	delay
WHAKAware-ware	cheat; to fool
WHAKAwātea (-tia)	make way for; clear; set free
WHAKAwāwā	to plan; quarrel
WHAKAwehi	frighten
WHAKAwere	to hang up
WHAKAweti	menace
WHAKAweto	extinguish
WHAKAwhai-āipo	become sweethearts
WHAKAwhāiti	to compress; to catalogue; to tidy
WHAKAwhānau	give birth
WHAKAwhata	hang up
WHAKAwhei	foment trouble
WHAKAwhēna-nau	strain
WHAKAwhere	persuade; illtreat
WHAKAwhētai	give thanks
WHAKAwhetū	watchful
WHAKAwheua	resist; take a stand
WHAKAwhiri-naki	trust in; fasten
WHAKAwhiti	carry across; across; transfer
WHAKAwhiu(-a)	punish
WHAKAwhiwhi	to award
WHAKAwiri	tremble; twist; illtreat
WHAKAwiriwiri	cruel; violent
whāki(-na)	confess; tell
whākinga	showing
whāmere	family
whana(-ia)	to kick; recoil
whanake	move up; spring; cabbage tree
whanaketanga	childhood

whānako(-hia)	theft; steal	whare maire	house of learning
whananga	company of travellers	whare mate	chief mourners; death
whānāriki	brimstone		house
whanatu	go away; go forward	whare miraka	milking shed
whānau	be born; give birth;	whare motokā	garage
	family	Whare o Runga	Senate
whānau mārama	the heavenly bodies	whare paku	toilet
whanaunga	relative (by blood)	whare patu	slaughter house
whanaungatanga	relationship	whare Pāremata	Parliament
whānautanga	birth	whare pikitia	cinema
whanewhane	liverish	whare pora	house for cloak making
whanga	bay; armspread; stride;	whare pōtae	chief mourners
	wait; on one side;	whare pukapuka	library
	repeat words; space	Whare Pukapuka	
whanga tapatoru	pyramid (3-sided)	o Aotearoa	National Library
whanga tapawhā	pyramid (4-sided)	whare puni	dormitory; guest house
whāngai(-a)	feed; foster child;	whare rangi	raised storehouse
	adoption; to load gun	whare ropa	house of entertainment
whāngai hau	ritual on battlefield	whare runanga	assembly house
	offering parts of the	whare tākaha	store hut for bird snares
	first victim	whare	
whanganga	arm span measure	takotoranga	
Whanganui-ā-		taonga	warehouse
Tara	Wellington harbour	whare tapere	house of amusement;
whangawhāngai	a spell; charm		theatre
whango	hoarse	whare tauā	house of mourning
whano	ready to go; lead; move	whare umu	cooking shed
whanonga	behaviour	whare wānanga	university; school of
whanowhanoā	annoyance		higher learning
whānui(-tia)	broad; wide; star; width;	whare whakaatu	
	general	taonga	art gallery; museum
whao	chisel; nail	whare whakairo	carved house
whao(-whina)	fill; put into	whare whaka-	
whaowhao	carve	nohonoho	dwelling house
whāpuku	groper fish	whare witi	barn
whara	hit by accident; injured	whārerea	forsaken
(rā whara	sail for war canoe)	whāriki	mat
whārahi	broad	whāriki takahuri	gym mats
wharangi	page; folio	whariru/hariru	shake hands
wharau	lean to; shed	wharo	scrape
wharaua	back part	whārō	stretch out
whare	house	whārona	move quickly; run
whare herehere	prison	whāronatange	stride
whare hoko	store	whārua	hollow; valley; footprint
whare kai	dining room; restaurant	whāruarua	hollow
whare karakia	church	whata	platform
whare kau	cowshed	whataamo	a litter for carrying;
Whare Kauri	Chatham Island		stretcher
whare kohanga	nest house (maternity	whātai	crane the neck; stare
	house)	whatarangi	platform
whare kopae	house with side door	whātero	stick out the tongue
whare kura	school	whati	bankrupt

whati(-a)	to break; run away
whatīanga	approx 36 cm length; wrist; cuff
whatinga	flight; fracture
whātinotino	crane the neck
whatitiri	thunder
whatitoka	doorway
whatiwhati(-a)	snap off; break up; gather
whātoro	stretch out
whatōtō	to wrestle
whatu(-ria)	pupil (eye); stone (fruit); eye; weave; hailstones
whatuaro	belly fat
Whatu-i-Apiti	Gisborne area
whatukuhu	kidneys
whatumanawa	feelings; kidneys
whatungaro-ngaro	disappear
whaturama	hernia; swellings in groin
whaturei	breastbone
whaturua	plump birds
whātuturi	stubborn
whau	type of tree
whaupa	gulp food
whāura	fierce; ruddy
whāuraura	bluster
whauwhau	New Zealand fig
whauwhi	lacebark
whāwhā(-ria)	to touch; hold
whāwhai	impatient; hurry
whawhai(-tia)	to fight
whawhaki	pluck fruit; snatch
whawhao (whaowhina)	fill
whāwhāpū	exaltation
whāwhārua	hollow; female ancestor; mother
whatiwhati	break off; broken
whawhe	disturb; chatter
whawhewhawhe	busybody
whē	stick insect; caterpillar; a dwarf
whea?	where?
(kei whea mai?	where else? i.e. you're lucky to get it)
whēangaanga	vacillating; unsure
wheiao (whaiao)	world of light
wheinu	thirst
wheinga	feud; enemy; old person
wheita	wince
whēkau	belly; guts; laughing owl
whekawheka	swag; garment
wheke	octopus
wheketere	factory
whekī	tree fern
whēkiki	quarrel; tease
whēkite	dazzled; haze
whēkoi	move about
whekoki	disfigured
whekowheko	hazy
whena	midget; fixed
whēnako	steal
whēnanau	grunt
whengei	spiteful; irritable
whengo	break wind noisily
whengu	snort; blow nose
whenguwhengu	snuffle; wheeze
whenua	land; country
whenua-ā-pō	light land breeze
whenumi	eclipse
wheo(-tia)	to buzz; tingle
wheori	sick; diseased
wheoro	crashing noise; thunderous
wheorotanga	crashing noise
wheowheo	buzz
whērā	(see pērā)
whera(-hia)	to spread
whēranu	muddy
wherawhera	opened
where(-a)	oppress
whererei	stick out
whero	red; backside
wheroku	to faint
wherori	go off course
wherū	slow; inactive
whēru	to wipe
wheta	struggle; dodge; arrive; writhe
whetau	dodge; wriggle; small
whetē	stare wildly
wheteke	old; withered; menial
whetereihana	federation
whētero	protruding; tongue out
whetewhete	to whisper
wheti	plump; rounded
whētiko	mud snail
whetoko	step; move along
whetowheto	trivial; petty
whetū	star
whetū rerere	shooting star
whētui	lapel

whētuki(-tuki)	throb; be shocked
wheu	overgrown
whēuaua	bone
wheuaua	difficult
wheuwhi	lacebark
whēwhē	boil
whewheia	enemy
whēwhero	pink
whika	arithmetic; mathematics
whīnau/hīnau	tree
whio	whistle; whistling duck
whiore	tail
whīra	field; feelings
whira	violin
whiri(-a)	plait; twist rope; coil
whirikoka	strength
whirinaki	lean; slant; buttress; unite
whiriti	refrigerator
whiriwhiri	choose; weave; rep players (i.e. chosen ones); discriminate; negotiate
whiriwhiri whakatau	electable offence

whiro	evil; poor land
whīroki	thin; lean
whītau	flax fibre; string
whitawhita	keen; quick
Whitī	Fiji
whiti(-a)	cross over; change; fit; shine; recite; verse
whītiki(-ranga)	belt; hoop; tie up
whito	dwarf
whitoki	tie up
whitu	seven
whiu	satisfied; full
whiu(-a)	kill; whip; put; place; throw; drive
whiuwhiu	wag; whisk
whiwhi ki	gain possession of; win; wrap up
whonokarawhe	phonograph
whoroa	floor
whurū	flu
whurupēke	fullback (football)
whurutu	fruit
whutupaoro	football

English to Māori

A

a; an	he; tētahi
abalone	pāua
abandon	whakarere(-a)
abandoned	whakarere; makere
abate (sea)	mauru; iti haere
abate (wind)	kanape
abbreviate	whakapoto(-a); whakarāpopoto
abdomen	tia; puku
ability	kaha
able	taea; kaha; āhei
(I am able	Ka taea e au)
abolish	whakakore; pēhi(-a); whakakāhore; whakahorohoro
aboriginal	tangata whenua; toi
abortion	tahe; kuka; materoto
about (concerning)	mō
about (almost)	tata ki; tatangia
above	kei/i runga
Abraham	Aperahama
abreast	upane
abroad	rāwāhi
abruptly	rere
abscess	whēwhē; tuma; puku; tāpao
absence	korenga; ngaro
absent	ngaro; matangaro
absentminded	muhukai; pakihake; wareware
absent oneself	takē
absolute	tino; motuhake
absorb (soak up)	mimiti
abundance	ngahuru; maha; ranea
abundant	huhua; rahi(-nga); tinitini
abuse (v.)	whakakino; kanga; kaioraora (song)
abyss	torere
accept	whakaae(-tia); tango(-hia)
accelerate	whakatere
accelerator	whakatere; kātere
accident	aitua; mate whawhati tata; mea tupono; hauata

accommodation	kamareihana; whare noho
accompany	haere tahi i/me (hei hoa)
accomplished	oti; taea
according to	ki; hei tā...; e ai ki nga kōrero
according to the number	rite ki te tokomaha
account	kaute; pire
(of no account	hauwarea)
account true	kōrero pono
accountant	kaikaute
accurate	tika
accusation	whakapae; heitara
accuse	whakapae; whakawā(-kia)
accused (the)	mauherehere; tangata hara; kaiwhaaki; tangata e whakapaetia ana
accustomed to	taunga; waia
ace (cards)	hai
ache	mamae; kōrangaranga; paoro
achieve	whiwhi ki
acid	kawa; hīmoemoe
acorn	kano oki
acquaintance (casual)	tatauāmoa
acre	eka
acrid	kini
across (a valley etc)	kei/i tāwāhi
across (road)	runga i te huarahi
(lie across	tīpae; hāngai; whakapae)
act (imitate)	whakatau(-ria)
act defiantly	whakatumatuma
act hurriedly	takakino
act like that	pērā
act like this	pēnei
action	mahi
action song	waiata-ā-ringa; waiata-haka
active	ngohe; mātātoa
actor	kaitapere
actress	kaitapere wahine

Acts Interpret-	Ture Whakamārama	**advise**	tohutohu
ation Act	Ture	**adviser**	kaitohutohu
Acts of the		**advocate**	kaikōrero; māngai;
Apostles	nga Mahi a nga Apotoro		kaiwawao
actual (real)	tinana	**adze**	toki
(actually seen	kitea tinanatia)	**aerial**	pou irirangi; toko irirangi
acute	tārū; taruru	**aerobics**	whakakori tinana
acute angle	tahapa	**aeroplane**	aropereina; manurere;
Adam	Atama		wakarererangi
Adam's apple	kenakena; tane o te kaki	**affect**	pā ki
add	apiti; hono(-a); huihui;	**affection**	aroha
	tatau(-ria); tapiri(-tia);	**affectionate**	mate oha
	hoatu (i.e. put in)	**affidavit**	tuhinga kupu oati
adding machine	mihini tatai/ōrite	**affirmation**	
addition	roanga; tapiritanga;	**(legal)**	whakaatu pono
	whakanuinga ake	**afraid**	mataku; pāwera;
additional	tapiri		tunutunu; wehi
address (home)	kāinga	**Africa**	Awherika
address		**after(-wards)**	i muri; a muri; muringa
(a speech)	kōrero	**afterbirth**	ewe; rehuwhāerere
adept	tautohito	**afternoon**	ahiahi
adequately		**again**	anō
rendered	tino oti pai	**against**	ki
adjective	kupu āhua	**age**	tau; pakeke
adjourn	hiki	**Agnes**	Akinehi
adjourn *sine die*	hiki mo tōna wā	**agile**	raka
adjudicator	kaiwhiriwhiri;	**ago (2 days)**	inaoake
	kaiwhakawā	**ago (3 days)**	inaoake nui
admeasurement,		**(not long ago**	inawhai; inawheke)
containing by	i runga i tona rūritanga	**agony**	mamae
administer	whakahaere	**agree; agreed to**	whakaae(-tia); rite; āe;
administer truly	whakahaerea		ngākau tahi
	tikatia/tūturu	**agreeable**	pai; reka
administrator	kaiwhakahaere	**agreement**	whakaaetanga
admiral	atamira	**agreement**	
admire	mihi(-a); mīharo(-tia);	**(legal)**	kirimini; kirimina
	whakamihi; titiro	**agreement**	
	whakamīharo	**(between two**	he whakaaetanga i
admit	whaaki(-na); whakapono	**or more**	waenganui i ētahi
adopt	whāngai; taurima	**people having**	tāngata tokorua,
adopted (child)	tamaiti whāngai/atawhai	**authority)**	tokomaha atu rānei
adoption	atawhai; whāngai;	**agriculture**	ahu /mahi whenua
	taurima	**ahead**	i mua; kei mua
adult	kaumātua; pakeke;	**aids (disease)**	mate araikore
	koeke; koroheke	**ailing**	mate; oke; tūroro
(become adult	pakari)	**aim (point)**	whakakeko; whakakoi
adultery	pūremu; moe tahae	**aim (a blow at)**	panga; tā; whai(-a)
advance	haere ake; haere ki mua	**air (atmosphere)**	hau
advantage	pai; huanga	**air (tune)**	rangi
advertise	pānui(-tia)	**aircraft carrier**	manuao hari
advertisement	pānui		wakarererangi
advice	kupu tohutohu	**air-force**	taua rererangi

air-hostess	kaitono wahine
airmail	reta rererangi
airport	tauranga manurere;
	tūnga manurereao;
	taunga rererangi
air pump	pana hau
air steward	tuari rererangi
air-travel	tāwhenga rererangi
aisle	awarua
alarm (n.)	pere whakaara
alarm (v.)	whakaoho
alarm clock	karaka whakaoho
alarmed	paoho
Alaska	Āraka
albatross	toroa
Albert	Arapeta
albino	rako; kōrako
alert	kakama; hiwa
Alexander	Araketānara
Alfred	Arapeti
alienate	whakawehe
alienate (to sell)	hoko
alight	heke iho; tau ki raro
alighting	tautanga
alike	rite; orite; taurite; pātahi
alive	ora
all	katoa
allow	tuku (-a, -na) + ki
alluvial soil	onehunga; onetai
ally (v.)	tuarā; whakauru; uru ki
	roto; whakakotahi;
	whakaeke
almighty	kaha rawa
alms	mahi atawhai
almost	tata(-ngia); wāhi iti nei;
	tata tonu; tōtahi;
	pītoitoi
alone	anake; anahe; nahe;
	tōtahi; kotahi
(you alone	tāu kotahi)
along	i; ma
along (road)	ma te huarahi
Alps	Ārepa
already	kē; noa
also	hoki
altar	aata
alter	whakarerekē(-tia)
alter course	whakahipa
alternate	hokohoko
although	ahakoa
altogether	noa; katoa (katoa)
always	i ngā wa katoa

amaze	whakamīharo(-tia)
amazing	whakahirahira
Amazon	Amāhona
ambassador	te reo o te Kāwanatanga
ambition	tūmanako
ambulance	waka tūroro
ambush (v.)	aukati; kokoti; tauhanga;
	haupapa
amen	amine; amene
	(sometimes used as a
	verb to agree with)
amenable	ngāwari; ngawhere
amend	whakatika
amendment	whakatikanga
amendment	
(legal)	menamena
amendments to	
Act	Ture whakatikatika;
	Ture whakarerekē
America	Amerika
American	Marikena
ammunition	hāmanu
among	i waenganui i; i roto
Amos	Amoho
amplifier	whakanui reo; ranu reo
amplify	whakapāohoreo
amuse	whakangahau; whakakata
amusement	rēhia; mahi-ngahau
ancestor	tipuna; tupuna
	(pl. tīpuna; tūpuna)
anchor (n.)	haika; punga
anchor (v.)	tau
anchovy	korowhāwhā
ancient	nonamata; nehe(-rā);
	namata
ancillary powers	mana apiti
and	ā; me; hoki
Andes	Ānihi
Andrew	Ānaru
anemone (sea)	kotore moana
angel	anahere; ahere
anger	riri; pukuriri
angle	tuke; kohi; konaki
Anglican	Mihingare
angry	riri; tupehu; ongaonga
animal	kararehe
ankle	punga o te waewae;
	pona; raparapa
anklet	tauri kōmore
Ann	Ani
annihilate	whakakāhore(-tia);
	orooro

anniversary	huri tau
announce	pānui(-tia)
announcement	pānuitanga
announcer	kaipānui
annoy	whakatoi; whakahōhā
annoyed	riri; hōhā; whanowhanoā; rikarika
annual	ā-tau (e.g. hui-ā-tau)
anoint	whakawahi(-a)
another	tētahi (atu)
answer (v.)	whakahoki(-a); whakautu(-a)
ant	pōpokorua; pokorua
Antarctica	Tiro-o-te-moana ki te tonga; whenua i tonga
Antarctic Circle	Kopae Tonga
antelope	tia pihi roa
antenna	pūihi; pūhihi; pūtihi
Anthony	Atoneo
antler	pihona; pihi
anus	nono; tou; whero; kumu; tero; kōtore; ene
anxiety	mānukanuka; tūmatatenga
anxious	māharahara; manawa popore; āwangawanga; anipā; tūmatatenga
any	tētahi; ētahi
anyone	awairānei
anything	aha
anywhere	hea rānei
aorta	pūtahi o te manawa
apart	wehe; meha; pirara; ki tahaki; motuhake
(wide apart	tiriwā)
apart from	haunga
apartheid	noho wehewehe
apex	tihi
Apocalypse	Whakakitenga
apostle	āpotoro
apparatus	tāonga; taputapu
appeal	inoi
appeal (legal)	pīra; piira
appear (come out)	puta; whakaputa
appear (vision)	whakaaranga
appear (seem)	ko te āhua
appearance	āhua; pēhea; āhuatanga
appease	whakamarie(-tia)
appendix	kupu āpiti; weu
appetite	matekai; puku
appetising	whakamākūkū
applause	ūmere; pakipaki
apple	āporo
appliance	utauta; taputapu
apply (to wound)	tapi atu; tākai(-a)
apply for	(whaka) pātai(-tia)
appoint	whakatū(-ria); waitohu
approach	whakatata
(direct approach	haere hāngai)
appropriate	tika; hāngai
approve	whakapai; whakatau
apricot	aperikota
April	Aperira
apron	taupaki; hipane; tātua
Arabia	Areipia
arbitration	apitireihana
arc	pewa
arch	
(unsupported)	areare
arch up	whakatuapuku
archbishop	ahipihopa; akipihopa
archdeacon	ātirikona
arched	tiriwhana
Arctic Circle	kopae tokerau
Arctic Ocean	moana i tokerau
area	wā; wāhi; takiwā
area (size)	te rahi
Area Health Boards	Poari Hauora-ā-rohe
argue	(tau)totohe
arise	ara; maranga
aristocracy	Te Aitanga-a-Tiki
arithmetic	whika
arm	ringa(ringa)
arm (upper)	peke
arm-in-arm	taupiripiri
armchair	nohoanga āhuru; nohoanga ringa
armpit	kēkē; kaokao
army	ope taua; hokowhitu
arrange	whakarite(-a); (in line) whakarārangi
arrange conditions	whakarite tikanga
aromatic leaves	raureka; rau karamu
around	ki tētahi taha; whāwhe
arouse	whakaara; whakaoho
arrival	taenga; whakaekeeke
arrive	tae(-a); whakaeke (guests)
arrogant	whakahīhī
arrow	pere

art   toi
art gallery   whare whakaatu
    taonga
artefacts   he taonga no mua
artery   iaia mai i te manawa
article   mea; tāonga
article (legal)   upoko
articulated truck   taraka tāpara
arts and crafts   mahi-ā-ringa
artist   tohunga
as (like)   hei; pērā; anō; rite
    tonu
as far as   tae noa ki; tae rawa ki
as if   me he mea; me; anō; he;
    ko ia
as much as   (see 'much')
as soon as   noa; (tae)rawa
ascent   pikitanga
ash tray   ipu pungarehu
ash tree   tītoki
ashamed   whakamā;
    matangerengere
ashen faced   kōmā
ashes   pungarehu
ashore   ki uta
Asia   Āhia
aside   ki tahaki; whakaitu; ki te
    taha; haere kē; peka kē
ask   pātai(-ngia); ui(-a);
    inoi(-a); tono(-a)
asleep   moe
ass   kaihe
assault; attack   huaki(-na); whakaeke(-a)
assemble   hui(-a); whakamine(-a)
assembled   emi; rūpeke; whakakao;
    whakarāpopoto
assembled tribes   rūnanga o nga iwi
assembly   rūnanga; hui
assessor   āteha
assist   āwhina(-tia)
assistant   taituarā; kaiāwhina;
    tāpiri
associate (v.)   whakahoa
asthma   kume; huangō; hiki;
    timohu
astonishing   whakamīharo
astray   kotiti
astride   hāngai nga waewae
astronaut   pōkai-ātea; kaiātea;
    kairere whaitua
at   kei; i; ki; hei; a
Atlantic   Ranatiki

atmosphere   rangi
attach   whakapiri
attachment
  order   whakatau tango moni
attack   huaki(-na); whakaeke(-a);
    tuki
attack (by
  stealth)   whakatoke
attack (surprise)   upoko taua
attain   tae
attempt (v.)   whakamātau(-ria);
    whakatū
attend to   āro
attendant   kaitiaki; kaitono
attesting witness   kaititiro
attract   kumekume
attractive   ātaahua
aubergine   otahua
Auckland   Ākarana;
    Tāmakimakaurau
auction   mākete
auditorium   otitōriama
August   Ākuhata
aunt   whaea; matua kēkē; āti;
    whaene
Australia   Ahitereiria
author   kaitito; kaituhi
authority   mana; kanoi;
    tikanga
autonomy   mana motuhake
autopsy   tirotiro tūpāpaku
autumn   ngahuru; tokerau
avenge   rapu utu; ngaki
    mate; rangaranga;
    tāruke
avenged   ea; pūea
avenue   huarahi
avert   kaupare atu
avoid   karo(-hia); pare(-a)
await   tatari(-tāria)
awake   oho; whakaoho;
    whakaara
award (n.)   parāihe
awarded   whakawhiwhi ki
aware   kakama
aware fully   matatau
away   atu
awe   wehi; pāwerawera;
    wetiweti
awkward   rorirori
axe   toki; toki tītaha;
    panekeneke

B

babbler	ngutu pī
baboon	maki tou whero
baby	pēpi; tamaiti; pepe
baby boy	tamahou
baby girl	hinehou
Babylon	Papurona
back (of head)	kōpako; kōhamo
back (of house)	tuarongo
back (the)	tuarā
back to front	hurirapa
backbite	ngautuarā
backbone	tuaiwi; iwi tuararo; ua; tuakoko
backwards	ki muri; komuri; whakamuri
backwash	miti (o te moana); tai whakahoki
backwater	muriwai
bacon	pēkana
bad (evil)	kino
bad (rotten)	pīrau
bad luck (at fishing, hunting)	puhore
baffled	rehea; ngaro; pōrearea
bag	pēke; pūtea; pāhi
bag (paper)	pākete; puhera
bag (for juice extraction)	kopa
baggage	utanga
bail (cricket)	kapi
bail(-er) (water)	tā(-ngia); tatā; tīheru(-a)
bailiff	pononga hāmene
bait	mōunu; māunu
bake	tunu(-a)
baker	kaihanga parāoa
bakery	toa hoko paraoa
balance (books)	whakarite(-a)
balance (of money)	toenga
balcony	mahāurangi; nohoanga runga
bald	pākira; porohewa; tīhore
bale	pēre
ball	paoro; poi
ball up string	pōkai
ballast	pēhi
(arrange ballast	utauta)
Baltic	Paratiki

band (decorative)	tauri
band (for head)	tipare
band (musical)	pēne
band (people)	ope; pahī; tira
bandage	takai(-a); takaikai
bandy legs	hapehape; waewae hao
banish	pei(-a)
banister	rēra; rōau
bank (earth)	tahataha
bank (money)	pēke
bank (river)	parenga
bank (steep)	tahataha
bank clerk	tātai moni
banknotes	moni pepa
bankrupt	pēkerapu; whati
baptise	iriiri(-a)
baptism	iriiringa
bar (n.)	paepae; rēra
bar (chocolate)	pīhi tiakareti
bar (pub)	tūpapa
bar (soap)	pīhi hōpi
bar the way	aukati
bars (iron)	aukati rino
barb (fish hook)	kāniwha; keka
barbed	taratara; tito
barber	kaikuti makawe
bare (bald; cleared)	mārakerake; moremore
bare (unclothed)	kiri kau; hahake
barge	waka papa
barge boards	maihi; māhihi
bark (dog)	auau; tautau; whakaparoro; pahupahu
bark (tree)	haiko; kiri; kiripaka; pāpākiri
barley	pāre; pārei
barn	whare wīti; taka mauti
barnacle	werewere; kōmāungaunga
barracouta	mangā
barrel (cask)	kāho; kaaho
barrel (of gun)	ngongo
barren (land)	rake; tītōhea; pākeka; pākihi
barren (women)	pukupā; pākoko; rautahi
barricade	ārai(-a); pā(-ia); papatū
barrier	aukati

barrister	roia
barrow	huripara
bartender	kaihoko waipiro
barter	hoko(hoko)
basalt	karā
base	take; pūtake kaupapa
baseball	pēhipaoro
bashful	whakamā; konekone
basin	peihana; paihana; oko
bask (in sun)	painaina; ina(-ina)
basket	kete; tāiki
basket (large)	tokanga; pūtea; pūtē
basket (rubbish)	ipurara
basket (small for food)	kono; rourou; pārō; pohewa
basket (rubbish)	ipupara
bass-voice	reo hōhonu; reo panguru
bastard	pōriro; tīraumoko; tama meamea
bat (animal)	pekapeka
bat (games)	rākau; haurākau
bath	tāpu kaukau
bathe	kaukau (kauria)
bathroom	ruma kaukau; kaukauranga
baton	rākau; poutuku; pōtuki
battalion	mātua; hokowhitu
batten	pātene; kaho; pouihi
batter	kaihau; kaipatu
battery	pāka hiko
battle	riri; pakanga; whawhai
(to win battle	riro te tāhuna i...)
battlefield	parekura; tāhuna (poetic)
bawl	hāparangi; pararē
bay	koko; kokoru; (ko)whanga
bay (horse)	pei
Bay of Bengal	Whanga Pēngara
Bay of Islands	Teketetonga; Peiwhairangi
bayonet	pēneti; okapū
beach	one; ākau; tāhuna; tahatai; tahamoana; tuāru
beach (v.)	whakaū; tō(-ia)
beach (canoe)	whakakukū(-tia)
(on beach	kei tātahi)
beachball	paoro moana
bead	poria; rei puta
beak	(ngā)ngutu; timo
beaker	karaehe; ipurau

beam (wood)	kurupae; paepae
beam (light)	haeata; hunu
beaming (ear to ear)	mimingo kata; menemene
bean	pīni
bear (animal) (see also carry)	pea; tetipea
beard	paihau; pāhau
beast	kararehe
beat (v.)	patu(-a); tuku(-a); tā(-ngia); taupatupatu; tukituki
beat about the bush	hahani haere
beaten	pīti; mate; hinga; piro
beautiful	ātaāhua; hūmārie
beautify	whakapaipai; whakaranea
became	riro (kē)
because	inahoki; na/no te mea; hoki
beckon	pōwhiri; tāwhiri; tungatunga
become	riro hei; whaka + noun (e.g. whakamanu, to become a bird)
bed (cultivation)	tāhuna; mahinga kai
bed (lake)	papa o te moana
bed (river)	riu; whaiawa
bed (to sleep)	moenga; pēti
bedspread	uhimoenga
bee	pī
beehive	whare pī
Beehive (Parliament)	Whare Miere
beer	pia
beer can	kēna waipiro
beetle	pītara; tātaka; mūmū; (huhu) tātaka
beetroot	tāmore whero
before	i mua
beg	inoi(-a); pīnono
beggar	tangata rawakore; tangata pōhara
begin	tīmata
begin (a song)	hāpai(-tia)
beginning	tīmatatanga; orokohanga
behaviour	noho; whanonga
behind	kei/i muri; kei tua
being...and	arā ko
belch	kūpā; tokopuaha

Belgium	Peretiamu
believe	whakapono(-hia)
bell	pere
bellbird	korimako; titimoko; makomako
belly	puku; kōpū; hōpara
belly (of net)	pukehina; kete
belly fat	matakupenga
belonging to	a; o; na; no
below	i raro i
belt	whitiki; tātua
bench	tūruroa; tarenga; papa; tūpapa; kopa
bend; bent	piko; whakapiko
bend (arm)	tuke; hūpeke; tāupe; nuke
bending over	whakaurunga
beneficiary	tangata whai pānga
benefit	huanga; āwhina
bent knees	turipēpeke
benzine	penehīni
benzine lamp	ākoraiti
bequeath	tuku iho
Bering Sea	Pēringi Moana
berry	kakano; pana (teatree)
beside	i te taha; i
beside the point	hape
besides	hāunga
besiege	awhi(-tia); karapoti(-a); whakapae(-a)
best	pai rawa; te tino pai
best course	ara tika
bestride	tūhāngai
Bethlehem	Peterehema
betray	tuku(-a); kaikaiwaiū
betrothed	taimau; taipū; taumau; whakaihi; puhi
better than	pai atu i; pai ake i
between	i waenganui i
bevel	pēwara
beware!	kia tupato!; kei
bewildered	pōhēhē; pororaru; pōrearea
bewitch	mākutu(-ria)
beyond	kei kōatu; kei tua
bib	tautaki
Bible	Paipera
bi-cultural	whakaaro-rua; tikanga rua
bi-culturalism	take takirua/taharua
bicycle	paihikara
bid	tono(-a)
big	nui; rahi
bile	wao o te kouawai
bilge	riu
bi-lingual	reo-rua
bill (money)	kaute; pire; nama
bill (political)	pire
billhook	perehuka
billiards	piriota
billow (wave)	puhitai; ngarungaru
billy (can)	pikini
billygoat	koati toa
bin (bread)	pāka paraoa
bin (rubbish)	ipu para
bird	manu
birds (preserved)	huahua
bird's nest	kōhanga; kōpae; koanga
birdworld	aitanga a Tane
birth	whānautanga
birthday	rā huritau
birthmark	heira
birthplace	toi whenua; ōhanga; wākāinga
biscuit	pihikete
bishop	pihopa
bit (drill)	wirikoi
bit (for horse)	kumewaha
bit (piece)	maramara; pita
bite (v.)	ngau; ū; kakati
bite (insect)	wero(-hia)
bitter	kawa; pūkawa
bittern	kaoriki
black	pango; mangu
black out	pōkēkē(-tia)
Black Sea	Moana Pango
black shag	kawau
black-backed gull	karoro
blackberry	parakipere
blackbird	manu pango
blackboard	papatuhituhi
blackened (by smoke)	pūkauri
blacksmith	parakimete
bladder	tongāmimi
blade	koinga; matā; rau
blade (of paddle)	rapa
blade (razor)	mataheu
blanket	paraikete; papanarua
blast (v.)	wawāhi(-a)
blaze	mura; toro
bleached	hātea
bleed	toto

bless	whakapai(-ngia); whakatapu(-a)
blight	paraita
blighted (crops)	kōwaro; kōmae; kōngio
blind	matapō; kāpō; (mata)kerepō; pura; pohe
blind (window)	ārai pokai
blind eel	tuere; pia
blindfold	kōpare(-a)
blink	kimo; kemo; kikimo; kimokimo
blinker	paewhatu
blister	hoipū; namunamu; tetere; whēwhē
blistered	pakō; kōpūpū
block (land)	pīhi; poraka
block (offices)	whare tini-tari
block (of flats)	whare tininohoanga
block (wood)	poro rākau; poraka
block up (v.)	puru; pā(-ia); ārai(-a) apuru(-a)
blocked	puni
blockhead	moho
blood	toto
bloody	pūtoto
blossom	puāwai
blotter	mautere
blouse	humeuma; hikurere
blow (strike)	pao; kuru; moto; patu
blow (wind)	pupuhi (pūhia)
blowfly	ngaro; rango
blowhole (of whale)	tāpihapiha
blown away	pūrere
blubber (of whale)	pera
blue	purū; kohurangi
blue (sky)	kikorangi
blue-black	tūtū
blue-bottle	rango; ngaro
blue heron	kākatai
blunt	puhuki; more
blush	whero te kanohi; whakamā; mumura; pāhanahana
blustering	tupehu; rūpahu; whakatāmaramara
boar	tāriana; tame poaka
board	papa; pae (skirting)
board (committee)	runanga whakahaere; poari
boast	whakapehapeha; whakaparanga; whakahīhī; whakahira
boastful	pākiwaha
boat	poti
bodice	pari
bodily	ā-tinana; ā-kiko
body	tinana; kiko
body (of men)	ngare; rōpū
body (of warriors)	kairākau
boggy	repo; mawharu; oru; tāpokopoko
boil (bubble)	koropupū; pāera(-tia); korohuhū; pupū; hū
boil (ulcer)	whēwhē; tāpoa
boiler	kōhua; kōhue; paera
boiling spring	ngāwhāriki; ngāwha
bold	māia
bollard	pou hotiki
bolt (lock)	raka; whaowiri; koro pā; whakarawa(-tia)
bolt (run)	huke atu; oma atu
bomb	pohū
bomb (nuclear)	pōma nukiria
bomber	rererangi pohū
bond	here
bone	wheua; iwi; poroiwi
bonnet	taupoki motokā
book	pukapuka
Book of Common Prayer	Rāwiri
bookcase	pūpukapuka
bookie	pūki
bookshelf	papa pukapuka
bookstand	tūnga pukapuka
boot	pūtu; kuhuwai
booze	waipiro; kai waipiro
border (boundary)	rohe
border (of garment)	remu
bore (annoy)	whakahōhā
bore (drill)	wiri; wero
bored (dull)	hōhā; hāpeta
borer-eaten	pōporo
born	whānau; puta ki waho
borrow	nama
borrowed	he mea tono; he mea tuku mai
bosom	uma; poho

boss	pāhi; rangatira; pōhi
bossy	tonotono
both	rāua tahi; tautokorua
bottle	pātara; pounamu
bottle opener	huaki pātara
bottle-stopper	puru
bottle top	puru (pātara)
bottom	raro; take (base)
bottom (of cloak)	remu
bottom (of person)	papāihore; nono
bough	peka
bounce a ball	patupatu paoro
bounce up and down	tīrengirengi; pīringiringi
bound unto (legal)	herea ki
boundaries and territories (legal)	rohe takiwā
boundary	rohe
boundary (marker)	pou rāhui; kotinga
bow (down)	koropiko; tūohu
bow (loop)	tāwhana
bow (of canoe)	ihu; tauihu
bow (violin)	rākau whira
bow (weapon)	kōpere
bow-legged	turihaka
bowed	whana; tapou
bowels	manawa; aro; whēkau
bowels of the earth	whatumanawa o te ao
bowl	kumete; peihana; oko; kāhaka; ipu
bowler (cricket)	kaikuru
box (container)	pouwaka; pouaka
boxer	kaimeke
boxing	whawhai mekemeke; moto
boy	tama; tamaiti tāne
bra	pare-uma; kopeū
brace (support)	tauteka; kaumahaki
bracelet	kōmore; takaore
brains	roro; hinu (slang); wairoro
brake	whakatū
branch	(kau)peka; manga
to branch off	peka(-tia)
branch road	pekanga
brand	parani(-tia)
brandish	rui(-a); piupiu(-a); rura

brass	parāhi
brave	māia; mārohirohi; toa; pūkeke
brave warrior	manu tīoriori
bravery	toa; toanga; māiatanga
brawny	pakaua
bread	parāoa; rōhi (loaf); taro
bread basket	pārō
bread board	papa parāoa
bread plate	papa parāoa
break (of day)	haeata; maruata
break (smash)	whati(-a); wāhi(-a) (split)
break (waves)	whati; pahū
break wind (fart)	whātero; pātero; tē; whengo (noisily); pīhau (softly); kuihi
breaker	ngaru; puhitai
breakfast	kai o te ata; parakuihi
breaking	wāhanga; whatinga
breast	uma; poho
breastbone	kōuma; whaturei
breastplate	kōuma
breath	manawa; hau; hā
breathe (to)	whakangā; whakatā; whakahā; whakaea(-ea)
breathe with difficulty	hāhea; hēmanawa
breed (to)	whakatupu
(type)	momo; tū; tūmomo
breeze	angiangi; matangi; hauhau; hauangi
breeze (gentle)	kōmuri; angihau
breeze (land breeze at night)	puāwanga
breeze (sea)	muritai
breeze (southeast)	Māwake
bribe	tāwai(-a)
brick	pereki
brick-layer	kaimahi perēki; kaiukuahi
bride	wahine-mārena-hou
bridge	piriti; arawhata; arahanga
bridge (of nose)	kaka
bridle	paraire
brief	poto
brief (legal)	tohutohu
briefcase	kopa; hō
briefed (to be)	tohutohu(-a)
brigade (fire)	umanga kāpura
bright (shining)	kanapu; ao; purata; kanapa

brilliant	kanapu
brim with tears	matawaia
brimful	kī pūrena; kī pai
brimstone	whānāriki
bring	kawe(-a); tiki(-na); mau(-ria); tari
bring to an end	whakaporo; tauporo; whakapoto
bring together	whakawhāiti; kukumu
bring up	whāngai
brisk	tere; whitawhita
bristles	huruhuru
brittle	mōhaki; maroke
broad	whānui; whārahi; paraha
broad daylight	maruawatea
broadcast	pānui; reo irirangi; whakapaoho reo
(N.Z.B.C.	Tari o te Reo Irirangi)
broadside on	huapae; kōpae
broil	tunu
broken (in pieces)	pakaru
broken off	motu; whati
brooch	autui; tikaka
brood (to)	kaikiri; mānatunatu
brook	manga wai
broom (plant)	tainoka
broom (tool)	purūma; taitai
brother (girl speaking)	tungāne
(older boy speaking)	teina; (pl. tēina)
(younger boy speaking)	tuakana; tuākana
brother-in-law (of man)	taokete
(of woman)	autāne
brotherhood	te nohoanga a te teina a te tuakana
brow (of hill)	taumata
brow (of head)	rae
brown	parāone; pākākā; ura; pākā; hā ura; parauri
brown creeper	pipipi
bruise	kōparu; marū
bruised	marū; hautū
brush	paraihe; taitai
brush (shaving)	taitai heu
brushwood	tāwhao; heu(-heu); puaka
bubble up	hū; pupū; koropupū
buck (horse)	tūpoupou; kiorere
buck (to pass the)	whakarare

bucket	pēre; pākete
buckle	timau
bud	pua; ao; toroihi
budget	aronga o te whakapau i te moni
budgie	kākāiti
buffalo	puru Īnia
buffer	moka
buffet	koheri
bugger	paka
buggy	paki
bugle	piukera
build	hanga(-a, -ia)
builder	kaihanga; kaimahi whare
building site	papanga hanga
bulb (light)	pūrāiti
bulb (plant)	pū
bulge	pūpuhi; matakoma
bull	puru
bulldozer	koko mihini
bull kelp	rimurapa
bullet	matā; pokepoke
bullrush	raupō
bump	tūtuki (tukia)
bumper	rēra tūtuki; rōautuki
bunch	pū; pitoi; pūtoi
bundle	pū; pihere(-a); whekawheka; aupatu
bung	puru
Bunsen burner	murutahi
buoy(-ant)	kārewa; pāho
buoy up	whakatere; pāho
burden	pikaunga; utanga; wahanga; kawenga
bureaucracy	nga whakahau a te Kāwanatanga
burial	tanumanga
burn	kā(-ngia); tahu(-na); ngiha; tao(-na)
burnt	wera
burr	piripiri
burrow	rua; unu(-ngarara) (rāpeti)
burst	pahū
bury	tāpuke(-tia); nehu(-a); tanu(-mia)
bus	pahi
bus stop	tūnga pahi
bush	ngahere; pūihi; rake
bush hawk	kārearea
business	mahi; hanga

busy	'ringa raweke'; raru; warea
but	otirā; engari; erangi; heoti; huri; tēnā; otiia
butcher	piha; pūtia
butt end	reke; poro; pito pūtake
to butt	tuki(-a); tūtuki
butter	pata
butter dish	ipu pata
butterfish	takakaha; pākirikiri; marari; taumaka
butterfly	pēpepe; pūrerehua
buttocks	reherehe; kōtore; kumu
button	pātene

button hole	puare pātene
buttress	whirinaki; kaumahaki
buy	hoko(-na)
buyer	kaihoko
buzz	hohō; tamumu(-tia)
by	(after passive endings) e (people); ki (instruments);
by	(in most other cases) i;
by	(to stress future) mā;
by	(to stress past) nā
by (near)	kei te taha
by and by	taihoa
by way of	mā; rā
by-laws	ture o te wā; ture ā rohe

C

cabbage	kāpeti
cabbage (wild)	nani
cabbage tree	tī; tīkouka; tīwhanake; tītī
cable	taura nui; taura rino; taura maitai
cactus	tātā-tiotio
cafe	toa hoko kāwhi
Caesar	Hiha
cage	māhanga
cake	keke
calabash	tahā; ipu; hue; kāhaka
calamity	aituā
calculator	ōrite tātai
calendar	maramataka
calf	kāwhe
calf (of leg)	tapuhau; tākapu
calico	kareko
call (shout)	karanga(-tia)
call (to name)	tapa(-ia); tūā(-ina); whakaingoa(-tia); hua(-ina)
calm	marino; āio
Cambridge	Kēmureti
camel	kāmera
camera	kāmera
camp	puni; kēpa; taupāhi
camping	hōpuni; puninga
camp-site	puninga
can (able)	āhei; taea e...; mōhio
can (tin)	kēna; kēne; pīkini
can opener	huaki-kene
Canada	Kānata

canal	waikeri
canary	mohua
cancel	whakakore; whakakāhore
cancer	mate ngau; mate pukupuku
Cancer	Kopae Raro
candle	kānara
cannibal	kai tangata
cannon	pū repo
cannot	e kore e taea
canoe	waka
canoe (ancestral)	mātāwaka
Canon Law	Ture a te Hāhi
canter	tūpeke
Canterbury	Kautāperi
canvas	tāporena
cap	pōtae; pōtaetae
cap (of bottle, tank)	taupoki
capable	kakama; mōhio
capacity	te kī
cape (cloak)	pueru
cape (headland)	kūrae
cape (rain)	pākē; koura
capital	te tino tāone; tāone nui
Capricorn (Tropic of)	Kopae Runga
capsize	huripoki
captain	kāpene
vice-captain	kāpene tuarua
captive	herehere; pononga
captive (war)	taurekareka

capture	hopu(-kia, -kina)
(prisoners)	whakarau; hui
capture (a pā)	hao(-a); pāhoro
car	motokā
caravan	waka noho
carbon paper	pepa purua
card	kāri
card index	rārangi kāri
cardboard	pepa mārō
cardigan	puraka; tiehe
Cardinal	Katinara
care for	manaaki(-tia); ropiropi;
	atawhai(-tia);
	whāngai(-a); ahu
career	mahi
careful	tūpato
carefully	āta (before the verb)
careless	whakaaro-kore; ware
caretaker	kaitiaki
cargo	utanga
carol	waiata kirihimete
Caribbean	Karipiana
carpenter	kāmura
carpet	whāriki; takapau;
	tāpau
carrier bag	kete
carrot	kāreti
carry	hari(-a); tari(-a); kawe(-a);
	hōpēkē
carry (in the	
arms)	hiki(-tia); okooko
carry (off by	
force)	kahaki(-na)
carry (on	
shoulders)	amo(-hia)
carry (on the	pīkau(-ngia, -ria);
back)	waha(-ngia)
cart	kāta
carton	pākete; katana
cartridge	kariri
carve	whakairo(-tia)
case (a)	kēhi
(in that case	pēnā)
cash	moni
cash desk	tūpapa moni
cashier	tātai moni
cash-register	ōrite moni
cask	kāho
Caspian	Kāhipiana
cast adrift	tiemi
cast ashore	pae(-a)
cast away	whakarere(-tia, -a)

castanets	tokere
castor oil	kāta roera
casual	tuao
cat	pūihi; poti; tori; ngeru
catalogue (n.)	rārangi ingoa
catalogue (v.)	whakawhāiti
catamaran	katimarani
catarrh	hupe
catapult	kōpere
cat's cradle	māui; whai
catch	hopu(-kia, -kina)
catch breath	hāhā
catechism	katikīhama
catechist	katekita
category	momo
caterer (of	
marae)	ringa wera
caterpillar	ngarara; whē; hāwato;
	makokōrori; moko;
	mokoi; pukupuku;
	mūharu
caterwauling	tioro
Catholic	Katorika
cattle	kau
caught	mau
caul	tewe
cauliflower	kareparāoa
caulk	tini(-a); purupuru(-a)
cause (n.)	take; putake
cause of death	take o te hemonga o te
(legal)	matenga rānei
caution; cautious	tūpato; āta
cavalry	tāngata eke hōiho
cave	ana; rua
cavern	mārua; ana
cease	mutu
cedar tree	hīta; kawaka; kohekohe
ceiling	tuanui
celebrate	whakanui
celestial lore	kauaerunga
cell	ruma herehere;
	heremanga
cellar	ruma i raro i te whare
cement	raima
cement mixer	numi-raima
cemetery	urupā; wāhi tapu
census	tataunga iwi
cent	hēneti
centenary	rau tau
centimetre	henimeta
centipede	wakapīhau; weri;
	peketua

centre	waenganui; pokapū; pūtahi; waengarahi	chassis	tinana
century	rautau	chastise	whiu(-a)
ceremony	kawa; tikanga	chastity	noho takakau
certain	tino mōhio; mōhio tūturu	chat	muna; kōrerōrero
		Chatham Islands	Wharekauri; Arekohu
certain (a)	tētahi; ētahi	chatter (gossip)	whawhe; kōrerōrero
certainly	āna koia	chatter (teeth)	kekekeke; ngakeke
certificate	tiwhikete	cheap	iti te utu
cessation,		cheat	tāhae; tinihanga; purei tāhae
complete	he tino momotu	check (inspect)	titiro (tirohia)
chafe	pākanikani	cheek (abuse)	tawai; tutū; whakatoi; peha; whakahihi
chaff	tiāwhe		
chain	mekameka; tīni	cheek (face)	pāpāringa
chair	tūru	cheer	hāmama; ūmere
chairman	tiamana; hēmana	cheerful	hari; manahau; ngahau; koa
chalk	tioka; pākeho		
challenge	wero(-hia); taki(-na); tuma	cheese	tīhi
		chemist	kēmihi; kaihoko rongoa
champ jaws	kakati; ngaungau	cheque	tieke
champion	toa	cherry	hēre
chance	he mea tūpono noa	chest	uma; poho; rei; tarauma
chance upon	tūpono	chest of drawers	waka kākahu
chancellor	tumuaki	chew	ngau(-ngau, -a)
change	rere kē; whakarere kē; kawe kē; whiti kē; puta kē	chewing gum	kāpia; kauri; kōnani ngaungau
		chicken	pī; pīpī; heihei
change clothes	unu(-hia); tīni(-ngia)	chief	rangatira; ariki
change direction	taka; peka	chief judge	kaiwhakawā tumuaki
(be changed	puta kē)	chilblain	mangiongio
changeable	taurangi	child	tamaiti (pl. tamariki)
channel	roma; awa(-keri)	childcare	atawhai tamariki
chant	waiata(-tia); karakia(-tia)	childhood	tamarikitanga; oinga; whanaketanga
chapped	ngātata; tāpā		
chapter	ūpoko; wāhanga	childish	mahi tamariki
character	āhua	chime	tangi
charcoal	waro; konga	chimney	tumere; puta auahi; timera
charge (attack)	huaki(-na); kōkiri		
charge (legal)	whakatau	chin	kauae
charge (price)	utu	China	Haina
charge sheet	tuhinga kupu whakapae	Chinese	Hainamana
chariot	hariata	chink	riwha; piere
charlatan	tohunga kēhua	chip (of wood)	maramara
charm	karakia; pehu	chipped	hawa
(love charm	atahu)	chirp	pī; pekī
charmed (i.e.		chisel	whao; mataora
weak at the		chisel (tattooing)	uhi
knees)	turipū	chocolate	tiakarete
chart	mapi	choice	mea whiriwhiri
charter	tūtohinga	choir	koaea
chase	aru(-mia); whai(-a)	choke (engine)	ko mihini
chasm	pākohu; poka torere	choke (with weed)	kōwaowao(-tia)

choke (v.)	nati(-a); tārona(-tia)
choose	whiriwhiri(-a)
chop up	poro(-a); kokoti; hahau; hauhau(-a); tapahi(-a); topetope (topea)
chopper	topetope
Christ	Karaiti; Kerito
Christchurch	Otautahi
christian	karaitiana
Christmas	Kirihimete
Chronicles	Whakapapa
chrysalis	tungongo; kopi
church (building)	whare karakia
church (denomination)	hāhi
cicada	tarakihi; tātarakihi; kiki whenua
cigar	hikā
cigarette	hikareti
cinders	ngarehu; pungarehu
cinema	whare pikitia
circle	porohita; porowhita
circle around	āmio(-haere); huri(-haere)
circuitous	āwhio; taiāwhio
circulate	porotītiti
circumference	pae
circumstance	āhuatanga; tū
citadel	toi; tihi
city	taone nui
civil war	kai-ā-kiri; riri tarā whare
civilise	whakarata
claim	kerēme; taunaha; tono; tapatapa; whai takenga
claimant	kaitono
clammy	haumotu; haumāku
clamp	pēhi(-a)
clan	hapū; hapori
clap	pakipaki; paki(-a)
clappers	tokere
clash	pā; papā
class	karaehe
clavicle	ahei; paemanu
claw (n.)	maikuku; matihao
claw (v.)	rapi(-hia)
claw one another	taurapirapi
clay	uku; ūkui; paru
clean (adj.)	mā
cleanse	horoi(-a)
clear (away)	whakawātea(-tia)
clear (throat)	wharo
clear (view)	mārama; ātea
clearing	waerenga; wāhi mārakerake
clearly	āta; ngangahu; mārama
clematis	pūāwānanga
clenched (fist)	kamu; kumu(-a); kuku(-a)
clenched (teeth)	kakati; kuku(-a)
clerk	kaimahi; kaituhi
clever	mōhio
cliff	pari; tūpari
climate	āhua o te rangi
climb	tūpiki; piki; kake(-a)
clinging close	rarapa; taupiri; piri; pupuri
clitoris	kou o te tara
cloak	kākahu; korowai
clock	karaka
clog up	taipuru(-a)
clogged	purutiti; puru
close (adj.)	tata
close (v.)	kati(-a); whakapā; kopi; kapi(-a)
close (with lid)	taupoki(-na); kōpani
close quarters	aupaki
close together	piri; tata; tōpuni; apiapi; piri mai; pīpiri
closed up	kapi; pā
clot (of blood)	puketoto; uka
clothes	kākahu; pūweru; pūeru; mai
(don clothes	kākahu(-ria); whakamau kākahu)
clothes hanger	iri kākahu
clothing store	toa hoko kākahu
cloud	kapua; ao; titi (long streaks); pāroro (threatening)
clown	kaiwhakakata
club (cards)	karapu
club (group)	rōpū
club (weapon)	mere; patu (short); rākau (any kind)
clump of trees	pū; uru rākau; rake
clumsy	pakihawa; hauwarea
cluster (stars)	tātai whetū
clutch (engine)	kānuku
clutch (v.)	aurara; mamau; rarapi
coach	kooti
coagulate	tepe
coal	waro
coarse	taratara
coast	tahatai; ākau; tātahi
coastline	takitai; ākau

coat	koti	**comic**	komeke
coax	whakapati	**comical**	hātekēhi; rawe
cobbler	kaimahi hū	**command**	whakahau(-a); tono(-a)
cobweb	tukutuku; māwhaiwhai;	**commission**	komihana
	whare-pungāwerewere	**committal**	
cock	pīkaokao; tame heihei	**warrant**	tuhinga kupu mau
cockabully	uruao		herehere
cockle	pipi; ahitua; tuangi;	**committee**	komiti
	hūwai	**common law**	ture i takea mai i nga
cockroach	kokoroihe(-a); papata		whakawā o mua
cocoa	koukou	**Common Prayer**	
coconut	kokonati	**Book**	Rāwiri
cod (blue)	pākirikiri	**commotion**	raruraru
cod (red)	matuawhāpuku	**community**	whānau
cod (rock)	rāwaru	**community care**	whakatau arataki tangata
coffee	kāwhī	**community**	
coffin	kāwhena	**group**	rōpū ā iwi
cogwheel	wira pokapū	**community**	
coil	niko; pōkai; koroi; whiri	**service**	whakatau āwhina i te iwi
coiled (loosely)	kōmekemeke	**compact**	whāiti; pororehu;
coin	kapa; moni		paerehu
colander	kōputaputa	**companion**	hoa; takahoa
cold	makariri; kōpeke; mātao;	**company**	
	tūhauiri	**(corporation)**	kamupene
cold (sick)	rewharewha; maremare;	**(group)**	ope; tira; rōpū; pahī
	tarutawhiti	**compare**	whakarite(-a)
colic	haku; kuku; pohopiri	**comparison**	whakaritenga
collapse	hinga	**compass**	kāpehu
collar	kara; kakī o te hāte	**compasses**	taukōpae
collar-bone	wheua o te kakī; pāwai; ā	**compensation**	kapeneiheihana
	o te kakī; tāhei;	**compete**	whakataetae;
	paemanu; taumanu		taupatupatu
collect	kohi(-a); hui(-a);	**competition**	whakataetae
	(animals) a(-ia);	**complain**	amuamu(-tia); mūmū
	whakakao(-tia);	**complainant**	kaiwhakapae
	whakaemi(-hia)	**complaint**	whakapae
college	kāreti	**complete (v.)**	whakaoti
collier	poti maumau waro	**completed**	rite; mutu; oti
collision	tūtuku(-tūkia); paoro	**completely**	katoa; (verb +) rawa
colonel	kānara	**completion**	whakaotinga
colony	koroni	**complicated**	tāwhiwhi; pakeke
Colossians	Korohe	**compose**	tito(-a)
colour	kara; ātanga; tae	**composer**	kaitito waiata
column	pou; poutahi; rārangi	**comprised in**	
comb	heru(-a); wani(-a); koma	**(legal)**	e mau nei ki roto
combat	riri(-a)	**computer**	roro hiko
combat (single)	kākari	**conceal**	huna; whakapeke; kuhu
come (along)	haere mai; nau mai	**conceived**	hapū; tō
come (forth)	puaki(-na); puta	**concentrate on**	mau tonu
come quickly	whati mai	**concept**	whakaaro
comet	unahiroa; upokoroa	**concern for**	matapopore; aroha
comfortable	pai; āhuru; mahana	**concerning**	ki; mo; e pā ana ki

concert	konohēte	constipated	tina (kua tina te kōpū)
concrete	rāima	constant	pūmau
concubinage	moe puku	construction	hanga
condemn	whakahē(-ngia);	consult	akoako; ui(-a)
	whakawā; whakataua	consume	whakapau(-ngia);
	te mate		whakahemo
condense	whakawhaiti	consumed	pau; mōti; horomi(-a);
condensation	tōhau		horongi(-a)
condition of		container (open)	paepae; pōha
bond	tikanga o nga kupu here	(closed)	tokanga
conditions	tikanga; āhua	contented	tatū; nā; toka te manawa
condom	uhi ure	contention	tohe
conductor	kaitiaki pahi/tereina	contest	tauwhāinga; tautohe
of orchestra	kaiwhakahaere	continent	motu nui
cone (pine)	pakano	continuation	roanga
cone (shape)	korere	contraceptive	ārai hapū
confess	whāki(-na)	contract (v.)	noti; komeme (by cold)
confession of		contract (n.)	pukapuka whakaritenga;
claim (legal)	pānui nama		whakaaetanga
confidence	māia; manawanui	contraction	
confined	kuiti	(invol.)	timu; tumu
confines (legal)	whakahaere rohe	contradict	whakahē(-ngia); totohe;
confirm	whakaū		tātā(-ngia)
confiscate	muru(-a)	contradictions	rerekētanga
conflict	whawhai	(its	
confuse	whakapōhēhē(-tia)	contradictions	ōna kino, ōna pai)
confused	pōauau	contravene	takahi(-a)
conger-eel	ngoiro; koira	control	
Congo	Kango	(authority)	mana
connect	hono(-a)	control (guide)	whakahaere(-tia)
conquer(-ed)	tae(-a); hinga	control panel	papa whakahaere; papa
conscience	hinengaro		tirohanga
conscription	mapere	controller	tumuaki
consecrate	whakatapu(-a)	convalescent	tumahu; mātūtū; okioki
consent (v.)	whakaae	convenient	ātaahua; haratau
(written consent	ā-tuhi)	conversation	kōrero; kōrerōrero
(we hereby		convertible	waka tuanui ngāwari
consent	e whakaae ana mātou)	convex	koropuku
consequences	nga mea i puta	convey across	whakawhiti
conservation	tiaki i te Ao Turoa me	convict (v.)	whakahara;
	nga taonga tuku iho;		whakawā(-kia)
	tiaka taonga a	convolvulus	pohue; panake
	Papatuanuku	convulsion	hukuhuku; hukeke
conservationist	kaitiaki taonga	coo	kū
consider	whakaaro(-tia)	cook (n.)	kuki; ringa wera; tūmau
considerate	whakaaro pai	cook (v.)	tao(-na); tahu(-na)
consideration of		cooked	maoa; maoka; ngoungou
the sum	i runga i te moni mo te	cookery book	pukatao
(in consideration	hei whakaritenga mai no	cookhouse	whareumu; kāuta
thereof	reira)	Cook Islands	Rarotonga; Kuki Airani
constable	kātipa; pirihimana	Cook Strait	Raukawa
constellation	tira whetū	cool	hauangi; mātaotao

co-operate	mahi tahi
copper	kapa
copy (n.)	tauira; kape
copy (v.)	whai(-a)
Coral Sea	Moana Kutakuta
cord	taura
core	uho; whatu
Corinth	Koriniti
cork	puru; kāka
corkscrew	wiri; takawiri; huripuru
cormorant	kawau; kāruhiruhi
corn	kānga
corn (fermented)	kānga pirau; kānga kopuai; kānga kopiro
corn (on the foot)	tona
corner	koko; kokonga; koki; poti; kōnā
of eye/mouth	pī
Coromandel	Moehau
coronary	mate manawa
Coroner	Kaiwhakawā o te Kōti mo nga Tūpāpaku
Coronation	Koroneihana; karaunatanga
corporate affairs	toputanga kaipakihi
corporation	kaporeihana
Housing Corporation	Tari mo nga Whare
corpse	tūpāpaku; 'manu pirau a Tiki'
correct	tika; whakatika
corrective training	whakaakoranga whakatikatika
corrugation	ngaru
cost	utu
costs	nga utu
cot	moenga pēpi
cotton (thread)	miro
couch	nohoanga(-roa)
cough	maremare; hāmaremare
council	runanga; kaunihera
counsel	waha kōrero
counsel for the child	waha kōrero mo te tamaiti
counselling co-ordinator	Takawaenga
count	tatau(-ria); kaute(-tia)
counter claim	pānui tautohe
country	whenua; motu
courage	toa; māia
courageous	kaha; manawanui
courier	kaiwaewae; karere

course (direction)	rerenga
court (v.)	whai(-a)
court costs	nga utu koti
Court of Appeal	Kōti Pīra
court of law	Kōti
courtyard	marae
cousin (cf. brother, sister)	kaihana
covenant	kāwenata
cover (v.)	hipoki(-na); uhi(-a)
covered	kapi
cow	kau
coward	hauwarea; tāwiri
cowardice	tāwiri
cowboy	kaupoai
cowshed	whare kau
crab	pāpaka
crack (break)	matiti
crack (in rock)	wāwahinga
crack (of landslip)	ngātātata
crack (on feet)	tāpā
crack (sound)	kekē; patō(-hia)
crack (v.)	pao(-a); wāhi(-a)
crackle	ngatete
(roast skin)	kiri paka
cradle	ohanga; moenga pēpi
crafty	nanakia
crammed	apuapu
cramp	uhu; uauawhiti; hākokō; parerori
cramped	matangerengere
crane (machine)	tokorangi; hāpai; wakaranga
crane neck	whātai; whātinotino
crash	paoro(-tia); tūtuki
crash-helmet	pōtae-mārō; pōtae whara
crashing noise	wheoro
crate	kereiti
crawl	ngaoki; ngōki
crayon	pene hinu
crayfish	kōura; kēkēwai; kēwai
crazy	pōrangi
creak	ngakeke; pākēkē
cream	kirīmi
creased	kopakopa
creator	kaihanga
credits	moni tika kia utua
creek	awawhaiti
creep	ngaoki
creep off	maiki

crest	hurutihi
crest (of hill)	upane
cricket (game)	kirikiti
cricket (insect)	pihareinga;
	kikipounamu; rirerire
crime	hara
criminal	tangata hara
cripple	hauā; kapiri; kopa;
	kohapa
criticise	whakapae;
	whakahē(-ngia)
crooked	hapehape; tītaha; kohapa
cross (n.)	rīpeka
cross (v.)	whiti; whakawhiti(-a)
crossbar	rōau
crossed	tāpeka; tākiato
crossroads	ripekanga; pekanga
crouch	whakapeke; tūohu
crow	kōkako
crowd (n.)	huihuinga;
	whakaminenga
crowd (v.)	inaki(-tia); popoke; poke
crowd together	apu; opeti; apuru(-a)
crowded	mātoru; whāiti; apiapi;
	kī puha
crown (head)	tipuaki; karauna(-tia)
crown	
prosecutor	rōia a te karauna
crucifix	rīpeka
crucify	rīpeka(-tia)
cruel	kino rawa; whakawehi
cruise	āta rere
crumb	kongakonga
crumpled	hūmengemenge
crush	kōwari; kōhari
crushed	kongakonga; koharihari
	(squashed)
crutch (stick)	tokowae
cry	tangi(-hia); auē
crystal	atamaha
cube	whangaono
cubic	kupiki
cuckoo	pīpīwharauroa; koekoeā
cucumber	kamokamo; kūkamo

cuff	whatianga
cultivate	whakatō; ngaki
cultivation	mahinga kai; māra;
	ngakinga
cultural	
difference	te mauri o ia iwi
cultural identity	whakapapa
culture (Māori)	Māoritanga
cumbersome	hīrawerawe
cunning	māminga; kakama;
	kanene
cup	kapu
cupboard	kāpata
cure (drying)	pakipaki
cure (heal)	whakaora(-ngia)
cured	ora
curious	pākiki (inquisitive)
curl up	hūmene; takawiri
curled	mingo
curly (hair)	mingi; māhunga puru;
	karamengemenge
current	au; ia; roma; riporipo;
	auhoki
curriculum	marautanga
curse	kanga; kohukohu; āpiti
cursing song	kaioraora
curtail	whakamutu(-a); haukoti
curtain	ārai(-a)
curve (v.)	piko; niko (about)
curved	tāwhana(-whana);
	tīwhana
cushion	pera; aupuru; urunga
custody (child)	whakatau tiaki tamariki
custom	ritenga; tikanga; umanga
customer	kaiutu
cut	kutikuti (scissors);
	tapahi(-a); kōkoti
cut down	tope(-a); tua(-ina)
cut off	haukoti
cut up	poro(-a); motu(-hia);
	haehae
cutty grass	rautahi
cylinder	porotakaroa
cylinder head	upoko porotakaroa
cymbal	himeporo

D

dabchick	weweia
daddy-long-legs	pekepekeharatua
daffodil	tirara
dagger	oka (wooden)

daily	ia rā ia rā
dairy	toa hoko miraka
dairy cow	kau kutēte
dairy farm	pāmu kau kutēte

dais	atamira
daisy	parani
dam (river)	matatara; pāpuni
damage	pakaru
damaged	pakaru; kino
damned	peia (ki te iweri)
damp	mākūkū
dance (modern)	kanikani
dance (old)	haka
dandelion	tawao
dandruff	inaho
danger	tata mate; orapito (but escaped)
(in danger	pā te raruraru)
dangle	tawheta; iri
dangle (by one end)	tāwā(-wē)
Daniel	Raniera
Dannevirke	Tānewaka
Danube	Tānupe
dare	māia; kaha
daring	wehi kore
dark (not light)	pōuri; pōuri kerekere; pō(-ngia)
dark (of colour)	āhua pango; parauri
darkish colour	pangopango
darling	tau; muna
dart (weapon)	pere; teka; neti
dash (v.)	kōkiri; rere haere; omaki
dashboard	papa tirohanga
date (day)	rā
date (fruit)	kano nīkau; kaihuia
daughter	tamāhine
daughter-in-law	hunaonga
David	Rawiri; Rewi
dawdle	karioi; ata haere
dawn	haeata; atatū; atapūao; atapongipongi
day	rā; rangi
day after tomorrow	ātahirā
day before yesterday	inatahirā
day (2 days ago)	kāreha
day (2 days ahead)	kāreka tainanahi; tainaoake
day (next)	aoake; awake
(some days' time	aoakewake)
day and night	i te ao i te pō
daybreak	putanga o te rā
daydream	wawata(-tia)
daylight	awatea

dazed	ānewanewa
dazzled	whēkite
de facto marriage	moe puku
deacon	rīkona
dead	mate; hemo
dead heat	orite
deadly	whakamate
deaf	turi; taringa noaiho; turikere
deafened	turikere
dealt with	pai; ukupapa; poto
dear (cost)	utu nui
dear (love)	aroha
dearest (darling)	tau; whaiāipo; unuora
death	matenga rawa; hemonga
death-bed attendants	whakahemohemo
debase	whakaiti(-tia)
debate	taupatupatu
debone	mākiri(-hia)
debt	nama
decay	pīrau; pōpopo
decayed tooth	niho tunga
decaying	memeha
deceive	tinihanga; nukurau(-tia); rūpahu; parau
December	Tīhema
decent	tika
deception	hīanga
decide	whakatakoto; whakarite(-a)
decided (settled)	tau; rite
decimal point	tekau ira
decimetre	tēhimeta
deck	raho
declaration	whakapuakitanga
declare	whakaatu(-ria); kī tuturu
(do solemnly and sincerely declare	whakaatu/kī tūturu ana i runga i te ngākau marire me te ngākau pono)
(I make this solemn declaration conscientiously believing the same to be true	Ka whakapuaki ahau i tenei kupu tūturu, pono)
declared at...	i whakapuakina ki...; i whakaaturia ki...
decline (go down)	hekeheke; tītaha

DECLINE — DESTROY 101

decline (lessen)	iti haere
decline (refuse)	whakakore
decorate	whakapaipai
decorum	noho tika
decrease	iti haere
deed	mahi
deed (legal)	tiiti
deemed	meinga
deep	hōhonu; kōpua (deep water)
deep freeze	pā hukapapa; pā tio
deep water	aria
deer	tia
default	hapa; hapanga
default summons	hāmene whakaea nama
defeated	hinga; mate; piro; pīti
defeat (v.)	whakahinga
defend	wawao; whawhai atu
defendant	kaiwhaaki; mauherehere; tangata e whakapaetia ana
defender	ārai
definitive	whakatūturu
definitive statement	kōrero whakatūturu
deformed	hake; ngongengonge
defy	whakatumatuma
degree (measure)	whakarautanga
dehorn (cattle)	pōre
delay	whakaroa(-tia); whakaware; roanga
delectable	reka; ngākaunuitia
delegate	tono (-a)
delegation	rōpūtono
deliberately	āta (before verb); mārika
delicious	reka rawa
delight	whakawaireka
delighted with	wehe
delineate	whakaahua
delta	wahapū whānui
deluge	waipuke
demand	tono(-a)
(on demand	ina whakahaua)
democracy	tā te nuinga i whakatau ai
demography	akonga mo te noho o te tangata
demolish	whakahoro
demon	hatana
demonstrate	whakatū(-ria)
denial of liberty	whakahē; whakapae
dental	tiaki niho

dental nurse	kūmanu; tāpiri
dented	pahore; patoti
dentist	tohunga niho; pouniho
deny	whakakāhore(-tia); whakakore
depart	haere atu; wehe atu; riro
departed from	makere(-mai)
department	tari; wāhanga
Department of...	Tari...
Conservation	Tiaki i te Ao Tūroa me nga Taonga Tuku Iho
Education	mo nga Kura
Health	o te Ora
Internal Affairs	mo nga Take o Tēnei Whēnua
Justice	o te Ture
Labour	mo nga Take Mahi
Māori Affairs	mo nga Take Māori
Social Welfare	Toko i te Ora
Statistics	Tatau
Trade and Industry	Tauhokohoko
deport	nukunuku atu
deposit	whakatakoto
deposit money	moni whakatau
deposition (legal)	tuhinga kōrero tautoko
depressed	hākerekere
depth	te hōhonu
deputation	teputeihana
deputy	tēputi; kairīwhi
derrick	pou
descend	heke
descendant	uri; mokopuna
describe	whakaatu i te āhua
desecrate	whakanoa
desert (n.)	koraha; hāhā
desert (v.)	whakarere(-a)
deserted (person)	mahue
design	tauira
desire	hiahia(-tia); pirangi(-tia); whakamate; minamina; koroingo; ingo; awhero; tukurou; tutoko
desk	tēpu mahi; tēpu ako
despair	mate (te ngākau)
despise	whakaiti(-tia); whakakāhore; whakahāwea(-tia)
dessert	kīnaki
destitute	rawakore; pākoreka
destroy	whakangaro; takakino

detection	rapu hara
determined	māia; ngana; pūkeke
Deuteronomy	Tiuteronomi
devaluation	mimiti haere te wāriu
development	tipu; tupu
deviate	whakahipa
devil	rewera; tupua; hātana
devolution	tuku(-a) rangatiratanga; whakahoki mana ki te iwi
devote time	whakapau tāima
dew	tōmairangi; haukū; haurutu
diabetes	mate huka
diagonal	hōkai
dial	mata
dial (phone)	rīngi
dialect	reo
dialogue	whakawhiti whakaaro
diameter	tawhā; ngawhā
diamond	taimana
Diana	Riana
diarrhoea	rere; tikotiko; torohī
diary	pukapuka rā taka
dictionary	pukapuka kupu; tikinare
die	mate; hemo
different	rere kē; puta kē; kē atu; horo
difference	rerenga kētanga
difficult	uaua; pakeke
(in difficulties	raruraru ana)
dig	keri(-a); kari(-a)
dignity	ahua rangatira
diminish	whakaruhi(-a)
dining room	whare kai
dinner	kai; tina
diocese	tiohehi; pihopatanga
dip	tou(-a); toutou
diplomat	takawaenga
direct (manage)	whakahaere
direct (point out)	tohutohu
direct (straight)	tautika
direct route	poka tata; ara tika; whakaanga tika
directions	tohutohu
director	kaiwhakahaere
dirge	apakura
dirt	paru
dirty	paru; poke; mōrikarika; paruheti
disagree	whakakāhore
disappear	ngaro; whatungarongaro

disappear (behind)	nunumi; tanumi
disappointed	rarua
disaster	aituā; parekura
disbelieve	whakateka; whakahori; whakaparau
disc	porotītī; kīwhi
disc (spinning toy)	takawairore
discharge (from eyes)	pīkaru
disciple	akonga
discard	whakarere
discomfort	hūhi
discover	kite(-a)
discrimination	tauwehewehe(-a); whakawā; whiriwhiri; tātari
discriminatory	whakahāwea; whakaparahako; rangirangi; whakatakē
discuss	whaiwhaikōrero; whiriwhiri
disease	mate; tokatoka (VD); hakihaki (skin)
disembowel	tuaki
disentangle	wewete (wetea)
disgust	whakarihariha; weriweri
dish	rīhi
dishcloth	ūkui horoi
dishevelled	tiwanawana
dishonest	hianga; tinihanga; kēā
disinter	hahu(-a)
disinterment	hahunga tupāpaku
dislike	whakakino; kāhore (au) e pai ki...
dislocated (joint)	kounu
dismay	pōuri
dismiss	tono atu; pana(-ia)
dismount	heke; tuku; makere; tatū
disobedient	taringa turi
disobey	takahi(-a)
disorder	tūrangaranga
disparage	whakakino; ngautuarā; hahani
dispense	tuari
dispersed	kotiwhatiwha
display	whakakite(-a)
dispute	tautohe
disrupt	whakapōrearea
dissolution of marriage	whakakore mārena

dissolve	memeha; whakaeto
distance (distant)	tawhiti; mamao; nuku o te whenua
distant time	
(past or future)	namata
distasteful	(mata)kawa
distend	whakatētere; whakapupuhi
distress warrant	mana muru
distribute	tohatoha; hora(-hia) (lavish)
distributor	kaitohatoha
district	takiwā; i roto o...; rohe
District Court	
Judge	Kaiwhakawā-ā-Rohe
disturb	whakakorikori
disturbance	pororaru; tutū te puehu
ditch	wai keri; awakeri; awarua
dive down	
(bird/plane)	rere kōkiri
dive for	ruku(-hia); tō ki roto i te wai
divide	wehewehe(-a)
divided	ritua; motumotu
divine	no te Atua
division	wāhanga; wehenga
division (army)	mātua; whare
division (fence)	kotikoti; taiepa
divorce	wehenga; wehewehe
dizziness	ānini; āmai; rorohuri
dizzy	anewa(-newa); pōānini; arohi(-rohi)
do	mea(-tia); mahi(-a)
do nothing	noho noaiho
docile	rarata; rata; kōratarata
dock (a)	taunga poti
dock (in court)	nohoanga aukati
dock (ship)	waapu
dock (to)	tau
dock (weed)	runa
docker	kaiuta
doctor	rata; tākuta
dodge (blow)	karo(-hia); wheta
dodge about	kōtiti haere; hikohiko
dog	kurī
dogfish	mangō
doll	tāre
dollar	taara
dolphin	aihe
domiciled	kua tangata whenua
dominant	
culture	tikanga whakarangatira

donation	koha; takoha; aroha
done (finished)	oti; taea
(what can be	
done?	kia ahatia)
donkey	kaihe
don't	kaua e; kauaka hei
doomed	mate
door	tatau; kūaha
doorbell	tatau tatangi
doormat	waiku; waikawa
doorsill	paepae poto
doorstep	pae
doorway	kūaha; kūwaha
dot	tongi
double	tāpara; taurua
double bass	whira kaitā
doubled	aparua
doubt (in)	rangirua; āwangawanga
dove	kūkū; kukupā
dowel	titi; whao rākau
down	iho; ki raro
downcast	matapōuri
downstairs	pā raro
draft (outline)	tauira
drag	tō(-ia); kume(-a)
dragon	tarakona
dragonfly	kapowai; tarakona
drain	awakeri; waikeri
drainboard	rerewai
drain pipe	waiputa
drama (play)	kōrero whakatū
draught horse	hōiho tarāwhe
draughts (game)	porotaka; mū(-whiti)
draughts (wind)	hauhau
draw (in)	kukume (kumea)
draw (net)	hao
draw (sketch)	tuhi; whakaāhua; whakatā
drawer	toroa
drawing	whakaahua
dreadful	wehi; wetiweti
dream	moemoeā; moehewa
dredge	poti koko
dress (n.)	kākahu; pūeru; weru
dress (v.)	kākahu(-ria); whakakakahu
dressing-gown	kahana
dressing table	tēpu whakapaipai
dressmaker	kaimahi kākahu
dried	maroke; mimiti; paku
drift	tere
driftwood	tāwhaowhao; pakatai moana

drill (tool)	wiri; haorete	duck (wild)	parerā
drill bit	wirikoi; tūwiri	dud	mea koretake
drink	inu(-mia); unu	duet	waiata punarua
drink alcohol	kai waipiro	dull (sky)	pōrukuruku
drip	patapata; turuturu	dumb	wahangū
drive (animals)	whiu(-a); ā(-ia)	dummy (baby's)	whakarata; ngote
drive (car etc)	taraiwa	dumpling (suet)	paraoa kinikini
drive (out)	pei(-a)	Dunedin	Otepoti
drive in (stake)	mātia	dung	tūtae; hamuti; haumuti
driving force	ānga	dungarees	tāngari
drizzle	hāuaua; pūnehu	duplicator	mihini tauira pepa
drool over	whakawaiwai	during	i te...
droop	tārewa	dusk	kakauri; kakarauri
drop	makere; marere; taka	dust (n.)	pūehu
drop (n.)	pata	dust (v.)	tahitahi(-a); muku(-a) nga
drop (v.)	horo		puehu
dropsy	kōpu tetere	dustbin	ipupara
drought	kore wai; tauraki;	duster	ukui puehu
	maroke	dustpan	tai puehu
drown(-ed)	toromi; toremi; paremo	Dutch	Tatimana
drowsy	hiamoe; tunewha;	duty	tiuti; tāke (tax)
	hāmoemoe	duty (obligation)	hei mahi; ngā mea e
drugs	rongoā whakananu		whakaritea ana
drum	taramu	duty solicitor	rōia a te kōti
drunk	haurangi	dux	tamaiti tino mōhio o te
drunkard	porohaurangi		kura
dry (adj.)	maroke	dwarf	(tau)whena
dry (v.)	whakamaroke;	dwell	noho
	tauera(-tia)	dwindle	iti haere; mimiti
dry up (river)	mimiti; tungongo	dye	wairākau
duck (blue)	korowhiowhio	dying speech	oha; kupu ōhākī
duck (grey)	karakahia	dynamite	pohū
duck (tame)	rakiraki	dysentery	tikotiko toto

E

each	ia...ia...; tēnā...tēnā;	easel	ranga papa tuhituhi
	tētahi	east	tai rāwhiti; taha
each day	ia rā ia rā		marangai; tai
eager	kaikā; hihiri; ārita		tamawahine; uranga
eagle	ēkara	East China Sea	Moana Haina ki te
ear	taringa		Rawhiti
ear-mark	hori(-a)	Easter	Aranga; Pākate
ear-pendant;	mautaringa; whakakai;	easy	māmā; ngāwari
ear-ring	koko; tautaringa	eat	kai(-nga)
early	mōata; horo mai	eat (greedily)	kaihoro
earnest (wish)	tino (hiahia)	eaves	peru
earth (soil)	oneone; paru	ebb-tide	tai timu; tai heke
earth (world)	ao	Ecclesiastes	Kaikauwhau
earthquake	rū whenua	echo	paoro; kō; oro
earthworks	maioro	echoing cliff	pari kārangaranga

eclipse (of moon)	pounga o te marama whenumi; ngaronga
eddy (water)	ripo; auhoki
eddy (wind)	hauripo
Eden	Erene
(Garden of Eden	Kari o Erene)
(Mt Eden	Maunga Whau)
edge	taha; taitapa
edge (of tool)	mata; niho; niao; koinga
education	mātauranga
eel	tuna
eel (silver belly)	hakaheke
eel (blind)	tuere; pia
eel-pot	hīnaki; punga
effect	meatanga
effects (personal)	taonga tinana
effort	kaha
egalitarianism	te whakaōrite; te whakataurite
egg	hua manu; hēki
Egypt	Īhipa
eight	waru
eighteen	tekau ma 'waru
eighth	tuawaru
eighty	waru tekau
either...or	rānei...rānei; rainei; ahakoa tēhea
elaborate	whakaranea
elastic	inarapa
elbow	tuke; tuketuke
elbow joint	taututetute
elder	kaumatua; koeke; koroua; koroheke
elder (cf. brother, sister)	hāmua
elder child	muanga
eldest child	mātāmua
electable offence	whiriwhiri whakatau
election	potitanga (mema Pāremata)
electric kettle	tikera hiko
electrician	kaihiko; kaimahi hiko
electricity	hiko
elephant	arewhana
eleven	tekau ma tahi
elite	rangatira
ell (about 1 metre)	pakihiwi
ellipse	porotītaha
else (someone)	tētahi atu
elsewhere	tētahi atu wāhi ki hea rānei

emaciated	kikokore
embalm	whakapakoko
embark	eke(-a, -ngia)
embarrassed	whakamā; matangerengere
embers	ngarehu
emblem	tohu; amorangi (of atua)
embrace	awhi(-tia)
emergency	mate whawhati tata
emetic	mea whakaruaki
emigrate	heke(-a); maunu
emigration	hekenga
Empire	Emepaea
employment	mahi
empty	takoto kau; piako; piango; puango
empty out	whakapiako; maringi
encircle	taiāwhio; hao
encircle with rope	natinati
enclosed	ruru; raihe
encourage	whakamanawa
encumbrances	taumahatanga; taimahatanga
end (completion)	otinga
end (extremity)	pito; topito
end (finish)	mutunga
end (of season)	hikutau
end on	tohitū
ended	mutu; oti; pahi
endless	mutunga kore
endorse	tautoko
enemy	hoariri
energetic	whakauaua; hihiri
enforce	aki i te mana
enforcement (legal)	whakaū
engaged (betrothed)	taumau
engagement (marriage)	tomo(-kia); moumouranga
engagement (negotiations)	tomo(-kia)
engine	mīhini; initia
engineer	enetinia
engineering student	akonga mihīni
England	Ingarangi
English	Ingarihi
enjoy	koa(-ina); hari
enjoyable	pārekareka
enlarge	whakanui(-a)

enlightened	
teacher	ahorangi
enormous	nui whakaharahara
enough!	kāti!; heoi ānō!; ka nui
enquire	ui(-a); pātai(-a)
enrage	whakariri
entangled	tāwhiwhi
enter	tomo(-kia); kuhu(-a); uru; hou ki roto; tapoko
enter (a team)	whakauru
enter (with difficulty)	momi(-a); o
entertain	manaaki; atawhai; whakamanuhiri
entertainment	mahi whakangahau; rehia
entertainment house	whare tapere; whare rōpā
entice	poapoa
entrails	whēkau
entrance	tomokanga; kūwaha
entreat	inoi(-a)
entry of judgment	ara whakaae
entwined	tāwhiwhi
envelope	kopaki reta
envious	wene; pūhaehae
envy	hae
Ephesians	Epeha
epileptic fit	hukihuki
epidemic	urutā
equal	rite; orite
equal represent-ation	kia ōrite te whai wāhi
equalise	whakarite(-a); inea
equality	ririte
equator	kopae waenganui
equipped	whai
equivalent	te rite
erect (adj.)	tū; tutū
erect (v.)	whakatū; whakaara
erratic	kōtītiti
error	hē
eruption	hū
escape	oma; puta; pahika; wehe atu
essentially	tino
establish	pou(-a); whakapūmau; whakanoho
estate	pānga-ā-taonga
Esther	Ehetere
estuary	ngutuawa; wahapū

eternal	mutunga kore; ora tonu
Europe	Ūropi; Oropi
Evangelist	Kaihauhau
evaporate	mimiti
even	tautika; taurite
evening	ahiahi
eventually	rawa atu (after verb)
every	katoa
evident	mārama
evil	kino; aituā (omen); whiro
ewe	hipi uwha
exact	tino tika; pū
examination	whakamātautau
examination/ statement of means	Te Whai Rawa mo te utu
examine	āta tirotiro (cf. **inspect**); torohī; torohihi
examiners	kaiwhakamātautau
example	tauira; hei tauira
excavator	whakakopia
excellence	pai
Your Excellency	Tou Whakaritenga
excellent	rawe; kairangatira
except	hāunga
exchange	hoko(-na)
excited	nanawe; hūrere; hari
excluding	āunga; haunga
excrement	tiko; haumuti; paru; tūtae
executor	kaiwhakahaere
exercise (body)	korikori tinana
exercise (v.)	hei mahi; whakahaere
exercise attempted (legal)	whakamātau ki te whakahaere
exercise book	puka tuhi
exhaust	whakapau
exhaust (of car)	pāipa auahi; puta auahi
exhibit unto this court	whakaaria ki tēnei Kōti
exhume	hahu(-a) tūpāpaku
exile (n.)	manene; noho manenetanga
existing or future	kei te takoto, meake rānei ka whakatakotoria
Exodus	Ekoruhe
expanded	hora
ex-parte application	tono
expect	tumanako; tatari
expedition	haere ki tawhiti; pahi

expel	pana ki waho; tūwhiti
expenses	moni whakapau
expenses	utunga; moni i
incurred	whakapau
expensive	nui te utu
expert on	tau; tohunga; matatau ki
expert specialist	powhiro; pū
expert 3rd class	horomatua
explain	whakamārama
explain fully	whakatakitaki(-na)
explode	pakū; pahū; papā
exploit	mahi nui
exploitation	mahi kino
explore	toro; āta titiro; ārohi;
	pokaiwhenua
explorer	tangata pokai whenua
explosion	pahū
exposed	puare
extend to	totoro; horapa; tae
extended	mārō; umaraha
extent	nui; roanga

extension	nukuhanga
exterior	ā waho
extinguish	tinei(-a); whakaweto
extinguished	pirau; poko; weto
extinguisher	wetoweto; kai kāpura
extort	apo(-hia); tango moni
extortion	tango moni tonu
extract (teeth)	unu(-hia) niho
extraordinary	mīharo
extremely	tino
eye	kanohi; karu; whatu; mata
eye shadow	panikamo
eyeball	kamo
eyeball-to-	
eyeball	whakarau
eyebrow	tukemata; pewa; peru
eyelash	kamonga; kemokemo
eyelid	kamo; rewha; paerunga;
	paeraro
Ezekiel	Ehekiera
Ezra	Etera

F

fable	pakiwaitara
fabulous	tino mīharo; tino rawe
face (n.)	kanohi; mata
face (v.)	anga ki; ahu atu; aro
face cream	hinu kanohi
face flannel	ūkui kanohi
facet	āhuatanga
fact	he mea pūmau
factors	ngā kaupapa
factory	wheketere
faded	māwhe; mā; hātea
faint (pass out)	hemo
fair (just)	tika
fair (skin)	kiritea; kiri mā
fair (weather)	paki
fairly	āhua + adjective
fairy	heketoro; patupaiarehe;
	tūrehu
faith	whakapono
faithful	pono; tūturu
fall (drop)	taka
fall (in battle)	hinga
fall (like tree)	hinga
fall (of fort)	horo
fall (slip)	pore
false	teka; horihori
familiar friend	takapui

family	whānau
Family Court	Kōti-ā-Whānau
Family Court	Kaiwhakawā Kōti-ā-
Judge	Whānau
family tree	whakapapa
famine	wā matekai; wā tupuhi
famished	matekai; pikoko
famous	rongonui; ingoa nui
to fan	kōwhiuwhiu; pōwaiwai
fantail	pīwaiwaka; pīwakawaka
far apart	hōkai
far away	mamao; kei tawhiti
farewell	
(to one going)	haere rā!
farewell	
(to one	
staying)	e noho rā!; hei kōnei
(to bid farewell	poroporoaki)
farm	pāmu; ahuwhenua
farm worker	kaimahi paamu
farmer	kaipaamu
farmyard	papanga (paamu)
fart	pātero; whengo (noisily);
	pihau (softly); kuihi
farther on	kō atu; tua (farther side)
fascinated	whakaarorangi
fast (from food)	nohopuku; whakatiki

fast (quick)	horo; tere; hohoro; kama	**fibre**	akaaka; muka; kaka; weu
fasten	whakaū; whakamau	**fiddle (violin)**	whira
fastener	kati	**field**	whira; taiepa; pātiki
fat (corpulent)	mōmōna	**field (cultivated)**	māra
fat (grease)	hinu	**fielder**	kaihopu
fate (end)	tukunga iho	**fierce**	riri; nanakia
father	pāpā; matua tāne	**fifteen**	tekau mā rima
father-in-law	hungawai; hunarei	**fifteenth**	te tekau mā rima
fathom	māro	**fifth**	tuarima
fatten	whakamōmona	**fifty**	rima tekau
fault	hē	**fig**	pīki; whauwhau
fault-finding	whakahē; wani; ngautuarā	**fight**	whawhai(-tia); riri(-a)
favour	whakaae(-tia); aro(-ngia)	**fighter plane**	wakarererangi whawhai
favourite	makau; tino pai	**figure (numbers)**	whika
fear	mataku; wehi	**figure (shape)**	āhua
fearful	hopohopo; wehi	**Fiji**	Whiti
fearless	matatoa; wehikore	**file (of men)**	tu-tira
feast	hākari	**file (office)**	pūārahi; pūkohi
feather	kura; raukura; hou; huruhuru; piki	**file (tool)**	whairu; tiwani
February	Pepuere	**filing cabinet**	toroa mau kāri
federating body	ropu tūhonohono	**filing fee**	utu whakahaere tāke
federation	whetereihana	**fill**	whakakī(-a)
feeble	ngoikore	**fill out (round**	
feed	whāngai(-a)	**off)**	kukune
feel (sense)	rongo(-hia or rangona)	**filled**	kī; kī puha; kapi
feel (touch)	whāwhā(-ria)	**film**	pikitia
feelers (cray)	hihi; weri; kawekawe	**fin (fish)**	tira; urutira (dorsal)
feelers (insect)	pūtihi	**finally**	rawa (after verb)
feelings	hinengaro; whakaaro	**financial help**	āwhina-ā-moni
fell (v.)	tua(-ina); tope(-a)	**find**	kite(-a)
fellow	korokē; autaia; tāhae	**find fault**	whakahē(ngia); eke(-a)
female (animal)	uwha; uha	**fine (good)**	pārekareka
female (woman)	wahine	**fine (penalty)**	whaina
feminism	tohe mana wahine	**fine (thread)**	tarapī
feminist	kaitohe mana wahine	**fine (weather)**	paki
fence	taiepa; taiapa; taepa; tīwatawata	**finger**	matihao; matimati
fermented	kōpiro; mara	**finger (index)**	koroa; koikara
fern	rauaruhe; rarauhe	**finger (little)**	koiti
(tree fern	wheki)	**finger (middle)**	māpere
fern-bird	mātātā	**fingernail**	maikuku; matikuku; kotikara
fern-root	aruhe; roi	**fingerprints**	tapumate
ferry across	whakawhiti	**finicky**	wahakawa
ferryboat	poti whakawhiti	**finish (complete)**	oti; whakaoti(-a)
fertile land	whenua mōmona	**finish (stop)**	mutu; whakamutu
fertiliser	tongi	**finished (used**	
fetch	tiki(-na); kawe(-a)	**up)**	pau
feud	wheinga	**fire**	ahi; kāpura
fever	kirikā; pīwa	**fire (volley)**	taipara
few	torutoru; ruarua; māmā; ouou	**fire (weapon)**	pupuhi (pūhia)
		fire engine	waka tinei ahi
		fire escape	tipa kāpura

fire station	umanga kāpura
fireman	kaitinei ahi
fire-place	pakai-ahi; takuahi
firestick	kauahi
firewood	wahie
firm	ū; mau; mārō
first	tuatahi; wawe; mātua
first born	mātāmua; pekepoho
first victim	mataati
fish (n.)	ika; ngohi
fish (v.)	hī ika (with line); hao ika (net); toitoi (with bob of worms)
fisherman	kaihī
fish-hooks	matau
fishing line	aho
fishing net	kupenga; rangatahi (new)
fishing rod	matire; tautara
fishing spot	puna ika
fist	meke
fit (clothes)	ō
fit (into)	ngaro ki roto
fit (well)	ora; kaha; whiti
five	rima
fix	whakamau; whakatina; whakarite(-a); whakaū (-tia); whakatūturu (-tia); whakatau(-ria)
fixed	ū; mau
fixtures	mea pumau; taonga mau tonu; nga tūnga
flaccid	momohe; ngore
flag	kara; haki
flagpole	pou haki
flake	rau; whā
flame	mura
flap (n.)	paki
flap (v.)	kapakapa
flapjack	parāoa parai; parāoa takakau
flash	hiko; rapa; muramura; kōwhā
flask	takawai; kotimutu
flat	papa; (voice) reo hapa
flat surface	papatahi; pararahi; paraha
flatter	whakapatipati; eneene
flavour	hā; reka
flax	harakeke; kōrari
flax (dressed)	muka
flea	puruhi; keha; tuiau
fledgling	pipi

flee	whati; omaoma; tūrere
fleeco	pirihō
fleet of canoes	kaupapa
flesh	kikokiko
fleshy	tuawhiti
flex	taura hiko
flexible	pīngore; ngohengohe
flickering	purehua
flight	rerenga
flight of stairs	arapiki
flinch	kōemi
flint	matā; kiripaka
flipper	whanawhana
float (n.)	pōito
float (v.)	mānu; tere; rewa
float in air	tākawe
flock (birds)	pōkai
flock (pigeons)	tupapa
flock (sheep)	kāhui; māpu
flog	wepu(-a); whiu(-a)
flood	waipuke(-tia)
floor	papa; raho; whoroa; rewanga
floor (storey)	kaupapa
florist	kaihoko putiputi
flounder (fish)	pātiki
flounder about	kowheta
flour	parāoa
flourish	tipu; tupu ake
floury	māngaro
flow (v.)	(tā)rere; tere
flow (tide)	pari
flow (together)	kūtere
flower (n.)	putiputi; puāwai
flower (v.)	hua
flower bed	karewa pūāwai
flower pot	ipu pūāwai
fluke (of fish)	hiku
flushed (angry)	uraura
flute	kōauau; pūtōrino
flutter	pepe
fly (insect)	ngaro; rango
(sandfly	namu)
fly (v.)	tere; rere; topa
flying fish	maroro
flyover	ara runga
foal	kūao; punua hoiho
foam	huka(-huka); pūhuka
fog	kohu; pūkohu
fold (v.)	whakakopi(-a); pōkai; tākai; kopa
folded	aparua

foliage	raurau	forward	whakamua
folio	whārangi	forward together	kia kotahi te takahi
follow	aru(-mia); whai(-a)		whakamua
fontanel	wāhi tamomo	foster (child)	whāngai; atawhai
food	kai; ō (for journey)	foul (smelly)	piro
fool	hākawa	foul (sport)	hē
foolish	kūware; heahea;	found	kitea
	wairangi; pōauau	foundation	pūtake; tūranga; tuapapa
foot	waewae; pūtu (measure)	founded (firmly)	taketake
football	whutupaoro	foundering	papahoro
foothills	take o ngā maunga	four	whā
footing	taketake	four sided	porowhā
footprint	whārua	four at a time	takiwhā
footrest	kaupeka	fourteen	tekau mā whā
footstep/print	tapuwae	fourth	tuawhā
for	ina; hoki; mō; mā	fourth toe	mānawa
foraging	rokohanga; toro	fowl	heihei; tīkaokao
forbid	whakakāhore	fraction	hau; wāhi
force (n.)	kaha	fracture (bone)	whati
force (v.)	āki; taikaha	fragment	ngato
(come into force	ka mana te ture)	frame	taitapa
force open	kōara(-tia)	France	Parani; Wīwī
forearm	tāhau o te ringa;	fraud	tinihanga(-tia)
	kikowhiti	fray(-ed)	taretare
forefinger	takoroa	freckle	ira
forehead	rae	free	wātea; ātea
foreigner	tangata rāwaho; tauiwi;	free (from tapu)	whakanoa(-tia); taumahi
	tipua	(set free	tuku kia haere;
foreskin	kiri mata		whakawātea(-tia))
forest	ngāhere; wao;	freezer	pākatio; pā hukapapa
	ngahengahe	freezing works	wharepatu mīti
Forestry	Tari mo ngā	freight	utanga
Department	Ngāherehere	French	Wīwī
forever	āke āke; āke tonu atu	fresh (food)	kaimata
forget	wareware(-tia)	fresh growth	ururua
forgive	muru(-a); hohou te rongo	fresh water	wai māori/hōu
forgotten	wareware	Friday	Paraire
fork	paoka	fridge	pouaka hukapapa
fork (garden)	tihoka māra	friend	hoa
fork of tree	tarahanga; pekanga	friendly	rata
forked stick	mārau	friendly	
forklift	waka uta	(overtures)	whakarata
form (bench)	tūru	frighten	whakamataku(-ria)
form (shape)	āhua	frill	humehume
form of	ā + noun (e.g. form of a	frock	poraka
	bird = ā manu)	frog	pepeke; porōka
formerly	i mua	from	i; atu i; mai rā
formidable	wehi	frond	pikopiko
forthwith	ina tata tonu; ināia tonu	front	mua
	nei; ināianei tonu	front (person)	aroaro
fortifications	pā; parepare; maioro	front (of house)	whatitoka; roro
forty	whā tekau	front line (war)	pae o te riri

frost; frosty	huka; haupapa; hukapapa	fungus	tūtae kēhua; harori;
frostfish	pāra		hakeke
frown	koromingi; tiro kau	funnel	kōrere; timere
fruit	hua (rākau)	funny-bone	tuketuke
fruit stone	anga	fur coat	koti huru
fry	parai	furious	tino riri; wairangi
fuel	konga; waro; hinu	furniture	taonga; taputapu o te
fugitive	rerenga; taurewa		whare; utauta
fugleman	pōtēteke	furrow	ripa
fulfil	tutuki rite; ea	further	kō atu; tua atu
full	kī; renga; puha	fuse	wiki
full moon	rākaunui; tōhua	fussy	mārehe(-rehe)
fullback	whurupēke; pou muri	fuselage	tinana aropereina
fund (money)	tahua moni	future	(a ngā rā) e tū mai nei;
fundamental	te pū o te take;		(a ngā rā) ka heke mai
(document)	te orokohanga mai		nei; a muri ake nei;
funeral director	kaiwhakarite ūhunga		tua

G

gabble	kohe	gaze	titiro matatau; mōtoi;
gable (of house)	maihi		mātakitaki
gag	puru	gazette	kāhiti
gain	whiwhi	gear lever	tokonuku
Galatia	Karatia	genealogy	whakapapa; kāwai; tātai
galaxy	korurangi	general	whānui
gale	āwhā; tūpuhi	general (army)	tianara
gall bladder	kouawai	general roll	
gallery	mahau teitei	(politics)	rārangi whānui
gallon	kārani	generate	
game	tākaro(-hia); rēhia	electricity	huri hiko
gang	rōpū	generation	whakatupuranga;
Ganges	Kānehi		ahunga;
gangrene	kikohunga		whakapaparanga
gangway	araheke	generous	atawhai; rangatira;
gannet	tataki; takapu		marere
gap	āputa	Genesis	Kenehi
garage	whare motokā; karāti	genitals	tawhito
garden	māra; kāri; mahinga kai	genuine	tupu; tino
garfish	takeke	gently; gentle	āta; mārire; atawhai
gas	hau paihani	George	Hōri
gash	āhiwahiwa; ripi(-a)	German	Tiamana
gasp (for breath)	kiha; tāre; pupuha;	Germany	Tiamani
	ngānga	gesticulate	tohutohu
gate	kēti; ngutu pā	get (obtain)	whiwhi ki...; riro i +
gateway	kū(w)aha; tomokanga		subj.; tae
gather	whakamine; kohi(-a);	get into	uru
	huihui; whakakao;	get off	makere
	whakaemi(-hia)	get out of the	
gauge	ōrite (penehini)	way!	pōuri ake
		ghost	kēhua; kīhau

ghostly people	pakepakeha
giddy	āmai; āmiomio; ānini; takarangi
gift	koha; mea homai noa; hākari
giggle	pākirikiri; tīhohe(-hohe)
giggling	tīhohe
gills	parepare; piha
gin	tini
giraffe	hirawhe
girl	kōtiro; hine; kohine
girl!	e ko! e hine!
Gisborne	Tūranga-nui
Gisborne area	Whatu-i-Āpiti
give; be given	hōmai; hōatu
give away	whiu(-a); hoatu
give freely	tukuparapara; tuku noa
give way	tautuku
given by	he mea tuku na
glad	hari; koa; uruhau
glance	mawhiti; titiro
gland	repe
glare	whetē
glass	karaehe
glasses	(karu)mowhiti
glider	waka rerehau
gloomy	pōuriuri; matapōuri
glory	korōria
glossy	mōhinuhinu; whakahinuhinu
glove	karapu
glow	hana; mura
glow-worm	pūrātoke; titiwai
glue	pia
glutton	kaihoro; pukunui
gnash	tetēā; whakatetēā
gnat	waeroa
gnaw	ngau(-a); kakati
go	haere
go around	āwhio; umiki
go aside	peka
go away	hanatu; haere atu
go by	hipa
go on!	hoatu!; whoatu!
go on one side	whakataha
go to and fro	kōpikopiko
goad	whakaongaonga
goal	whāinga; kōrā
goalkeeper	kaiārai
goal-line	rarangi tae; rarangi whai
goat (billy)	koati toa

goat (nanny)	koati uwha; nanekoti; nanenane
Gobi Desert	Koraha o Kopi
goblin	tupua; taipo; kēhua
god	atua
godwit	kūaka
goggles	mowhiti
gold	kōura
golf	korōwha
Goliath	Koriata
gone (left)	riro
gone (used up)	pau
gone for good	oti atu
gong	pere
good	pai (pl. pāpai)
goodbye (to one going)	haere rā
goodbye (to one staying)	e noho rā; hei konei ra
goods	taonga; taputapu; hanga; rawa
Goods & Services Tax (GST)	Tāke Tāpiri
goods-train	tereina utanga
goose	kuihi
gooseberry	kuihipere
gooseflesh	mimiko; pukupuku
gorge (food)	kai apu; apu(-a)
gorge (ravine)	kopia; kapiti
gorilla	makinui
gospel	rongo pai
gossip	pakiwaitara; paki; whawhe
gourd	hue; tahā (container)
govern	whakahaere tikanga
Government	Kāwanatanga
Governor	Kāwana
grab	kōrapurapu; mau
grain	pata (e.g. kānga)
gram	karamu
grandchild	mokopuna
grandfather/ mother	tipuna; tupuna (pl. tīpuna; tūpuna) karani pāpā; karani māmā
granite	kawikawi
grant	tuku(-a); whakaāe(-tia)
(to be granted)	kia whakaaetia)
grapefruit	kerēpi-whurutu; hua hīmoemoe
grapes	karēpe
grasp	tango(-hia)

grasping	apo
grass	otaota; karāihe
grass (tussock)	pātītī taranui
grasshopper	kōwhitiwhiti; māwhitiwhiti
grave	poka; rua
gravel	kirikiri
gravy	wairenga; wai ranu
grayling	upokororo
graze (touch)	miri(-a); hohoni; tahitahi; pāhore
graze (cattle)	kai karāehe
grease	hinu
great	nui (pl. nunui); rahi; kaitā
great (important)	hirahira
Greece	Kariki
greedy	pukukai; kaihoro
green	kākāriki; kirini; karera
green (raw)	mata; māota; ota
greengrocer	kaihoko huawhenua
greenstone	pounamu; kairangi; (dark) kawakawa
greet	mihi(-a); pōwhiri(-tia)
grenade	pohū ringa
grey	pūmā; pūhina; pūmangu
grey warbler	korire; koriroriro; pītongatonga
grief	pōuri
grieve	māpura; pōuri
grill (cook)	tahu(-na)
grill (radiator)	rī motokā
grin	menemene; pākiri
grin (broad)	mingomingo kata
grind	(by stones) kauoro(-hia); (at mill) huri(-hia)
grindstone	hōanga
grindstone (revolving)	hōanga huri
grit (in eye)	pura
groan	auē; aurere
grocer	kaihoko hua whenua
groin	tapatapa
groove	awaawa; haehae (cuts)
grope	whāwhā haere

groper (fish)	hāpuku; whāpuku
ground (soil)	one; whenua (land)
groundlark	pīhoihoi
groundsheet	whāriki inarapa
group	hui; rōpū
grow	tupu; rea
grown up	pakeke; whakateitei
grudging	manawa pā; kaiponu
gruff	panguru
grumble	amuamu
guarantee	whakaoati; kupu taurangi
guard	tiaki(-na); rauhī
guardianship	rauhītanga
gudgeon	taiwharu
guest	manuhiri
guest house	wharē puni; whare whakairo
guide (n.)	kaiarahi
guide (v.)	arahi(-na)
guided missile	rākete ārahi
Guinea	Kini
guilt	whai hara
guilty	mau tangetange
guitar	kitā
gulf	whanga nui
gull	karoro
gulp food	whaupa
gum	kāpia; paekaha; kauri
gum (glue)	pia; hāpiapia
gumboot	kamuputu
gums (dental)	puniho; tako; ngangore
gun	pū
gunpowder	paura
gunstock	kaurapa
gunwale	niao; rauawa
gurgle	kokō; tatangi
gurnard	kumukumu; kumikumi
guru	ahorangi
gush (v.)	hīrere
gut (fish)	tuaki(-na); huke(-a)
guts	whēkau
gutter	awakeri; rere tuanui
gym mats	whāriki takahuri
gym shoes	hū oma

H

habit	tikanga; ritenga; mahi
habit (used to)	kua taunga; kua waia

habitation	nohoanga
hacksaw	kani maitai; kanini;
Haggai	Hakai

hail stones	ua nganga; ua whatu; waitara	harp	hāpa; haapa
hair	huruhuru; makawe (use mostly with plural ngā)	harpoon	haeana rāti
		harrow	karawhaea; rakaraka
		harvest-time	ngāhuru; hauhakenga
hair cream	hinu kākara	Hastings	Heretaunga
hairdresser	kaikuti makawe	hat	pōtae
hair-drier	hu maroke; whakamaroke	hatched	pao
		hate	mauāhara; whakakino
hairy	pāhuruhuru	have	(see Brief Grammar p. 163)
half	hāwhe		
half-caste	hāwhe-kaihe	have time	whai wā; whai tāima
half-grown	pīpī	haul	tō(-ia); kume(-a)
half-moon	ōhua	haunt	kuku(-a); poke(-a)
half-past	hawhepāhi; hāpāhi	hawk	kāhu; karewarewa
halfway line	raina waenganui	hay	hei
hall	hōro; urumanga	haybarn	whare hei
halo	awheo; āniwaniwa	haze	kohu; rehu; whēkite
halt	tū	he; she; him; her	ia
Hamilton	Hāmutana; Kirikiriroa	head	mātenga; ūpoko; māhunga; toihau
hammer	hama; pao; pākuru	head (back of)	kōpako; kōhamo; hemihemi; maihamo; murikōkai
hand	ringa(-ringa)		
hand-brake	whakatū ringa		
handcuffs	rinoringa; mekameka	head (of fish)	pero
handful	kapunga	head (of grain)	puku
handkerchief	aikiha	head (of nail)	peru
handle (n.)	kakau; puritanga; harau	head (of river)	hikuawa
handle (v.)	popoi(-a); whāwhā	head (of tree)	kauru
handlebars	puringa	headache	ānini; ngāruru
handrail	puringa	headache	
handsome	ātaahua; pūrotu	(splitting)	kotiuru
hang (back)	tawhitawhi	headband	tīpare
hang (by the neck)	tārona(-tia)	headboard	papa peru
		heading	ūpoko
hang (in clusters)	tautau	headland	matarae; rae; kūrae; more
hang (intr.)	iri; tare; tārewa	headlight	rāiti mua
hang (trans.)	whakairi(-a)	headwind	hau tūmū
hangar	whare wakarererangi	heal	whakaora(-ngia)
hanging loose	mātangatanga	healed	ora
happen	riro; puta; tūpono	health	oranga; waiora; hauora
happy	hari; koa; tūpai	healthy	toiora
harbour	wahapū	heap (n.)	pū; pūkai; tahua; taupū
hard	pakeke; mārō; pākiri	heap (to lie in a)	pū; pūkai
hard-case	hāte kēhi	heap up	ahuahu(-ngia)
hard-working	pukumahi; mamahi; ahuwhenua	hear	rongo (rangona) (rongohia)
hare	hea	heard	hau; pā
harm	kino	heart	ngākau; manawā
harmony	noho rangimarie	heart (cards)	hāte
harness	hānihi; whitiki	heart (of tree)	uho; iho
harnessed together	whakapiri	heartburn	pohongawhā
		heartwood	taikākā

heat	mahana; wera
heat (shimmering)	kārohirohi
heaven	rangi
heavy	taimaha; taumaha
Hebrews	Hiperu
hectare	hekitā
hedge	hēti; maruhau
hedgehog	tuatete
heel	rekereke
height	ikeike; roa; tiketike; teitei; hauroa
heir	rīwhi; tangata mōna te kāinga
heirs	kairīwhi
helicopter	herikopeta; waka rere pōhiri
hell (ancient)	rarohenga
hell (modern)	iweri
helm	urungi; tia
helmet	potae mārō; pōtae tuapaka
helmsman	kaiurungi
help	āwhina(-tia)
helper	uruora; kaiāwhina
helpless	paraheahea
hem	remu
hen	heihei; tīkaokao
hepatitis	mate kōwhai
her	ia
her (of)	tōna (pl. ōna); tāna (pl. āna)
herbs	otaota; taru
herd (n.)	kāhui; māpu
herd (v.)	atiati; a(-ia); tāwhiu
here	konei; kei konei
hereinafter	meake nei
hereinafter referred to	meake nei kīia ai
hereunder	e mau i raro nei
hero	toa; māia
heron (blue)	kākatai
heron (white)	kōtuku
heron (white-faced)	matuku
herring	aua; kātaha
hers	nāna; nōna; (see her (of))
hesitate	tawhitawhi
hesitate (in speech)	pāremoremo
hexagon	tapaono
hibiscus	whau
hiccough	tokomauri; tokopuhake
hide; hidden	ngaro; huna; kuhu; whakangaro; whakapeke
hide and seek	piripiri; whakapupuni; taupunipuni
hide oneself	piri; peke
hiding place	piringa; hunanga
high	teitei; tiketike; ikeike
High Court	Kōti Matua
high school	haikura
high tide	piri
highlight	tino mārama
hill	puke
hillside	kaokao o te maunga; tahamaunga; puketai
hilly	pukepuke
Himalayas	Hīmāria
hinder	tinaku
hindrance	mea hei ārai
hinge	īnihi; whatīanga
hint	whakamōhio
hip	humu; himu
hip-bone	papa toiake
hippo	hipohipo
his	tāna; āna; tōna; ōna; tana
hiss	hū; huhū; hī
history	hītori
hit	patu(-a)
hit (be)	pā; whara; tū (wounded)
hither	mai
hive	whare pī
hoarse	whango
hockey	hōkī
hockey stick	haurākau
hod	hari
hoe (v.)	kari whenua
hoist	huti(-a) ake
hold	pupuri (puritia)
hold (closely)	aupaki
hold (of ship)	riu
hole	poke; rua; kōwhao; houru
holes (full of)	putaputa
holiday	hararei
hollow (in ground)	whārua(-rua)
hollow (gourd etc)	piako; puango
(to hollow out	hahau(-a))
holy	tapu

home	kāinga; (see **birthplace**)
home (origin)	papa kāinga
(towards home	whakatekāinga)
homebrew	paikaka
honey	miere; honi
honeysuckle	rewarewa
honour	hōnore; whakahōnore
hook	matau; pihuka; hūka
hoop	whiti; mōwhiti; pīrori
hop	hītoko; hiteke
hop about	pekepeke
hope	tūmanako
horde	manomano
horn	maire; pihi
horn (cattle)	hāona
horn (musical)	pū
horizon	pae; taharangi; tahatū
horrible	mōrikarika
horse	hōiho
Hosea	Hohea
hospital	hōhipere; hōhipera
hospitality	manaaki
host	tangata whenua; kaimanaaki
hostilities	pakanga; whawhai
hot	wera
hot spring	waiariki; ngāwhā
hotel	hotēra; pāparakāuta
hover	whakatopa
hovercraft	waka mania hau; waka tōpaki
hour	haora
house	whare
Housing Corporation	Tari mo nga Whare
how?	pēhea?; pēwhea?

how can it be done?	me pēhea?
how many?	e hia?
however	heoi; hoiano; kia ahatia
howl	tangi; auē; whakaparoro
hubcap	taupoki wira
huddled up	torohū; kōpiri
Hudson Bay	Whanga Hatihana
hug	awhi; kēkeke
hum	tāmumu
human	tangata
Human Rights Commission	Komihana mo nga Tika o te tangata
humble	humarire; whakaiti; mahaki
humbug	hamupaka
humerus	peke; takakau
humid	takawai
hump	hiwi
hunchback	pīari
hundred	rau
hundred-weight	hānarete; hanaweiti
hunger, hungry	hiakai; hemokai
hunt	whaiwhai(-a); whakangau
hurricane	tūpuhi
hurriedly	tahuti
hurry	horo/tere haere; auraki; whakahoro; wakewake
hurt (be)	whara; tū; ngau
husband	tāne; hoa tāne
hush!	turituri! hoihoi! kāti!
hut	whare; wharau
hydrant	maero ngutu
hymen	taupā
hymn	hīmene
hypotenuse	tāroa

I

I	ahau; au; awau
ice	haupapa
iceberg	motuhuka
ice-cream	aihikirīmi
icicle	tiotau; ngira hukapapa
idea	whakaaro; mōhio; titiro
identity	turanga
idiomatic speech	mita o te reo
idiot	pōrangi; kīkiki
idle	māngere
idol	whakapakoko

if	me; mehemea; ki te; ki te mea; pēnei; mēnā; pēna
ignition	pātīmata
ignorance	kūware
ignorant	kūware
ignore	whakakāhore(-tia); whakaiti(-tia)
ill	pā(-ngia) e te mate; mate ana
illiterate	kaore e mōhio ki te tuhi me te pānui

illtreat	tūkino(-tia)	infest	nui(-a)
illtreat		inflamed (eyes)	toretore
(a friend)	tunuhuruhuru	influence (n.)	mana
illuminate	whakatiaho	influence (v.)	kawe(-a);
illustration	whakaāhua		whakaako(-ngia)
imitate	whāi(-a); whakatau	influenza	rewharewha; whurū
immediately	aianei tonu	inform	whakaatu; mea atu
immoral	karihika	informant	kaiwhaaki
impatient	pōrangi; pukuriri	information	mōhiotanga
important	whai tikanga; nui;	information	whakaatu kupu
	whakahirahira;	(legal)	whakapae
	nui whakaharahara	infringement	whakaaturanga hara
imprison	mau herehere	notice	hangahanga
improve	pai haere	inhabit	noho(-ia)
in	i roto i; i; ki	inhabitants	tangata whenua;
in all that land	o taua whenua katoa		iwi kāinga
in re	mo	inheritance	oha; manatunga; mea
inane	koakoa; kūare		tuku iho
incantation	karakia	inject	wero(-hia) ki te ngira
incest	kai-whiore	injunction	aukati
inch	inihi	injure	takakino; tūkino
inchoate	pokanoa engari i tino	injured	whara; tū
	mōhiotia	ink	ingiki; māmangu;
incident	āhuatanga		waituhi
inclination (bias)	hiahia; aro; aronui	inland	roto; uta (from shore)
incline (slope)	heketanga	innumerable	manomano
including	āpiti atu; tae atu ki; me	inquest	Hui Uiui mo te
incomplete	hukihuki; taurangi		Tūpāpaku
incorporation	kaporeihana	inquest officer	Āpiha Uiui mo te
incorporation			Tūpāpaku
(order of)	whakakaporeihana	inquire	ui(-a); pātai(-ia)
increase	nui haere	insane	porangi
indeed	hoki; mārika; anō; koinā;	insect	ngārara
	iarā	insect world	Aitanga a Punga
independence	mana motuhake	inside	i roto i
index	rārangi kupu; kupu ārahi	inside lane	ara roto
India	Inia	inside out	huri koaro
Indians (Red)	Kiriwhero	insipid	waimeha
indicator	rāiti whakaatu	insolent	whakatoi
indictable		inspect	mātakitaki(-tia); āta
offence	hara kooti matua		titiro; whakamātautau;
indictment	tuhinga kupu pono mo		arohirohi
	te whakapae	inspector	kaitirotiro
indigestion	tokopā; tokopaha	inspiration	hei taonga ma te
individual	takitahi		hinengaro
individualistic		instep	kapuwae
ideas	whakaaro kē	institution	hanga
indoor bowls	purei pōura i ro whare	institutionalised	
Indus	Ināha	(legal)	ā-ture
industrial		(medical)	taunga ki te noho whare
relations	tikanga mahi tahi		herehere
industrious	ahuwhenua; pukumahi;	institutions	nga āhuatanga
	mamahi		

instruct	tohutohu; whakaako	**intimate**	
instructor	kaitohutohu;	**companion (of**	
	kaiwhakamātau;	**same sex)**	takatāpui
	kaiwhakaako	**into**	ki roto ki/i
instrument (tool)	taputapu	**intolerance**	kārangirangi
instrument		**introduction**	whakaatu
(musical)	mea whakatangi	**intoxicated**	haurangi
instrument		**invade**	whakaeke(-a);
(musical:			urutomo(-kia)
wind)	pū	**invalid (sick)**	tūroro; maki
insubordinate	tutū; haututū	**invalid**	
insurance	inihua	**(worthless)**	koretake
insult	kanga; whakahāwea;	**invent (make up)**	tito(-a)
	whakatoi; makiri(-hia);	**inventory**	rārangi
	muhani	**(true and perfect**	
intelligent	mōhio	**inventory**	he rārangi pono)
intend	mea(-tia)	**investigate**	kimi(-hia); āta uiui(-a)
intently	whakatau; matatau	**investigator**	kaitirotiro
intercept	haukoti; kotipū	**inviolability**	kāore e tāea te takahī
intercourse	tutakitanga	**invitation**	reo karanga; tono
intercourse		**invite**	tono(-a); powhiri(-tia)
(sexual)	honihoni; moe(-a)	**irate**	riri; uraura
interest		**Ireland**	Airani
(concern)	aro(-ngia); hiahia	**iris (eye)**	karu
interest (on		**Irish**	Airihi
money)	hua o te moni; itarete	**iron**	haeana; rino; maitai
interested in	aro mai	**iron (press**	
interesting	pai ki te whakarongo	**clothes)**	haeana(-tia)
interests	whai taketanga	**ironing-board**	papahaeana
interior (of land)	ki uta; tuawhenua	**irregular**	whakahipahipa;
interlocutory			kōhikohiko
proceeding	take atu anō	**irreconcilable**	
intermittent	tāmutumutu	**breakdown**	wehenga tūturu
internal	whakaroto; raroto	**irrigation canal**	waikeri
international	no te ao nui	**irritated**	ongaonga
international		**Isaac**	Ihaka
perspective	tā te ao tītiro	**Isaiah**	Ihaia
interpret	whakamāori(-tia);	**island**	motu; moutere
	whakapākeha(-tia)	**Israel**	Iharaira
interpreter	kaiwhakamāori;	**issue**	whakaputa(-ina)
	kaiwhakapākeha	**it**	tērā; ia; (or repeat the
interrogate	uiui(-a)		noun)
interrupt	aruaru; inake	**Italy**	Itari
interruption	whatinga; kaiwaenga	**itch**	mangeo; rekareka; ngaoko
intertwine	rauwiri; kāwiriwiri	**its**	tōna/tāna; ōna/āna
interval	takiwā; wā	**ivory**	rei; ipori
intestine	whēkau; puku	**ivory pendant**	rei puta

J

Jack	Haki	**jade**	pounamu

jade (greenstone)	waipounamu	joker	kōkō takakī
jagged	mākini	jolt	ruturutu; roturotu
jail	whare herehere	Jonah	Hona
James	Hēmi	Jordan	Horano
January	Hānuere	Joseph	Hohepa
Japan	Tiapani	jostle	tutetute
jaw	kauae; kauwae	Joshua	Hohua
jealous	haehae; harawene	journalist	kaituhi kōrero
jeans	tarau tangari	journey	haerenga
jeep	waka mahi nui	jovial talker	kōkō takakī
jeer	tāwai	joy	hari; koa; hākoakoa
Jehovah	Ihowa	Judas/Jude	Hura
jelly	kai kori; hēri	judge (n.)	tiati
jellyfish	petipeti; tepetepe;	judge (of guilt)	kaiwhakawā
	ihumoana; maremare	judge (selector)	kaiwhiriwhiri
	tai	judge (v.)	whiriwhiri(-a);
Jeremiah	Heremaia		whakawā
jerk	nape; tuke; tiemi (up and	(Book of Judges	Kaiwhakariterite)
	down)	(chief judge	Tumuaki)
jersey	pōraka; kānahi	judiciary	hunga whakawā
Jerusalem	Hiruhārama	Judith	Huhita
jet engine	mihini pūtororē	judo	hūto
jet of gas	pūtororē	jug	hāka; tiaka
Jew	Hūrai	juice	ranu; wai
jewel	rei; kahurangi	juke-box	whakatangi rekoata
jewellery box	waka taimana	July	Hūrae
jingle	tatangi	jump	peke(-a); tūpeke;
Job	Hopa		mahuta
job (work)	mahi	jumper	
jockey	tiōki; kaieke hōiho	(clothing)	paraka; poraka
Joel	Hoera	June	Hune
John	Hōne; Hoani; Hoane	jungle	mātotorutanga o te
John Dory	kūparu		ngāhere
join (enter)	uru (ki roto)	juniper	mingimingi; pātotara
join (battle)	whakapiri(-a)	junk (Chinese)	waka Hainamana
join together	apiti(-ria); hono(-a);	jurisdiction	mana whakahaere
	tapiri(-tia); tūhono(-a)	jury	hūri; te tekau ma rua;
joinder (legal)	he hononga		rōpū whakawā; hunga
joint	pona		whiriwhiri
jointly and		just (fair)	tika; tōtika
severally		just (only)	noa
(legal)	ngātahi takitahi rānei	just now	kātahi anō;
joist	kurupae		ināianei
joke (n.)	tinihanga	justice	ōrite; mahi tika
joke (v.)	take hei katakata;	Justice of the	
	whakarekareka; kōrero	Peace	Kaiwhakawā mana iti
	kaweka		

K

Kalahari	Karahāri	keel	takere
kangaroo	kangaru	keen	ārito; rika; kama

keep	tiaki(-na); pūpuri	**kingfish**	warehenga; haku
keep close to	whakapiri(-a)	**kingfisher**	kōtare
keepsake	manatunga; oha; tohu	**kiss**	kihi(-a)
	aroha	**kitchen**	kīhini; kauta
keg	kāho	**kite**	manu; pākau
kerb	pae-ara	**kitten**	punua ngeru; kuao
kernel	iho		pūihi
kerosene	karahīni	**knead**	pokepoke (pokea)
kettle	tīkera	**knee**	turi
kettle (electric)	tīkera hiko	**knee-cap**	popoki
key	kī	**kneel**	tūturi
keyhole	puare kī	**knees bent**	turipēpeke
kick	whana(-a); kiki(-a)	**knife**	naihi; māripi
kidney	tākihi; whatukuhu;	**knit (v.)**	tuitui (wūru); whatu
	whatikuhu;		wūru
	whatumanawa	**knitted closely**	mangungu
kill	patu(-a) (kia mate);	**knob (door)**	puritanga; pātene
	whakamate	**knock**	pātōtō; pātukituki
kill (by stealth)	kōhuru (murder)	**knocker (door)**	pūtōtō
kilogram	kirokaramu	**knot**	pona
kilometre	kiromēta	**knot (knotted)**	rōrī
kilt	piupiu Kotimana; maro;	**knot (in timber)**	pūpeka
	panekoti Kotimana	**knot together**	pūtiki
kind (helpful)	atawhai(-tia); ngāwari;	**know**	mōhio(-tia);
	manaaki		mātau(-ria)
kind (type)	tū; momo; tūmomo	**knowledge**	mātauranga; toi
kindle	tahu(-na)	**knuckle**	pona; mona
king	kīngi	**knucklebones**	kōruru; kaimakamaka;
kingdom	rangatiratanga;		kohikohi; huripapa;
	kīngitanga		ringaringa

L

label	pepa-ingoa	**lake**	roto; moana
labour	mahi (uaua)	**lamb**	reme
Labour Party	Reipa	**lame**	hauā; hapehape
lace together	kōtui; hikuhiku	**lament (n.)**	mōteatea; tukeka;
lacebark tree	hoihere; wheuwhi; houhi		apakura; auraki
lacerate	haehae	**lament (v.)**	tangi; uhunga
lack	kore	**Lamentations**	Tangi
lack		**lamp**	rāiti; rama
understanding	kuaretanga	**lamp (pressure)**	akoraiti
ladder	arawhata	**lamp-post**	pou rāiti
ladle	koko	**lamprey**	piharau; puhikoro
lady	wahine	**lampshade**	maru rāiti
ladybird	mumutawa	**land**	whenua; (poor)
lag behind	takamuri; (to)nanawe;		pākeka
	akutō	**land (face of)**	mata o te whenua
lagoon	hāpua	**land (long**	whenua kua roa e nohoia
laid out		**occupied)**	ana
(stretched)	whāroro; māroro	**land (matter)**	take whenua

land (properly	
delineated)	whenua ata rohea
land (v.)	tatū; whakaū; tau (of
	bird)
land agent	kaituhi whenua; kaihoko
	whenua
landing place	tauranga; ūnga
landslip	horo
language	reo
lanky	tokoroa; kawekaweka
lantern	rātana
lapel	whētui
lard	hinu poaka
larder	pātaka
large	nui; rahi
lark	whāioio
lash (whip)	whiu(-a); wepu(-a)
lash together	whakamau
last (v.)	pīwai; tīwai
last night	inapō; nōnapō
last week	te (wiki) ka taha ake nei
last year	i tērā (tau)
(at last	nāwai ā; kātahi ano)
latch	rawa
late	tūreiti; tōmuri; takaroa;
	takaware
lately	inaianei; inanoanei; inaia
	tata nei
lath (batten)	kaho
lather	huka
latitude	rarangi hāngai
laugh	kata(-kata)(-ina)
laughing	pukukata
launch (n.)	rōnihi
launch (v.)	whakarewa; whakamānu;
	tō(-ia)
launching pad	papa tuku
laundry basket	pūtea; pūtē
laurels (poetic)	tohu wikitoria
lava	rangitoto
law	ture
Law Commission	Kōmihana mo te Ture
(according to law	e ai ki te ture)
(intricacies of	kōwaruwarutanga o te
law	ture; kōwariwari)
(upholders of law	kaiwhakaū;
	kaiwhakapumau)
lawful	tika
lawless	turekore
lawn	pangakuti
lawyer	rōia

lay (place)	whakatakoto(-ria);
	waiho(-ngia);
	tāpae(-tia)
lay across	whakapae(-a)
layer	kaupapa; papanga
layman	reimana
lazy	māngere
lead (v.)	arahi(-na); arataki(-na)
lead (metal)	matā
leader	kaiarahi; amokapua;
	kaihautū
leaf	rau; whārangi (book)
League	Rīki
leak	rere kōwhao; urukōwhao
lean	tītaha;
	(against) wharara ki
leaning over	whakaurunga
learn	ako(-ngia, -na)
learner	akonga
lease	rīhi
least	te iti rawa
leather	rera; kiri
leatherjacket	
(fish)	kōkiri
leave behind	waiho(-ngia, -tia);
	whakarere(-a)
leave off (stop)!	kāti!
leave out	kape
leaving school	mutunga o (taku) kura
lecturer	pūkenga
leek	rīki
left	mahue; toe (over);
	waihongia
left hand	maui
left-back	whurupeke maui
leg	waewae
legacy	taonga tuku iho;
	ōhākī mo āpōpō
legal	no te ture
legal aid	āwhina-ā-moni
legend	kōrero pūrākau
lemon	rēmana
lend	tuku(-a)
length	te roa
lengthen	whakaroa(-tia)
lens	whatu
leopard	rēpata
leprosy	tūwhenua; tūhawaiki
less	iti iho
lessee	kaitango rīhi
lessen	whakaiti(-tia)
lessor	kaituku rīhi

lest kei; koi
let (lease) rēti; rīhi
let (us...) kia...(tātou)
let down tuku iho; whakaheke(-a)
let go tuku kia haere
letter reta
letter-box pouaka reta; pouaka tuku reta
letters of administration Pukapuka whakamana kaiwhakahaere
lettuce rētihi; arata
level (flat) paparite; tautika
level (tool) rēwara
lever hua
Leviticus Rewitikuha
liaison takawaenga
librarian kaitiaki pukapuka
licence raihana
lichen pūkoko
lick mitimiti
lid taupoki
lie (face down) tāpapa(-tia)
lie (face up) tīraha
lie (untruth) teka; tito; parau; rūpahu; horihori
lie down takoto(-ria)
lien (right to keep property till debt is discharged) here
life ora; oranga; manawa
life (human) ira tangata
lift hāpai(-tia); hiki(-tia)
(elevator) taputapu hiki tangata
lifted up morunga; maranga
light (n.) raiti
light (bright) mārama
light (fire) tahu(-na)
light (of day) ao
light (shining) aho
light (weight) māmā; puhau
lightning uira
like (v.) pai ki; hiahia(-tia)
like (similar) taurite; ōrite; rite
like that pēnā; pērā
like this pēnei
likewise hoki; waihoki
lily riria; rengarenga
lime raima
limestone pākeho
limited kāhore e nui ana
limp (v.) toti

limpet ngākihi
line (drawn) rārangi
line (row) kapa
line (string) aho; raina
line (to suspend things on) tārawa
liner (ship) kaipuke
linger karioi; āta haere
lintel pare
lion raiona
lipstick pani ngutu
liquid wai
liquor (strong) wai whakahaurangi
list (of words) rārangi
listen whakarongo
listless tārure; ngoikore
literal ā-kupu
litre rita
little iti; nohinohi; paku; pinepine
Little Barrier Island Hauturu
liturgy tikanga karakia
live (alive) ora
live (dwell) noho
live happily āta noho
livelihood mahi whakakiko
liver ate; whanewhane
lively hauora
lizard moko; mokotāpiri; kākāriki (green)
llama rāmā
load (n.) wahanga; pikaunga; kawenga
load (v.) uta(-ina)
loafer kaikora
loan moni āwhina
local ā rohe
local authority mana ā rohe
local people tangata whenua
lock (of door) raka
locust kihikihi; tatarakihi; pihareinga; pākaurere
lodging kāinga noho
log poro rākau; rākau
lolly rare
London Rānana
lonely mokemoke
long roa
long for hihiri(-tia); hiahia(-tia)
long past nehe; o nehe rā
long-time-no-see e tata koe i puta mai ai

longing	warawara; kōingo; ingo	**lounge**	rūma noho
longitude	rarangi tū	**louse**	kutu
loo (toilet)	heketua	**love**	aroha(-ina, -tia)
look	titiro (tirohia)	**love song**	waiata whaiaipo
look around	kekeno	**lover**	tahu; makau
look for	rapu(-a); kimi(-hia);	**love-struck**	wewehe
	rapa(-ia)	**low (shallow)**	pāpaku; i raro;
lookout	kaimataara		hakahaka
loop	koru	**low tide**	timu; tai mimiti
loose (not tight)	tangatanga	**low-born**	ware
loose (of a post)	tungāngā	**lower (v.)**	tuku ki raro
loose (of knots)	mawheto; korokoro	**lower reaches of**	
loosen	wetewete (wetekina)	**river**	waho
lord	ariki	**lowering clouds**	whakapōrearea
loss	hapanga	**lucky**	waimarie
loss (occasioned		**luggage**	kawenga; mauranga
by delay)	hapanga i te takaroa	**Luke**	Ruka
loss of status	whakaheke tupu; hēanga	**lullaby**	oriori
lost	ngaro	**lumps; lumpy**	pukupuku
Lot	Rota	**lunch**	tina
lot (many)	tini; maha	**lunge**	rere
(what a lot!	kāore i ārikarika!)	**lungs**	pukapuka;
loud	tangi nui; he nui		ate wharowharo;
loudspeaker	whakanui reo		pūkahukahu

M

machine	mihini	**Malaya**	Mareia
machine-gun	pū-mihini	**Malaysia**	Marēhia
mackerel	tawatawa	**male (animal)**	toa; tame
mad	pōrangi	**mallet**	kuru; tā
made	mahia; hanga	**man**	tāne; tangata
madness	pōrangitanga	**manage**	whakahaere
maggot	keto; kutukutu; iro	**mandate**	mana whakatinana
magistrate	mahitareta	**mane (of animal)**	makawe
magnet	haeana kumemau	**mangrove**	mānawa
magnificent	rawe; nui whakaharahara	**mantelpiece**	karupe
magnify	whakanui(-a)	**mantis**	ro
magnifying glass	puata whakanui	**manure**	wai rākau (liquid);
mail	mēra		maniua; tongi
mainland	tuawhenua	**many**	nui; maha; tini
maize	kānga	**many-sided**	tapamaha
major (army)	meiha	**Māori autonomy**	mana motuhake Māori
majoritanism		**Māori Land**	
(legal)	hei painga mo te nuinga	**Court**	Kōti Whenua Māori
majority	nuinga	**Māori Language**	Taura Whiri i te reo
make	(whai)hanga(-ia)	**Commission**	Māori; Te Kōmihana
Malachi	Maraki		mō te Reo Māori
maladminis-		**Māori**	
tration	raruraru nga kaute	**perspectives**	Tā te Māori titiro

Māori Women's	
Welfare	Rōpū wāhine Māori toko
League	i te ora me te pai
map	mapi
map out (plan)	mahere
marble	hitimi; māpere
March	Maehe
march (v.)	hīkoi; rangatū
mare	hōiho ūha; kātua
Mark	Maaka
mark	tohutohu
(to subscribe his	
mark	tuhi i tana tohu)
marriage	mārena; moe(-a);
	mārenatanga
marrow	
(vegetable)	kamokamo
marsh	repo
marvel	mīharo
marvellous	tino pai rawa; miharo
mascara	taekamo
mash	renga
mashed	penupenu
mask	pae kanohi; karu
	mowhiti
mast	māhi; rewa
master	rangatira; māhita
mat	whāriki; takapau
match (game)	kēmu
match (light)	māti; kaunati
match weapons	whakapā
material	kākahu
maternity home	whare kohanga
mathematics	ngā mahi whika
maths book	pukapuka whika
matrimonial	rawa a te tokorua kua
property	mārena
matrimony	mārena
matrix	timatanga
matter	mea
(it doesn't	
matter	hei ahakoa)
matter of	take mo runga mo te
	taha ki
Matthew	Matiu
mattock	pākururoa; mārau
mattress	matarehi; moenga
mature	pakari
May	Mei
Mayor	Meia; Mēa
Mayor Island	Tāhua; Tuhua
M.C.	kaiwhakahaere

me	ahau; au
meadow	pākihi
meal	kai
mean	kaiponu; matapiko; apo
meander	kōpiko
meaning	tikanga; ritenga
meantime	i taua wā; mea ake nei
measure(-ment)	mēhua; meha; ine(-a)
measures	
(oppressive)	tikanga takahi
meat	mīti
mechanic	tohunga mihini
mediation	
conference	hui takawaenga
mediator	takawaenga
Medical Officer	Āpiha o te ora;
of Health	Tākuta-ā-rohe
medicine	rongoā; wairākau
meet	tutaki(-na); whaioro;
	(roads) pūtahi
meeting	hui; tūtakitanga
Mekong	Makonga
melodious	rōreka
melon	merengi; mērena
melt	rewa
member	mema
memorandum	whakaaturanga
memorial	(kōhatu)
(stone etc)	whakamaharatanga
mend	tapi(-a); whakatika(-hia)
mental	mahi-ā-roro
mention	kī; kōrero; mea
menu	pānui kai
Mercury Island	Ahuahua
merry	koa
mesh	mata; papa; tākekenga
message	kupu; kōrero
messenger	karere
messy	uarapa
meteor	toka ātea; kōtiritiri
meter	mehua; orite
method	tikanga
Methodist	Wēteriana
metre	meta; mita
Mexico	Mehiko
Micah	Mika
Michael	Mikaere
microphone	taonga whakanui reo;
	hopu reo
microscope	tiro marama; whatu
	whakanui
middle	waenganui; waenga

midge	naonao
midnight	weherua pō; tūrotowaenga
migrate	heke(-a)
mildew	hekaheka
mile	maero
militia	ope taua; kura takahi puni
milk	miraka
milker	kaiwhakatētē kau
Milky Way	Ika o te Rangi; Mangōroa; Roiata
mill	mira
millilitre	miririta
millimetre	mirimeta
mind	hinengaro
(never mind!	Hei aha!)
(to make up one's mind	whakamau...whakaaro)
mine	nāku; nōku; āku; ōku
mine (coal, gold etc)	rua waro; rua koura
miner	kaikeri (waro etc)
minus	tango(-hia)
Minister	Minita
Minister of Finance	Minita Kaitiaki putea
Minister of Foreign Affairs	Minita mo nga Take Rāwaho
Minister of Māori Affairs	Minita mo nga Take Māori
ministry (caring for)	mahi atawhai
Ministry for the Environment	mo nga Take o te Ao Tūroa
Ministry of...	Tari...
Energy	mo nga Take Pūngao
Foreign Affairs	mo nga Take Rāwaho; mo nga Take ki Tāwāhi
Transport	Waka
Women's Affairs	mo nga Take Wāhine
Works and Development	mo nga Mahi Whānui
minor offence	hara iti
minority	torutoru
minute	meneti
miracle	merekara
mirror	whakaata; mira
mischief	hīanga
misfortune	aituā
misgiving	enga; āwangawanga
mishap	aitū; aituā
mislead	whakahē(-ngia)
mis-name	tapa hē
miss	taha; whakataha; pahemo
Miss (form of address)	e whae!
miss the point	hahani (haere)
missing	ngaro
missionary	mihingare; mihinare
Mississippi	Mihihipi
mist, misty	kohu; pūnehu; tukupū; pūrehu
mistaken	hē; pōauau
mix	pokepoke (with water); whakaranu(-a)
moan	aurere; aue; haku
mock	taunu; whakahāwea
model	tauira
moist	mākū(-kū)
molasses	marahihi
Monday	Mane; Ra Tahi
money	moni
mongrel	mangaru
monkey	maki; hako
monolithic	ūpoko mārō
monster	ngārara; taniwha (water)
month	marama
monument	tohu/kōhatu/ whakamaharatanga
moon	marama
moon (full)	tōhua
moon (half)	ōhua
moon (new)	hina marama
moon (waning)	ōrongonui
moonlight	atarau; ata marama; ata mahina
mooring	tauranga
mop	mapu
more	nui atu; ētahi atu
morepork	ruru
morning	ata; ata tū; ata pō
morose	mūmū; hauwarea
mortar (gun/cement)	mōta
mortar bowl	kumete tuki; ipu penu
mortgage	mōkete(-tia)
mortgagee	kaitango mōkete
mortgagor	kaituku mōkete
Moses	Moihi
mosquito	waeroa; ngaeroa; naenae

motel	mōtēra
moth	pūrerehua; pēpepe
mother	whaea; matua wahine; māmā
(Alma Mater	Ūkaipō)
mother-in-law	hungawai; hungarei
motion	mōtini
motivation	akiakitanga
motorbike	motopāika
motorboat	waka mihini; rōnihi
motor car	motokā; motukā
motorway	ara nui; huarahi aronui
mouldy	waitau; puruhekaheka
mount	eke(-e)
Mount Eden	Maunga Whau
mountain	maunga
mountain face	aromaunga
mountaineer	piki maunga
mourning	tangi-hanga; uhunga
mouse	kiore iti
moustache	hurungutu; pahau
mouth	māngai; waha
mouth (river)	ngutuawa; wahapū
mouthpiece	ngutu
mouthwatering	whakamākūkū
move (shift)	nuku(-hia); neke(-hia); korikori
move cautiously	konihi; tōnihi
move towards	ahu
mower	moua
much	nui
mud	paru
mudguard	paeparu
muggy weather	pūmāhu
mulberry tree	mōro
mullet	kanae
multiply	whakarau; whakarea
multi-culturalism	te hono i te katoa; take takimano
multiply	whakarau
murder	kōhuru

murmur	kōhumuhumu; ngunguru
muscle	uaua; maihara
muscular	mārōrō
museum	muheama; whare tohu o ngā mea tawhito; whare takotoranga taonga; whare pūpuri taonga
mushroom	harore
music	mūhika; pūoru
musical instrument	taputapu whakatangitangi
musician	kaiwhakatangi
musket (double-barrelled)	pū tūpara
musket (flintlock)	ngutu parera
mussel	kuku; kūtai; kākahi; ahitua; kōkota
mussel (freshwater)	karo
(horse-mussel	waharoa; hururoa)
must (as command)	me + verb; kia + verb
must (i.e. it's the rule)	kua takoto te tikanga
mustard	kai puhāhana; mātete
muster	whiu(-a); tāwhiu(-a)
mutilate	mutumutu
mutter	hamumu; hāwata
mutton	mātene; mīti hipi
mutton bird	tītī; oi
mutual	tangata ki te tangata
muzzle (animal)	mōkā; whakamōkā(-tia)
muzzle (gun)	ngongo
my	tāku; tōku; taku āku; ōku; wāku; wōku
mysterious	tupua; māminga
myth	pūrākau

N

Nahum	Nahumu
nail	nēra; whao
nail (of hand or foot)	kotikara (see **finger**)
nail (metal)	titi
nail varnish	tae matimati
nailbrush	taitai mati

nail-file	matiwani
naked	kiri kau; tahanga; pakiwara; pakiwhara
name (n.)	ingoa
name (v.)	hua(-ina); tapa(-ia, -a, -ina)
namely	arā

Napier	Ahuriri	**nevertheless**	otirā; ahakoa
nappy (baby's)	kope; kōre	**new**	hou
narrow	whāiti; kuiti; kawiti	**new moon**	hina marama; marama
nation	iwi		hou; kohiti
national (adj.)	ā-iwi	**New Year**	Tau Hou
national affairs	take whānui o te motu	**New Zealand**	
National Library	Whare Pukapuka o	**Council**	Kaunihera o Aotearoa
	Aotearoa; Puna	**New Zealand**	
	Mātauranga o	**Council for**	Kaunihera o Aotearoa
	Aotearoa	**Education and**	mo te Mātauranga me
National Party	Nahinara	**Training in the**	te Akoranga i nga
natives	tāngata māori	**Social Services**	Mahi Toko-i-te-ora
nausea	whakapai ruaki	**news**	ngā rongo kōrero; kupu
naughty!	ka kino!		rongo; (e ai ki ngā
navel	pito		kōrero = according to
navigate	whakatere		reports)
navigator	kaiarahi waka;	**newspaper**	niupepa; nupepa
	kaiwhakahaere waka	**next (coming)**	e heke iho nei; tētahi atu
navy	taua moana	**next day**	aoake
Nazareth	Nahareta	**next to**	kei te taha
near	tata; pātata; kei te taha	**nibble**	titongi; kōhonihoni;
(the near side	kō mai; tēnei taha)		timotimo
neat	tika; ka tau kē!	**nice**	reka; pai
necessary	e tika ana; he mea nui	**niece**	tamahine; irāmutu
neck	kakī; porokakī	**Niger**	Naika
neck of cloak	ua	**night**	pō
necklace	hei tiki	**night-dress**	kākahu moe
needle	ngira	**nightmare**	kuku; moepara;
needle (of			moehewa
compass)	makeke	**night-work**	tūāpō
needs	nga hapa; hiahia	**nil**	kāhore; hore kau
negative	hore; kore	**Nile**	Naera
negative (film)	mauāhua	**nine**	iwa
negotiate	whakawhiti; whakaaro;	**nineteen**	tekau mā iwa
	whiriwhiri	**ninety**	iwa tekau
negro	kirimangu; mangumangu	**ninth**	tuaiwa
Nehemiah	Nehemia	**nip**	kuku(-a)
Nelson (city)	Whakatū	**nipple**	kōmata
Nelson (person)	Nāhi	**nit**	riha
nephew	tama; tamaiti; irāmutu	**no**	kao! kāhore; kāore; kāre;
nerve	io		kore; ehē; tē
nervous	matangurunguru;	**no good**	koretake
	āmaimai	**(you're no good**	kāhore ōu take)
nest	kōhanga; ōwhanga	**noble**	rangatira
net (n.)	koko kahawai; kupenga	**nod**	tungou; tūohu
net (v.)	hao(-a)	**noise!**	turituri! hoihoi! tangi
net (drag)	kaharoa		haruru
nettle	ongaonga	**nominate**	whakaingoa(-tia)
neutral (not		**non-molestation**	
taking sides)	kūpapa	**order**	whakatau kaupare
never	kore rawa	**non-publication**	
never (don't)	kia kaua rawa	**direction**	whakahau hōtaetae

noon	poupoutanga o te rā
noose	tāwhiti; rore; māhanga
north	raro; raki; tai tokerau
North America	Amerika ki te tokerau
North Cape	Muriwhenua
North Island	Te-Ika-a-Māui; Aotearoa
North Pole	Pou Tokerau
northeast	karapu
Northland	Tai Tokerau; Tai whakararo; Muriwhenua
northwest	tapatiu
nose	ihu
nose cone	ihu/tihi rakete
nostril	putaihu
not	tē; (see no)
not at all	hore rawa
not only	hāunga
not yet	kāhore anō; kiano
notched pattern	arapata
notebook	puka-tuhi
notice (n.)	pānui; pānuitanga; whakaturanga
notice (v.)	kite(-a); aro
(bring to notice	whakamōhio)
(you are hereby notified	he whakaaturanga tēnei)
notornis	takahē
November	Noema; Nowema
novice	tauhou
now	āianei; ināianei; nāianei
now then!	tēnā
(from now on	a muri ake nei)
nozzle	ihu; waha
nuclear bomb	pōma nukiria
nudge	tute; tuketuke
nuisance	hōhā; taitāhae; haututū
numb	matarekereke; matangerengere; uhu
number	nama
number-plate	parēti nama
numbers	tokomaha; tātai
(Book of Numbers	Tauanga)
numerous	huhua
nurse (n.)	nāhi; nēhi; kūmanu
nurse (v.)	hiki(-tia) (a baby); tiaki(-na); tapuhi(-tia)
nurture	whakatipu(-ria); whakatupu(-ria)

O

oak tree	oke
oar	hoe
oath	oati; kupu taurangi
Obadiah	Oparia
obedient	ngāwari; whakarongo
obey	āta whakarongo; rongo
object (n.)	mea; taonga; rawa
object (v.)	whakahē(-ngia)
objective (aim)	tūmanako
objective (view)	āta whakaaro
obligations	tikanga hei āta whakaū
oblique	hōtiu; tāhapa
oblong	tapawhā peta nui
observe (carry out)	whakarite(-a)
observe (watch)	kite(-a)
obstacle	ārai; pā; taupare
obstinate	taringa rākau; hoi
obstruction	ārai(-a); pā(-ngia); taupa; haukoti
obtain(-ed)	riro i; whiwhi ki
occult	mea huna; wānanga
occupation	mahi
occupied	warea; whakararu
ocean	moana nui
ocean swell	hone moana
octagon	tapawaru
October	Oketopa
octopus	wheke
odour	haunga
oesophagus	pukai
off	tahaki
offence	hara; hē; mahi hē
offensive	weriweri
offer	hoatu
offering	tahua; whakahere (sacrificial); koha
office	tari
officer	āpiha
Officer for Māori Education	Apiha ako o te Tari mō te taha Māori
officer (traffic)	āpiha tiaki huarahi
offshoot	wene
often	tini ngā taima
ogre	taniwha
oil	hinu

oil-rig	papahinu	opportunity	wā tika; huarahi kua
oilstone	hōanga hinu		wātea mai
oilstone		oppress	pēhi; whakapēhi
(revolving)	hōanga huri	oppressive	
ointment	pani hinu	measures	tikanga takahi
old	tawhito	optician	kaimōwhiti
old (people)	kaumātua; pakeke;	or	rānei (after the word)
	koeke; koroheke;	oracle	matakite
	koroua; kuia	orange	ārani; pārakaraka
old (man)	kaumātua; koeke;	oration	whaikōrero
	koroheke	orator	pukōrero; manu kōrero
old (woman)	kuia; ruahine;	orbit	awhio
	hūngoingoi	orchard	uru rākau hua
older	kua nuku atu (ōna) tau	orchestra	pene nui; pene pūoruoru
omen	aituā; tohu mate; koara	orchid	paratawhiti
	(bad)	order (n.)	ōta; whakahau
omit	kape(-a)	order (v.)	tono(-a); whakahau(-a);
omnipotent	kaha rawa		ngare(-a)
on	i runga; kei runga	(in order	
(lights are on	e kā ana ngā rāiti)	(correct)	tika)
on demand	inā whakahaua	(in order that	kia)
one	tahi; tētahi	order of	
onion	aniana; riki	(possession of)	whakatau ā riro mai
only	anahe; nake; anake;	organ	ōkana
	ka mutu anō ki; noa	organise	whakahaere
	iho (e.g. only two = e	origin	pūtake
	rua noa iho)	original	toi; kaupapa
only child	huatahi	ornamental	whakapaipai
only just	tonu	orphan	tamaiti pani; whāngai
ooze	pipī; pāti; pātītī	oscillate	piupiu
open (adj.)	puare; tūwhera; māwhera	other	tērā; ērā
open (v.)	huaki(-na); puaki(-na);	other side	tāwāhi (of sea, valley
	uaki(-na);		etc); tua (of solid
	whakatūwhera(-tia);		object); tera wāhi
	whakapuare(-tia)	otherwise	pēnei kē; rerekē; ki te
open out	tūhāngai		kore
open to question	kūraruraru	out(-side)	ki waho
opener	huaki	out (lights)	piro; pirau; poko
opening (place)	putanga; tomokanga;	'out cold'	horekau he
	wāhi whakaputa		karawhetawheta
opening	whakapuaretanga;	out of breath	hēmanawa
ceremony	whakahuakitanga	out of joint	kounu
operate	whakahaere	out of	
operator	kaimahi	perpendicular	tīraha; konana
(come into		out of sight	ngaro
operation	wana mai (te ture))	outdoor	o waho
opinion	whakaaro	outlaw	pihareinga (literally,
opossum	paihamu		grasshopper)
oppose	whawhai atu; ārai	outside lane	ara waho
opposite	hāngai; anganui; anga	oval	porohita titaha
Opposition (in		oven	umu; hāngi; api
Parliament)	Apitihana	over	ki runga; ma runga

overbalanced	tikoki	overtake	paneke
overcast	taupuru; kōpiupiu; tukupū	overtaken	mau
		overthrown	tahuri
overcome	mate; weto; tae(-a)	overturn	tahuri
over-eager	arita(-rita)	overwhelm	apuru(-a)
overeating	mōrikarika	owl	ruru; koukou
overflow	pūhake; pūrena	own	ake (e.g. tōku ake whare = my own house)
overgrown	ururua; wheu		
overhang	tauwhare; matahao	(on your own	tau kotahi)
overlap	inaki(-tia)	owner (of land)	tangata nōna (te whenua)
overrun (spread widely)	pōpoki (pōkia)	ox	ōkiha
overseas	tāwāhi	oyster	tio; para (mud); karauria (rock)
overshadow	marumaru		

P

pace (speed)	tūāoma	pant	whakaeaea; hotuhotu; mapu
pacify	hohou rongo; kia noho pai; whakarata		
		panties	maromaro
pack (load)	pīkau; kawenga	pants (trousers)	tarau
pack up	takai(-a)	paper	pepa; pukapuka; niupepa
packet	pākete	paper bag	pākete
pact	whakaritenga; maunga rongo	paper-clips	puri pepa
		parachute	heketau
pad (cricket)	paetaka; ngungu	paradise duck	pūtangitangi
paddle	hoe(-a); urungi (steering)	parallel lines	whakarara
paddock	taiepa; whira; pātiki	parallelogram	tapawhā peta nui
page	whārangi	parcel	kōpaki
paid (for)	ea; rite; (wages) utu(-a)	parched	maroke rawa; pakupaku; oreore (of stream)
pain	mamae; kikini; kakati		
painful	tāruru; mamae	parent	matua
paint	peita; pani(-a); tā	park (n.)	pāka; pārae
paint brush	peita paraihe	parking area	wāhi tū o ngā waka
pair	pea; pūrua; tokorua (people)	parking meter	mehua turanga waka
		Parliament	Pāremata
palamino horse	kirīmi; paramino	parrot	kākā; kea; pōrete
palatable	reka	parry (a blow)	karo(-hia)
palate (taste)	korokoro; piki-arero	parson bird	tūī
pale	mā; tuatea	part (minor)	wāhi ririki
palette	papa pēita	part (share)	wāhi
palisade	parepare; maioro; tīwatawata	(take part in	uru(-a))
		partition	wāwahi
palm (hand)	kapu; paro	partner	hoa
palm (tree)	nikau; kaihuia	partners	
pan	parāi; ipu tahu; kōhua	(business)	hunga mahi ngātahi
		partnership	mahi tahi; mahi ngātahi
pane (of window)	karaehe wini; pihanga	party (group)	ope; pahī; tira; rōpū
panel decoration	arapaki	paspalum grass	taranui; tuhui
panic stricken	pāwera	pass away	memeha
pannikin	panikena	pass behind	nunumi

pass by	pahure; taha; pahemo; hipa; whakarere	pencil	penerākau
pass exam	pāhi; riro i a (ia); puta i te whakamātautau	pendant	hei tiki; hei taringa; koko; tautau
		penetrate	uru; wero(-hia); titi(-a)
pass through	puta(-ina)	penguin (blue)	kororā
passage	putanga; ara	penguin (crested)	pokotiwha
passenger	pāhihi	penis	ure; tara; tehe
passion-fruit		penknife	māripi pene
vine	kōhia	penny	kapa
passionate	tūkaha	pension	penihana
passport	pukapuka tuku	pensioner	whai penihana
patchy	kōpurepure	people	tāngata; iwi; hunga
patient (calm)	ngāwari	pepper pot	ipu pepa
patient (sick)	tūroro	percent	paihēneti
patio	tūāpapa	perch (n.)	pae
pattern	tauira	perch (v.)	tau
pavement	paeara	perfect	pai rawa atu
paw	waewae	perform	mahi
pawpaw	pōpō	perform (legal)	whakatutuki kia eke
pay punctually	utu wawe	performance	mahi whakakite
payment	utu		(konohēte)
payment for		performed	rite
which...	utunga kia tika ai te...	perfume	rautangi; kakara
(to make peace	hohou i te rongo; rongo; tau te mauri)	perhaps	pea
		perimeter	āwhiotanga
(that peace may		period	wā
reign	kai mau tonu te rongo)	(woman's)	tahe
peaceful person	āio; whakaaio	periodic	
peaceful sea	marino	detention	whakarau
peacemaker	whakaaio whenua	periscope	poutiro
peach	pititi	periwinkle	karahu; ngaeti; tītiko
peanut	pīnati	permanent	tūturu; pūmau
peacock	pikao	permit (v.)	tuku(-a)
pear	pea	perpendicular	poupoutonu
pebble	kirikiri; kōhatu	perpendicular	
peck	tongi; timotimo	line	rārangi tū
pedal	tākahikahi; petara	perplexed	rararu
pedestrian		persevere	tohe(-a)
crossing	wāhi whakawhiti	persevering	ngana; urupū
peel (n.)	kiri	Persian	Pāhia
peel (v.)	waru(-hia); tīhore	persist(-ent)	tohe; tū
peeled	mahihore	person	tangata
peep	tirotiro	personality	whaiaro
peer through	piātaata	perspective	titiro (e.g. Māori
peevish	manehenehe		perspectives = ki tā te
peg (n.)	titi; poupou; timau		Māori titiro)
peg (v.)	titi(-tia)	perspiration	werawera
pelvis	papatoiake	perturbed	āwangawanga
pen (for animals)	rāihe	perverse	aweke
pen (writing)	pene	pestle	kaipenu; tuke
penalty	whiu	pet	mōkai
penalty spot	tūnga whiu	petal	puapua

Peter	Pita; Petera
petrel (black)	taiko
petrel (prion)	tītī wainui
petrified	whakakōhatu
petrol	penihini
petrol cap	penihini pōtae
petrol station	pā penehini
phase	wā
Philemon	Pirimona
Philip	Piripi
Philippians	Piripai
phlegm	mare; kea
phonebox	pouaka whounu
phosphor-	
escence	porotītīwai; hinātore
photocopier	mihini tauira whakaahua
photograph (n.)	whakaahua
photograph (v.)	tango whakaahua
photographer	kaitango whakaahua
physical exercise	kori tinana
physique	tipu (o te tangata)
piano	piana
pick (flowers)	kato(-hia); kohi(-a)
pick (select)	whiriwhiri(-a)
pick a quarrel	whakatete; kohete(-tia)
pick up bits	tīpakopako
pickaxe	keriwhenua
picnic	pikiniki
picture	whakaahua
picture (cinema)	pikitia
piebald horse	paiporo; tāika
piece	wāhi; maramara
pier	aratai
pierce	wero(-hia); poka(-ia); huki(-a)
pig	poaka
pigeon	kūkūpā; kererū; kūkū
pilchard	mohimohi
pile (heap)	tahua; pūkai
piles	
(haemorrhoids)	tero puta
pillow	pera; urunga; kōpaki
pilot (ship)	kaiurungi; paerata; kaiwhakarere
pimple	huahua; kiritona
pin	pine(-a)
pincers	pīnohi
pinch	kikini(-tia); nonoti(-nōtia)
pine	paina; matai; rimu etc.
pink	whēwhero; hana
pip	kākano; pua; karihi; hira
pipe	pāipa; (musical) pū

pipette	ngongopuata
piss	mimi(-tia)
pistol	pītara; pū hurihuri
pit	rua; poka; mārua
pitch (field)	papatākaro
pitted	putaputa
pity	aroha
place (n.)	wāhi; (of arrival) ūnga
place (put)	waiho(-tia); whakatakoto(-ria); maka(-ia)
placenta	ewe
placid	tū; mārire
plain (n.)	mānia; raorao
plain (clear)	mārama
plain (ordinary)	noa iho
plait	whiri(-a); raranga
plan (n.)	tikanga; kaupapa
plan (v.)	whakatakoto tikanga
plane (tool)	waru
planet	ao ātea
plank	papa (rākau)
plant (n.)	huata (shoot); otaota
plant (v.)	ono(-kia); whakatō(-ngia, -kia); tou(-a)
plate	perēti
plateau	mānia
platform	pūhara; atamira; papa tū; poutaka
play	tākaro; kori
play instrument	whakatangi(-hia)
playing-field	papa tākaro
pleasant	āhuareka; reka; hūmārie
please (v.)	whakawaireka(-tia)
pleased	pai; manawareka
pleat	numi(-a)
plentiful; plenty	tini; maha; huhua; nui; hira
pliers	kūmau
plot (cultivated)	ngakinga
plough	parau
plover	turituriwhatu
plover (sand)	kohutapu
pluck	whawhaki
pluck (bird)	hūhuti i ngā huruhuru
plug	puru; kāremu
plum	paramu
plumb line	tāwēwē
plumber	parama
plump	kunekune; mōmona
plump birds	whaturua
plunder	muru(-a)

plunge	pou(-a)	postal note	tuku utu
plus	nuku atu; me; tāpiri	poster	pānui
pocket	pākete	postie	kaiamo mēra
pod	pākano	postmark	tātuku reta
point (n.)	matamata; tara; tongi; koinga	postmaster	pōumāhita
		postpone	whakatāwera
point (v.)	tohu(-ngia); tuhi(-a); whakakoi	pot	kōhua
		pot-bellied	pukutihe; pukuwheti
point (of land)	rae; tūmū whenua	potato	rīwai; parareka; taewa; ponaho; rua
point out	tohutohu; whakaatu		
(on point of)	whano; tata(-ngia))	(new potatoes	purepure)
pointer	tokotoko; tohu; ngira	potty	paepae pēpi
points (railway)	wā whakahuri	pouch	pūkoro
poison	paitini; paihana	pound (beat)	tuku; pao(-a); kuru(-a)
pole	toko; pou	pound (money/	
pole (spreader)	titoko	weight)	pauna
policeman	pirihimana	poultry farm	paamu whakatipu heihei
police station	teihana pirihimana	pour out	riringi (ringihia); maringi
polish	whakapiata(-tia)	pout	weru; tūpere;
politician	kaitorangapū		whakatūpere nga
politics	torangapū		ngutu
pollen	hae; kōnehu	poverty-stricken	rawakore; tuakoka
Polynesian	Porinihia	powder (for	
pond	punawai	blasting)	paura; paura wawāhi
pool	hōpua wai; kōpua; (swimming) terenga	power	mana; kaha; ihi
		power	
poor	rawakore; pōhara; tuakoka	(electricity)	hiko
		power point	kohao hiko
poor land	whenua pākeka	powerhouse	whare mahi hiko
popular	kaingākau	powerless	ngoikore; kahakore
population	tokomaha	practice (custom)	ritenga
population		(weapon practice	whakawaiwai;
explosion	te piki o ngā iwi o te ao		parawhakawai;
pore	kōputaputa		whakaharatau)
pork	mīti poaka	praise	whakapai; moemiti
porridge	pāreti	pram	waka pēpi
portage	tōanga waka	pray	inoi(-a)
porter	kaiamo; kaihari	prayer	inoinga; karakia
Portuguese		preach	kauwhau; kauhau(-tia)
man-of-war	ihumoana	precedence	ki runga ake (ko to wai
position	tūranga; takotoranga		mana ki runga ake i to
positive			wai)
statement	kōrero tūturu	precise	pū
possess	whiwhi; whai...	prefect	piriwheke; kaihono
(get possession of	ka riro mai; kei a...)	pregnant	hapū
(in possession	kua mau)	Premier	Pirimia
possessions	taonga; rawa; taputapu	premium	(moni)kaupapa; moni whāngai
possible	tae(-a); āhei		
possum	paihamu	prepare	takatū; whakatika(-hia);
post (pole)	pou; turu		whakataka; whakatūtū
post (position)	tūnga	prepare food	taka kai
Post Office	Poutāpeta	preposition	kupu wāhi

Presbyterian	Perehipiteriana
pre-school	mātauranga
education	kōhungahunga
present	kei konei; kei reira
present (gift)	koha; whakaaro; mea hōmai; taonga hei tukunga
present (offer)	tāpae
presentation	tukunga
pre-sentence report	whakaahuatanga o te tangata hara
presents (under formal notice)	whakaaturanga
preserve	tohu(-ngia)
preserve (bottle)	pounamu(-tia)
president	perehitini; tumuaki
press (n.)	perēhi
press (v.)	pēhanga; pēhi(-a); tāmi(-a); inaki(-tia)
press noses	hongi
pretend	māminga
pretty	ātaahua
prevent	ārai(-tia, -a); aukati
price	utu
prick	wero(-hia)
prickly	taratara; koikoi; tiotio
pride	whakahīhī
priest	pirihi; tohunga; amokapua; piriti
prima-facie case	take whakarato
primary school	kura tuatahi
prime minister	pirimia
prime quality	kaitā
prince	piriniha
princess	pirinitete
principal (head)	tumuaki
principal sum	moni mātua
principal with the interest thereon	moni mātua me ōna hua
principality	rangatiratanga
principle	kaupapa; tikanga
print	tā(-ia); perehi
printer	kaitā
prism	tapatoru pīataata
prison	whare herehere
prisoner	mauhere
privately	puku
privilege	te rawa; te pai
privileges (legal)	ture kua whakaaetia
prize	paraihe; kaingākau
prize giving	tukunga i nga parāihe
pro-active provisions	nga kupu taurangi
probation	whakamātau; poropeihana
probation officer	pouawhi
proceed to	tahuri ki te
proceeds	moni hua
procession	kapa; porohēhio
prodigal	maumau
profession	umanga; mahi
progress	anga whakamua
projectionist	kaiwhiti pikitia
projector	pūwhiti āhua
promise	oati(-tia); kī taurangi
promote	whakapiki(-a); tautoko
promontory	kūrae; rae
pronounce	whakahua(-tia)
proof	tohu; whakaponotanga
prop	tautoko(-na); tokotoko
propellor	hurirere; pōwaiwai
proper	tika
property	taonga; taputapu; rawa
prophet	poropiti; porohēte
proprietors (we, they)	no mātou, no rātou
prosecutor	kaiwhiu
protection	maru
protocol	kawa
protrude (tongue)	whātero
proud (vain)	whakahihi
proud of	ngākaunui ki
prove	whakamātautau
proverb	whakatauki; whakatauāki
provide	homai; hoatu
provided always	engari rawa ia
province	porowini
provincial district	takiwa porowini
provisions	kai; ō mo te huarahi
provisions (legal)	tikanga here
(fundamental provisions	tikanga ake)
provoke	whakataritari
prowess	kaha
prudent	whai whakaaro
psalm	waiata; hāmi
psychiatrist	tohunga hinengaro
public house	paparakauta; hotēra
public service	mahi ā te Kāwanatanga
public works	mahi mo te katoa
publish	pānui(-tia)

pudding	purini	purchase	hoko(-na) mai
puff	puhapuha	pure	mā
puff of wind	purekereke	purify	mea(-tia) kia mā
puff-ball	tutae atua	purple	pāpura; pōkere
pull	kukume (kumea); tō(-ia)	purport	tino take
pull (trigger)	keu(-a)	purse	pāhi; pēke; pūkoro
pull faces	pūkana; tārera	pus	ero; pirau
pull off	unu	push	pana(-ia, -a); pei
pull up	huhuti (hūtia)	push over	whakahinga
pulp	puru	put	waiho(-tia); maka(-ia); uta
pulse	patupatu toto	put into	puru
pumice	(koro)pungapunga	put into small	
pump	mapu; papu; pana hau	space	whakawhāiti
pumpkin	paukena	put on	kākākahu(-ria); kuhu
punch	meke(-a); pangu(-a);	put out	
	kuru(-a); moto(-kia)	(extinguish)	tinei(-a)
punch (holes)	whakapuare	put out (leaves)	toro
punish	whiu(-a)	put out (tongue)	whātero
punished	ngawhi	putrid	piro; pirau
punctuality	wawe	puzzled	kūraruraru
punt (boat)	kōporo	pyjamas	kākahu moe
pupil	akonga; tauira	pylon	pou hiko
pupil of eye	whatu	pyramid	piramiti; whanga
puppy	kuao kurī; punua kurī		tapatoru

Q

quack	kēkē	question	
quail	koreke; koitareka; tāreke;	(frequently)	pākiki(-tia); uiui(-a)
	kōriki	quick	(ho)horo; tere; kakama;
qualities	tikanga rangatira		kamakama
	(i.e. virtues)	quicksands	oi; repo
quantity	nui; nuinga	quiet; quietly	āta noho; waimārie;
quarrel	kowhete; pakanga; riri(-a);		mārie; haupepe
	toheriri; whawhai(-tia);	quieted	mauru; rata
	whakatenetene	quilt	kuira
quarrelsome	tumatuma; totohe	quince	kuinihi
quarter	koata	quite	mārika; rawa; āhua +
quay	tauranga poti		adjective
Queen	Kuīni	quiver (shake)	kakapa; wiriwiri; oreore;
quench	tinei(-a)		korikori
question	pātai(-a); patapātai(-a)	quotation `	kōrero

R

rabbi	rapi	(horse race	purei hōiho; reihi
rabbit	rāpeti		ōiho)
race (contest)	tauwhāinga;	race relations	noho-ā-iwi
	whakataetae; omanga	Race Relations	
race (people)	iwi; momo (type)	Conciliator	Kaitakawaenga

Race Relations Office	Tari mo te Whakawhanaunga-tanga-ā-iwi	**razor blade**	mata heu
		reach (arrive)	tae atu ki; tūpono; tūtuki
		reach land	ū
racecourse	papa purei hōiho	**reach out (hand)**	tōtoro (toroa)
Rachel	Rahera	**reaching up**	aua ake ana
racial	ā-iwi	**read**	kōrero pukapuka; rīti
racial harmony	noho tahi-ā-iwi	**read aloud**	pānui
racism	noho wehewehe	**ready**	rite; reri; takatū
rack (clothes)	irirākau; iri kākahu	**(to get ready**	whakareri; whakatika)
rack (container)	waka	**rear (back)**	muri
rack (luggage)	papa runga	**rear (buck)**	tanapu
radiant	kanapa; kanapu; aho; mārama	**reason**	take; tikanga; kaupapa
		rebound	tāwhanawhana
radiation	tikowhiti	**rebuke**	kōhete(-tia);
radiator	retieta		whakatūpehupehu
radio	waerehe	**receipt**	rihīti; kāwhiwhi;
radius	pu moka		pukapuka whakatū
raffle	rāwhera(-tia)	**receipt of which**	rīhīti e whakaaetia nei e
raft	mōki; mōkihi; kahupapa	**sum we...**	mātou te rironga...
rafter	heke	**receive**	tango(-hia)
rag	ruha; karukaru	**receiver**	mea hopu reo
ragged	taretare; karukaru	**recent**	hou
rail	rēra; pouheni; rōau	**recently**	inatatanei; inakuarā;
railway	rērewē		inakua ake nei
rain	ua(-ina); marangai	**reception**	hui pōwhiri
rainbow	āniwaniwa; ūenuku; atua piko	**recite**	whakahua(-tia); takitaki; tataku; takutaku
raincoat	māketoiho; tāporena; pākē; koti ua; ngūpara	**reckless**	wairangi; pōrangi
		recognise	mōhio(-tia)
raindrop	patapata; ua mairangi	**recoil**	whana
rainhat	pōtae ua	**recommend**	tohutohu; whakahau
raise	hapai(-tia); ranga(-a); whakatū(-ria)	**recommendation**	tohutohu; tono mai; mōtini
raise (the flag)	tare te haki	**reconnoitre**	toro
rake	rakiraki; rakuraku	**recorder; record**	rekoata; mihini hopu reo
rake (for fire)	kapekape	**record player**	whonokarāwhe; pāpūoru
rambling	haere noa iho	**recreation**	mahi ngahau; rēhia
rambling speech	kāwekaweka	**recruit**	taritari ope
random	noa; poka noa	**rectum**	tongatiko
range (of mountains)	pae maunga	**red**	whero
		red admiral	pūrehurehu; pūrerehua; kahukura
rape	pawhera; pahera		
rash	kōpukupuku; tongatonga uri; uiranui	**Redskins**	Kiriwhero
		reed	kākaho; kuta
rat	kiore	**reel (thread)**	pōkai
rates	reiti	**reel about**	anewa(newa)
rather	engari	**reeling**	rorirori
rather (fairly)	āhua	**referee**	rewheri
rattle	tatangi	**referee (legal)**	kaiwawao
raw	mata; torouka; ota	**refinery**	wheketere whakapai, tangoparu
ray	hihi; ihiihi		
razor	heu	**reflection**	whakaata; ata

reflector	whakaata raiti	repulsive	wetiweti; wehiwehi
refresh (oneself)	whakangā	request	inoi(-a)
refrigerator	whiriti	resemble	rite ki; āhuahua
refuge	piringa	resent	tūkino
refuse (deny)	whakakāhore(-tia)	reserve;	
regiment	rangapū	reservation	rāhui(-tia)
region	wā; takiwā; whaitua	reserved	
register	rēhita	decision	whakatau kua
registrar	kairēhita		whakatārewatia
regret	aroha; kōnohi; āwhitu	reservoir	kurawai nui
rehabilitation	whakanohonoho	residence	kāinga; whare
Rehabilitation	Tari whakanoho o ngā	resident at	ko tana kāinga ko; e
Office	hōia		noho ana ki
reins	reina; taura; paraire	residue	toenga
reject	whakarere(-a);	resign	tuku i te tūranga (see
	whakaparahako		retire)
relation	whanaunga	resist	whawhai atu; riri(-a)
relation (distant)	epeepe	resolution	whakataunga
relationship	tūranga whānau; te rite;	respect (treat	
	whanaungatanga	with)	he tapu ki; manaaki(-tia)
relative	whanaunga; uri tatata	respond	whakautu
release	tuku kia haere	respondent	tangata hē
relics	taonga; taonga tuku iho;	reponse	urupare
	taonga tapu	rest	okioki; whakangā;
relieve	rīwhi		whakatā
religion	hāhi; whakapono	restaurant	whare kai
relish (n.)	kīnaki	resting place	okiokinga
rely on	whakawhirinaki(-ti)	restless	okeoke; tourepa; tūrama
remain (left		result	tukunga iho; hua
over)	toe	resurrection	aranga
remain (stay)	noho	retch	rūaki(-na)
remainder	toenga	retinue	apataki
remark (n.)	kupu	retire	wātea te tūranga
remark (v.)	kōrero	retroactive law	ture i whakamanahia i
remember	mahara(-tia)ki		mua
remind	whakamahara(-tia)	return (intr.)	hoki; auhoki
remit	rīmiti; take; tono	return (trans.)	whakahoki(-a)
remnant (people)	mōrehu	reveal	whakakite(-a)
remnant (things)	toenga	Revelations	Whakakitenga
remove	nukunuku	revenge	utu; rapu utu; ngaki
reparation	whakaea		mate
repeat	kōrero anō	revenged	ea (te mate)
repent	rīpeneta	revere; reverent	hopohopo
repercussion	rarā	revile	taunu; whakatoi
replace	whakahoki(-a)	revive	whakahauora
reply	whakahoki(-a);	revived	paiake
	whakautu(-a)	revolve	takahuri
report	rīpoata	revolver	pū huri
reporter	kaituhi kōrero	reward	utu
representations		rheumatism	rūmātiki
(make)	whakaatu(-ria)	rhinoceros	rinorino
reptile	ngārara; ngāngara	rib	kaokao; rara; tāiki

rice	raihi
rich	whai taonga
riddle	panga
ride (horse)	eke hōiho
ridge	hiwi; pae maunga
ridgepole	tāhuhu
rifle	raiwhara
rifleman	tītīpounamu
right	tika; tōtika
right (individual)	mana tangata
right to land	take ki te whenua
(serves you right!	kaitoa!)
right-angled	whakahāngai; takotako
right hand	taha matau; taha katau
rights	nga tika; nga tikanga ake
rim	ngutu; tapa
rind (peel)	hiako; peha; kiri
ring	rīngi; mōwhiti
ring (bell)	tangi; whakatangi(-hia)
ring (boxing)	papa meke
riot	whakatupu raruraru
rip	pāwhara(-tia); tīhae(-a); tīhore; hae; haehae
ripe	maoa
ripple	kare
rise (dough)	eke
rise up	ara; maranga; matike; whakatika
rising ground	tuahiwi
river	awa
riverbed	whaiawa
road	huarahi; ara; rōri
(crossroads	pūtahi)
roam	haereere; taka haere
roar	rarā; haruru
roast	tunu(-a); (on a spit) hukihuki
rob	tāhae(-tia); whanako(-tia)
robin	pītoitoi; toutouwai
rock (n.)	kamaka; toka; kōhatu; kōwhatu
rock (v.)	whakapiopio
rock cod	rāwaru; taumaka
rocket	rākete; tākirirangi
Rockies	Taupae Toka
rod	kātira; matire
roe (fish)	hākari; hua rākau/paru
rogue	tāhae; tōiwi
roll	hurihuri; porotiti; takahuri
roll up	pōkai; takai
rolling pin	taitaka
Rome	Roma
roof	tuanui; tuani
room (n.)	ruma (see space)
root	pakiaka; piakaaka; paiaka
root (dig)	ketu(-a); (up) huti(-a)
root (fern)	rauaruhe; rarauhe
rooting place	ketunga poaka; tukinga poaka
rope	taura; kaha; ropi
rose (plant)	rōha; roiho
rostrum	papa tūnga
rotor	pōwaiwai
rotten	pirau; pūkorukoru (wood)
rough	taratara; tāpā; raupā
rough (sea)	ngaru; karekare
rough (skin)	tiotio; ueke
round	porotaka; porowhita
round (about)	āwhio; taiāwhio
round (the point)	hahani haere; kōpiopio
roundabout (traffic)	ara kōpae
rouse	whakaoho; whakaara
row (line)	tira
row (rank)	kapa; rārangi
royal	roera; a te Karauna
Royal Commission on Social Policy	Kōmihana a te Karauna mo nga āhuatanga-ā-Iwi
rub	ukui(-a); miri(-a); muku(-a)
rubber	inarapa
rubbery	ngorengore
rubbish (n.)	otaota; parapara; rāpihi
rubbish (v.)	whakarāpihi(-tia)
rucksack	tueke
rudder	urungi; urunga
ruddy	whāura
rude (to be)	whakatoi(-a)
rug	whāriki; paraikete; pōrera
ruined	pakaru; maroro
rule	tikanga tohutohu
ruler (measure)	rūri; rākau ine
Rules of Court	Ture o te Kōti
rum	rama
rumble	haruru; ngunguru
rumour	wara; wawara (cf. gossip)
run	oma(-kia); tūoma
rung	kaupae
runner	kaioma

runway	aratau
rupture (hernia)	whaturama
rush	huaki(-na); (wind) keri
rush together	tukutahi
rushes	wīwī; kūwāwā

Russia	Rūhia
rust	waikura
rustle (cattle)	tāhae kararehe
rustle (sound)	ngaehe; (water) wara
Ruth	Rutu

S

sabbath	hapati
sack	pēke
sacrament	hākarameta
sacred	tapu
sacrifice	patunga tapu; whakahere
sad	pōuri; hinapōuri
saddle	tera; hea
saddle (of hill)	tarahanga
saddleback (bird)	tīeke
saddlebag	terapeke
saddlecloth	whakapuru tera
safe	ora
safe (for money)	paemoni
safeguard	maru
safety	oranga; ora
sagging	pitawitawi; pingaawi
sago	hēko
Sahara	koraha o Rāhara
sail (n.)	rā; hēra; komaru
sail (v.)	rere; tere
sailor	heramana
saint	tangata tapu; hāto
sale	hokohoko
salesman	kaihoko
saliva	hūware; tūwhare
salmon	hāmana
salt	tote
salt cellar	ipu tote
saltpetre	totepita
salvation	whakaoranga
same	rite; ōrite
Samoa	Hāmoa
sanctify	whakatapu(-a)
sand	onepū; (hills) tahua
sandal	hānara; pārekereke; kopa
sandbank	tahuna
sandfly	namu
sandhill	taipū; tāhuahua
sandpaper	pepa hōanga
sand-pit	raukirikiri
sandshoes	hū oma
sanitary inspector	kaitirotiro o te ora

sap	pia; taitea
sapling	māhuri; kohuri
sapwood	taitea
sash	rāpaki
satchel	kopa
satellite	waka tāwhio; ao tawhio
satisfied	kua rite te hiahia; nā; ngata; mākona; whiu; ora
satisfy	whakanā
Saturday	Hātarei; Rā Horoi
saucepan	hōpane; hōpani
saucer	hoeha; hōhi
save	whakaora(-ngia); tohu; rauora
saviour	kaiwhakaora
saw (tool)	kani; kani mīhini
sawdust	kota; para rākau
say	kōrero; kī(-a); mea(-tia); whakapuaki(-na)
saying	whakataukī; pepeha
scab	paku; raupapa
scaffolding	rangitupu; tīrewa
scale (fish) (n. & v.)	inahi(-a); unahi(-a)
scales (weighing)	pāuna(-tia); ōrite; pauna papa
scallop	tipa; tupa
scalp	kiri angaanga; (of enemy) kawiu
scar	nawe; wenewene
scarce	ongeonge; torutoru; paparoa
scare (n.)	riwha; nawe
scare (v.)	whakawehi; whakamataku
scare off	whakapuhari
scarecrow	mātakutaku
scarf	kāmeta
scarifier	karawhaea
scatter	rui(-a); hora(-hia); matara; taratara; tohatoha; whakakorakora

scattered	marara; hora; porotiti
scent	kakara; tīare; tīere; rautangi
schedule	kupu apiti
schedule hereunder	rarangi i raro nei
schedule of signatures	rarangi o nga hainatanga
schism	wehewehenga
scholar	akonga; tauira; pia
scholarship	karahipi
school	kura; whare kura
schoolbag	kopa-kura
science	pūtaiao
scissors	kutikuti
scold	kōwhete/kōhete(-tia)
scones	paraoa parai
scoop	koko(-a); kowha
scorch	hunuhunu
scorched	tāwera
score	tae(-a); tarai (try)
scoria	rangitoto
scorn	whakahāwea
scorpion	ngārara timo
Scotsman	Kōtimana
Scotland	Kōterani; Kōterana
scoundrel	taurekareka
scourer	aka
scouring powder	rehu aka
scout	tūtei; tūtai; torotoro
scrape	waru(-hia); hāro; raku(-hia)
scraps	toenga; maramara; paka
scratch	rapirapi; rakuraku(-hia); raraki
scratches	rapirapitanga
scream	auē; kowē; ngawī; tiwē; tīoro; hāparangi
scream (shrill)	whakakoekoe
screech	tioro; ngoengoe
screen	rī; ārai; tauārai; pekerangi; kahupapa; (film) papa whiti
screw	wiri; kōwiri
screwdriver	huriwiri
scribe	kaituhi; kiripi; karaipi
scrub (v.)	horoi(-a)
scrub (bush)	rarauhe; tūmatakuru
scrubbing brush	paraihe aka
scrub-covered	tipua e te rarauhe
scrum	kakari
scurf	inaho
scythe	haira
sea	moana; tai
sea breeze	muritai; hau moana
seagull	karoro; katete; katate; tarapunga; tara
seahorse	manaia
seal	moko-whakapiri
seal (animal)	kekeno
seal (stamp)	hīri(-a); kati(-a); moko-whakapiri
sealing-wax	hinu-whakapiri
seam	tuinga; maurua
search	rapu(-a); kimi(-hia); rapa(-ia); hāhā; rangahau(-a)
seashore	tahatai; tātahi; ākau; takutai
seasick	rūaki moana
season	wā; tau; peka o te tau
seat	nohoanga; tūru
seat (official place for host speakers on marae)	paepae
seat-belt	tātua turu
sea-wall	paetai
seaweed	rimurimu
seaweed (dried as food)	parengo
second	tuarua; hēkena(-tia)
secondary school	kura tuarua
secondhand	oruoru
secretary	hēkeretari
secret	puku; mea ngaro
secretly	hū; puku
section (land)	hua; tēkihana
sector	wāhanga
secured	tawhiwhi
security	taituarā
security (collateral)	mōkete taituarā apiti
security (to give for the due administration thereof)	taituarā mo te whakahaere a muri ake nei
sedan (car)	waka whānau
sediment	para
see	kite(-a)
see for oneself	kite kōiwi
see off	tuku(-a)
(as far as can be seen	ki te whakaaro noa rā)

seed	pua; purapura; kākano; pata
seedling	parahia (kumara)
seedling bed	pārekereke; tāpapa
seek	rapu (see search)
seem	ko te āhua
seer	matakite; tohunga mata; tohunga matuhi
see-saw	tiemi; pīoi; pīoni
segments	wāhanga
segregation	tāwehe o ngā iwi
seize	hopu(-kia); kapo(-hia)
seized	mau
select	whiriwhiri(-a)
selector	kaiwhiriwhiri
self	tinana; tino; ake (placed after pronoun, e.g. au ake = myself)
self determination	whakatikatika i a tātou anō
self esteem	hinengaro
selfish	kaiponu; mōhū
sell	hoko(-na) atu
sell without proper...	hoko tāhae
Senate	Whare o Runga
send	tono(-a); tuku(-a)
sense	rongo(-a); hārau
sentry	hēteri; kaimatire
separate (adj.)	motuhake
separate (v.)	wehewehe; māwehe; taiwehe
separated	motuhake
separation	whakamana wehe
separator	hepareta
September	Hepetema
sergeant	haihana
serious	nui; taumaha
sermon	kauwhau(-tia); kauhau
serpent	nākahi
servant	tūmou; tūmau; pononga
serve food	whakarato; whiu(-a)
serve (tennis)	patu paoro
server (tennis)	kaituku; kaipatu
service line	raina tuku
services	umanga
services (fire)	umanga kāpura
services (medic)	umanga whakaora
serviette	ūkui māngai
set (sun)	tō; tōrengi; tōwene
set a boundary	rohe(-a)
set free	tuku(-a) kia haere; motu
set in order	tātai
set on fire	tahu
set-square	tapatoru
settle	tatū; tau; noho tūturu
seven	whitu
seventeen	tekau mā whitu
seventh	tauwhitu
seventy	whitu tekau
sew	tuitui(-a)
sewing	tuituinga
sewing-machine	mihini tuitui
shade	whakamarumaru; maru raiti
shade eyes	kopare; tupare
shaded	maru; taumaru
shadow	ata; atārangi; ariā
shake	ngaueue; tāwiriwiri; rū
shake (hands)	rūrū; harirū
shake (with nerves)	matangurunguru; whakakorikori
Shakespeare	Hakapia
shallow	pāpaku; (water) pīpipi
shame	whakamā
shampoo	hōpi makawe; waiuku makawe
shape	āhua
share (part of)	wāhi; wāhanga; (legal) hea; pānga wehewehenga
share-holder	tangata whai pānga
shares (respective)	i runga ano i nga pānga
shark	mangō; pioka; pioke; mako
shark (hammerhead)	mangō pare
shark (oily; large)	tāwaka
shark (white)	mangō ururoa
sharp	koi
sharpen	whakakoi
shattered	mongamonga
shave	heu(-a)
shaving brush	paraihe heu
shavings	warunga
shawl	tarapouahi; katekate
she	ia
shearer	kaikuti hipi
shearing	kutikuti; kuti hipi
shears	kutiroa
shearwater	pakahā; toanui

sheath	pūkoro	**short-cut**	poka tata
shed	wharau; wuruhētu (for	**shorten**	whakapoto(-a)
	wool); heti; koropū	**shortly**	takitaro ake
sheep	hipi	**shorts**	tarau poto
sheepdog	kurīhipi	**shoulder**	pokohiwi; pakihiwi
sheet (bed)	hīti	**shoulderblade**	hakikoko; pākaukau
sheet (paper)	pepa; puka	**shout**	pararēhe; karanga(-tia);
sheet lightning	rapa		pararē; tīwaha;
shelf	tarenga; kārupe; papa		hāmama; umere
shell (armament)	pohūnui		(applause)
shell (sea)	kota; anga; papa tio	**shove**	tute(-a); pei(-a)
shell (trumpet)	awanui	**shovel**	hāpara; tākoko
shellfish	kaeo; pūpū; pipi	**shovel (for**	
shelter (v.)	whakamarumaru; pātūtū;	**removing**	
	whakaruruhau;	**excrement)**	tākoko
	tāwharau(-tia)	**shoveller**	
shelter (from		**(spoonbill)**	kuruwhengi
rain)	ruru	**show**	whakakite(-a);
shelter (from			whakaatu(-ria);
sun)	marumaru		tohutohu
shepherd	hēpara	**show off**	whakaparanga;
shield	hira; puapua		whakahīhī;
shift	nuku(-hia)		whakamenemene
shift work	mahi tiriwa	**shower**	tūā ua; ua tīhengi
shilling	hereni	**showerbath**	kōrere turuturu
shin	tātā; tahau	**shreds (in)**	harotu
shine(-ing)	tiaho (moon & stars);	**shrimp**	kōuraura; koura rangi
	mura (firelight); whiti	**shrink**	nohinohi haere
	(sun); pīata	**shrine (sacred**	
ship (sailing)	kaipuke; poti	**place)**	ahurewa; tūāhu
shirt	hāte	**shrivelled**	kūreherehe; memenge
shit	tiko; tūtae; hamuti	**shrunk**	kopani; kawiu
shiver	wiriwiri; tuhāwiri	**shudder**	wiwini
shoal	rāngai ika; tere; rara;	**shut; be shut**	tūtaki; kati; kopani(-a);
	ranga ika		pā(-ia); uaki(-na)
shock	oho; whakaoho; tumeke	**shut eyes**	kikimo
shoe	hū	**shut in**	hautoki
shoe (sandal)	takitahi	**shutter**	papa kati
shoelace	kaui	**shy (reserved)**	whakamā; pūihi
shoot (gun)	pūpuhi (pūhia)	**shy (throw)**	epa(ina)
shoot (plant)	rea; pihi; tupu; toro;	**sick**	mate; māuiui; pā(-ngia) e
	wene		te mate
shooting star	whetū rerere	**sickle**	toronaihi
shop (n.)	toa	**sickly**	memeha
shop (v.)	hoko	**sickness**	mate; māuiuitanga; aitu
shop window	wini toa	**side**	taha; (of person/thing)
shore	takutai; ki uta (to shore);		kaokao
	ākau; tai	**side by side**	apiti
shorn	tīmore	**(on all sides**	taka noa)
short	potopoto	**(other side of**	
short time ago	i mua tata ake nei	**object**	tua)
		(other side of sea	tāwāhi)

(to one side	tahaki; autaha)	sister (of female)	tuakana (older); teina
sidestep (evade)	karo		(younger)
sideways	korotaha; tītaha	sister (of male)	tuahine
siding	taha o te rerewe;	sister-in-law (of	
	pekanga terēina	female)	taokete
sieve (n.)	kōputaputa	sister-in-law (of	
sift	tātari(-tia)	male)	auwahine
sigh	mapu; hotu te manawa	sit	noho(-ia); tineinei (on
sightseeing	tirotiro haere		heels)
sign (name)	haina	site	tūnga; papanga; paenga
sign (signal)	tohu(-ria)	sitting-room	nohomanga
sign (traffic)	pou ārahi	six	ono
signal-box	whare rāiti-tohu	sixpence	hikipene
signalman	kaitohutohu	sixteen	tekau ma ono
silent	noho hū; wahangū;	sixth	tuaono
	nohopuku; hāngū;	sixty	ono tekau
	taipa	size	nui; rahi
silk	hiraka	skate (fish)	whai
sill (door)	pehipehi; paepae	skate (on ice)	panunu tio; mania
sill (window)	papa(matapihi)		haupapa
silly	heahea; rorirori	skeleton	angaanga; kōiwi; tuahiwi
silt	kenepuru; parakiwai	skeleton report	tuarā o te ripoata
silver	hiriwa	ski	panuku huka; panunu
silver-eye	tauhou	skier	kairerehuka
similarities	āhuatanga tūriterite	skilful	mātau; mōhio
simile	kupu whakarite	skill	punenga
simple	māmā noa iho	skilled (person)	pūkenga; pū; tohunga
simultaneous	tukutahi; i taua wā tonu	skim surface	tipi; riripi
sin	hara; hē	skin	kiri; kiriwai
since (because)	ina hoki; nō te mea	skin (dark)	hengia
since then	mai anō i; i muri mai	skin (v.)	hīhore; tīhore
	nei	skinny	tūwai; tūpuhi; paparewa
sinews	iaia; uaua	skip (hop)	piu
sing	waiata(-tia); (birds)	skip (container)	pāka maitai
	korihi; tangi	skirt	panekoti; kenakena
singe	hunuhunu(-a)	skirting-board	pae kākaho
singer	kaiwaiata	skite	kōrero whakahīhi;
single (one)	tapatahi		whakaparanga
single		skua	hākoakoa
(unmarried)	takakau	skull	pārihirihi; pōangaanga
single combat	kakari	sky	rangi; (blue) kikorangi
singlet	hingareti	skyline	pae
singly	takitahi	skyscraper	whare tino tiketike
sink (v.)	totohu; oru	slacken	whakakorokoro;
sink (in mud)	tapoko		tukutuku(-a)
sink (kitchen)	peihana kihini; puoto	slant	tītaha; konana
	kihini	slap	papaki (pākia)
sinkers	kohatu whakataimaha;	slasher	hūka
	māhē; maihea	slaughter	patu(-a); tarukenga
sinner	tangata hara	(lie slaughtered	putu)
sir!	e koro; e Pā	slave (n.)	apa; mōkai; kahunga
Sirius	Rehua	slave (from war)	taurekareka

sledge	kōneke
sleep	moe
(overcome by	
sleep	parangia; taia)
sleepers	rōau rerewe; kurupae
sleeping-bag	kopaki moe
sleepy	hiamoe; mate moe
sleepyhead	moeroa
sleet	hukarere
sleeve	ringa
slice (n.)	tapahinga
slice (v.)	tapahi; topetope
slice off	ripi
slide	mania; paheke
slide	
(microscopic)	papapuata
slide (on	
instrument)	kume
slide-rule	mēhua reti
sling (v.)	piu(-a)
sling (support)	takaiwhata
sling (weapon)	kōtaha
slip (underwear)	āhumehume; panekoti; hītau
slipper	hiripa; panaena
slippery; to slip	mania; pāhekeheke
slit	hahae(-tia)
slope (gentle)	pānanaki
slope (steep)	harapaki; rapaki
sloping ground	aupaki
slow	pōturi; pūhoi; āta; wherū; pōrori; akitō
slowdown	whakapōturi
slug	ngata
slung on	
shoulder	tākawe(-a)
sly	nukarau; māminga
small	iti; nohinohi; paku; wāhi (placed before noun)
Small Claims	
Court	Kōti mo nga Take Iti
small item	wene
smallpox	mate koroputaputa
smart (clever)	kakama
smart (hurt)	kakati
smash in bits	tatā (taia)
smashed	pakaru; paoa; kongakonga
smear	pani(-a); miri(-a)
smell (n.)	haunga
smell (v.)	hongi(-a); rongo
smile	menemene

smoke	paoa; auahi; pawa; ahuahi; kauruki
smoke tobacco	kai paipa
smooth	mōhani; māheni; māeneene; moremore
smother	hē manawa; tāmi(-a)
smoulder	pongere
smouldering	poa; mohu
snag	taitā
snail	ngata
snail (mud)	whetiko; titiko
snake	neke; nākahi; ngārara
snap	motu; whatiwhati
snapper	tāmure; (small) karatī
snare (n.)	tāwhiti; māhanga; tārore
snatch	kapo(-hia); tākiri(-tia)
sneak	haere toropuku
sneer	tāwai; whakahīhī
sneeze	tihe; matihe; tīhewa
sniff	hongihongi
snore	ngongoro; peru; pipiha
snorkel	ngōhau
snort	whengu; peru
snot	paku; hūpēpe
snout	ihu
snow	huka(-rere)
snowball	poi huka
snowman	tānehukapapa
snuffle	whenguwhengu
snug	whakapiri
so (in that way)	pēnā; pērā
soak	tuku ki te wai; kōpiro(-tia)
soap	hopi
soap powder	rehu horoi
soar aloft	whakatopa
sob	hotuhotu
soccer	hoka; poiwhana
social policy	āhuatanga-ā-iwi
social values	tikanga pūmau a te iwi
social welfare	toko i te ora
sock	tōkena
socket	kōhao (hiko)
soda	houra
soft sound	āta tangi
soft to touch	ngāwari; ngohengohe
soften	whakangāwari
softly	mārire
soil	oneone
solder	piuta
soldier	hōia

sole (foot)	kapukapu; takahanga; tapuwae	spade (v.)	tūkari; keri
sole (fish)	pātiki rori	Spain	Peina
solid	mārō; pakeke; ukauka	Spanish	Pāniora
Solomon	Horomona	spanner	tānakuru; mauhuri
some	he; ētahi	spar	rākau
someone	tētahi; awairānei	spare (v.)	tohu(-ngia)
somersault	takahuri	spark	korakora ahi
son	tama; tamaiti	spark off	ohorere
son-in-law	hunaonga	spark plug	puruhiko
song	waiata; tau	spasm	waitākiri
soon	meāke; āianei; akuara; taro; kāria; tāria; kau ake	spawn	hua; paru
		speak	kī(-a); mea(-tia); kōrero(-tia)
soot	awe	speaker (n.)	pūkōrero
soothe	whakamārie	speakers' bench	paepae; taumata
sore	mamae	spear (n.)	huata; tāo; matarau
sore (on head)	pātito	spear (v.)	wero(-hia)
sore (on skin)	hakihaki	speargrass	kurikuri
sorrowful	pōuri; aroha ana te āhua	special	motuhake
sorry (sympathy)	aroha; pōuri	specialist	tohunga
sort (type)	tū; momo; āhua	specific	tētahi; tino tūturu
soul	wairua	speck	tongi; kora
sound	tangi; hau o te waiata	speckled	tongitongi; kotiwhatiwha; kotingotingo
(sound asleep	au te moe)		
soup	hupa	spectacles	mōwhiti
sour	kawa	spectator	kaititiro; kaimātakitaki
source	matāpuna; take; pū; tāuru	speech (formal)	whai kōrero; whaikī; whai kupu; kōrero
south	tonga; runga	speed	te horo; te tere
South America	Amerika ki te Tonga	speedometer	ōrite-tere; mata-tere
South Auckland	Ākarana whaka-te-Tonga	spell (magic)	taputapu
South Island	Te Waipounamu	spider	pūngāwerewere; ngārara
South Pole	Pou Tonga	spider	
southeast	paeroa; pitonga	(poisonous)	katipō
Southern Cross	Taki o Autahi	spike	taratara
southwest	pūāwānanga	spill	ringi(-hia); maringi (spilt)
sou'wester (hood)	pōtae ua	spin (thread)	miro(-a)
souvenir	manatunga	spinach	kōkihi
sovereign	kingi; kuini; ariki tapairu	spine of fish	tara
sovereign (gold)	moni koura	spinning round	āmiomio
sow (pig)	poaka uwha	spiny	tūaitara
sow (v.)	rui(-a)	spiral	tōrino; āwhiowhio
space	ātea; wā; tiriwā(-tia); ao takiwā	spirit	wairua; (high) hauora
		spiritual	
space capsule	waka ātea	protection	toiora
space-ship	waka haere takiwā; waka ātea; pere whaitua	spit	tuwha; tuha
		(in spite of	ahakoa)
spacesuit	kākahu ātea	spittle	hūare; hūhare
spade (cards)	pēti	splash	pōrutu; pōhutu; patī(-a)
spade (shovel)	kāheru; kō; hō; hoto	splice	hono(-a)

split	wāwāhi (wāhia); tihore	**squeeze**	romi(-a); kōpē(-ngia);
split off	hautepe		whakatē
split open	kowha	**squid**	ngū
splinter	maramara	**squint**	keko; rewha
spoil	takakino; whakakino(-tia,	**squirm**	takaokeoke
	-ngia)	**squirrel**	kirera
spoke (of wheel)	titi	**squad**	uepū
sponge	kōpūpūtai; hautai	**stab**	wero(-hia); oka(-ina)
spongy	pūkahu	**stable**	tēpara
spongy (chewy)	pūkahukahu	**stack**	tāke(-tia); tāpae(-a);
spoon (n.)	pūne; pūnu		whakapū
spoon (v.)	koko(-a)	**stack in layers**	mātā
spoonbill	kotuku ngutupapa	**stadium**	whare hākinakina
sport	tākaro	**stage (platform)**	whatarangi; whārangi;
spot	tongi; tiwha		atamira; pourewa (on
(fishing spot	puna ika)		pole)
spotlight	raiti tiaho	**stagger**	hūrorirori; haere noa
spotted	kōtiwhatiwha;		iho; tūrori; kaurori
	kōpurepure;	**stained**	poke
	kotingotingo	**stair**	ara papa
spouse	hoa; tahu	**staircase**	arapiki
spout	kōrere	**stake**	poupou; tumu
sprained	tanoi; takoki; taui	**stalk**	kakau; tā
sprat	aua; kūpae	**stall**	(toa)wharau
sprawl	takoto	**stalls (cinema)**	nohoanga raro
spray (sea)	rehutai	**stallion**	tāriana
spread	mahora; whāriki; toro;	**stammer**	kakakaka; kikiki;
	hora(-hia); ngātoro		nanunanu
	(weeds); toha	**stamp (foot)**	takahi(-a)
spring (coiled)	whana (n. & v.)	**stamp (postage)**	pane Kuini
spring (jump)	peke; tarapeke;	**stamp duty**	tāke pane Kuini
	mahiti	**stand**	tū; (up) takitūtū; matike
spring (season)	kōanga; aromahanga;	**stand (still)**	tū mārika; āta tū
	mahuru	**stand in line**	tūtira
spring (water)	puna	**standing**	tūnga; turanga
spring (up)	arawhiti; tāwhana	**standing toe to**	
spring tide	tai nunui; huki	**toe**	apitutū
spring to mind	toko; tupu (te whakaaro)	**staple (wire)**	mau
sprinkle	uwhiuwhi(-a)	**stapler**	whakamau
sprout	tupu(-ria); pihi; rea;	**star**	whetū
	toroihi	**stare**	titiro pū; whetē;
spur	kipa		tiromākutu; mātiro
spurt	hīrere	**starfish**	pekapeka; pātangatanga
spurt out	torohī; torohihi	**start (begin)**	tīmata(-ria)
spy	tūtai; tūtei; torotoro	**starter**	kaitīmata
square	tapawhā; porowhā;	**startle**	whakaoho(-ngia)
	porowhā rite; koēa	**starve**	matekai; hemokai
	(tool)	**State-Owned**	Mahi Whakahaere
square		**Enterprise**	Whakaemi Moni a te
centimetre	koēa henimeta		Kāwanatanga
squeak	wē	**State Services**	Kōmihana mo nga Tari
squeal	auē; ngawī	**Commission**	Kāwanatanga

station	teihana	stone (rock)	kōhatu; pōhatu
statue	whakapakoko	stone (weight)	tōne
stay	noho(-ia)	stood down	hiki poto
steal	tāhae(-tia); whānako(-tia)	stool	turu
steam	mamaoa; korohū; piua;	stoop	tūpou; tuohu; piko
	koroahu; tokakawa	stop (block way)	aukati
steamer	tima	stop (halt)	tū; whakamutu
steamy	pūmāhu	stop (prevent)	ārei/ārai(-a)
steel	rino; tuapaka	stop (restrain)	pūpuri (puritia)
steep	poupou; tūparipari	stop cock	puruwai
steep bank	tahataha	stop up	puru(-a); pā(-ia)
steer	tia; (canoe) whakatere;	store (shop)	toa; whare hoko
	urungi	storehouse	pātaka; whata; pākoro
steering wheel	wira urungi	storey	rewanga;
stem	kakau; tīwai		whakapaparanga
(from which		storm	tūpuhi; āwha
stems	takea)	storm (thunder)	pāroro; marangai
step	hīkoi; pae (stair)	story	kōrero pakiwaitara;
stern	kei	storyteller	kaipurakau
sternpost	taurapa	stove	to; oumu; umu
sternum	whaturei; kouma	straight	torotika; tōtika; heipū
stethoscope	pārongo	straight on	mārō tonu; tika
Stewart Island	Rakiura; Te Puka a	straighten	whakatika(-ia)
	Māui	strain (sieve)	tātari(-tia)
stick (n.)	rākau; tokotoko	strainer	koputaputa
stick (v.)	rapa; piri	strainer (fence)	whakamārōrō
stick dance	tī rākau	strand of hair	weu
stick insect	rō	stranger	tautangata; tauhou;
stick into	tia(-ina); titi(-a)		manene
stick out tongue	whētero	strangle	noti(-a); tārona(-tia)
sticks (bundle)	tīraha	strap	tarapu; tātua
sticky	piripiri; ū; raparapa	stray (animal)	nāti
stiff	mārō; pakeke; ioio	stray (v.)	haereere; kōtiti haere
stillborn	materoto; ngūngū	straw	kakau; (drinking) pū
stilt (bird)	kakī		ngote
stilts	poutoti; waewae rākau	stream	wai; awa iti
sting (insect)	wero(-hia); tū	streamer	tima
sting (pain)	kakati	street	tiriti
sting-ray	whai; pūkaurua	strenuous	uaua; tūkaha
stingy	tūmatarau	strength	kaha
stink	piro; haunga	stretch	whakaroa
stinkbug	kēkerengū	stretcher	whata amo
stinking	piro; kurikuri	strike	patu(-a); tuki(-a); pao(-a);
stir	tīkapekape; kōrori		turaki(-na) moto(-kia);
stirred up	tutū		kuru; hahau(-haua)
stirrup	terapu; tarapu	strike a match	tihae māti
stitch	tui(-a)	string	tau; tuaina; tiringi; aho;
stockade	pā; tūwatawata		whītau
stocking	tōkena	string games	whai
stomach	puku	string of beads	kaui
stone (fruit)	whatu; karihi; nganga	striped	whakahekeheke
stone (grey-rock)	onewa	stripped bare	maru(-a); tāhorehore

stroll about	haereere
strong	kaha; pakari; mātotoru; mārōrō
struck	pā; whara; tū
study (room)	tari
study (v.)	ako
struggle	oke(-a); karawheta
stubborn	whakatete; pake; whātūturu
stuff mouth	apu(-a)
stuffed	apuapu; puru
stumble	tūtuki; tapape
stump	tumutumu; take
stunted	pūkiki
stupid	rorirori; kūare; heahea
stutter	nanunanu; kakakaka; kikiki
sty (pig)	rāihe poaka
subdued	whakarata
subdued lighting	pōuriuri nei
subject (topic)	take; kaupapa
subject to	i raro anō i
submarine	kaipuke ruku wai; waka ruku
submissions	nga tuku mai
submissive	whakarongo; iro
submit	tuku
subside	heke; mimiti wai
suburb	moka
succeed	whakaputa; tae(-a); tūtaki
successor	kairīwhi; rīwhi
suck	ngote; momi(-a)
suckling	piripoho
suddenly	whakarere; tata
suffer	mamae; mate
sufficient	ka nui; kāti
suffocate	noti(-a); hēmanawa
sugar	huka
sugar-bowl	ipu huka
sugar-cane	tātā huka
suicide	whakamomori
suit (clothes)	hūtu; pūeru
suitable	tau; rawe; tōtika
suitcase	pahi kākahu
sulk	whakatupere nga ngutu
sulphur	whānāriki
sum of money	tahua
sum total	pupūtanga
summary jurisdiction	mana whakatau
summary offence	hara whakapae
summer	raumati
summit	tihi; tei; toi
summons (legal)	hāmene(-tia)
sun	rā
sunbathe	pāinaina; pārara i te rā
sunbather	kopāina
sunbeam	hihi o te rā
sunburnt	manauri i te rā
Sunday	Rātapu
sunshade	marumaru
sunshine	rāmaru
sunrise	putanga o te rā
superannuation	penihana koroua/kaumatua
superannuitant	whai penihana
supermarket	toa hokomaha
supervision	tohutohu
supervision (legal)	whakatau mo te tangata hara
supervisor	kaiwhakahaere mahi; rangatira mahi
supple	ngāwari; pīwari
supplejack	pirita
support (n.)	taumaihi; tautoko
support (v.)	tautoko(-na)
supporter	kaitautoko; tatao; apataki
suppose	whakaaro(-tia)
suppurating	pīau; pēpē
sure (to be)	tino mōhio(-tia)
surf	karekare; hukahuka; auheke
Surf Rescue Association	Ropu whakaora i te hunga kau moana
surf-ride	whakaheke ngaru; paheke ngaru; moki
surface (of water)	kārewa
surprise (trap)	komutu(-a); hopu(-kina)
surprise (wonder)	mīharo
surrender	tuku(-a)
surround	karapoti(-a); pae(-a); whākau; hao; whakataka
survey	rūri(-tia); wea
surveyor	kaituhi whenua
survive	ora
survivor	mōrehu; makorea tangata
suspect	tūpato
suspend	iri(-a); tare; whakairi
suspicious	whakatupato
swag (bundle)	tueke; whekawheka
swallow	horomi; (whole) horopū

swallow (bird)	warou	swim	kaukau; kauhoe; (fish)
swamp	repo; mātātā		tere
swamp hen	pūkeko	swimmer	kaikaukau
swampy	pīpī; kūkūwai; oruoru	swimming-pool	kaukauranga
swan	wani; kakiānau	swimming-togs	kākahu kaukau
swarm (bees)	kāhui pī	swing	poipoi; tārere
swarm around	mui(-a); poī	swing (for child)	moari noho
sway	tīoioi; koiri;	swing the hands	karawhiu(-a)
	whakapioioi	switch (n.)	pana(-rāiti)
swear (curse)	kanga	switch on (light)	whakakā
swear (oath)	ōati	switch on power	meinga ake
sweat	werawera; kakawa; tihau;	switch off power	meinga iho
	tokakawa	switchboard	pātuku
sweater	poraka	swordfish	haku
sweep	ā(-ia); tahi(-a);	swoop down	rere kōkiri
	purūma(-tia)	Sydney	Poihākena
sweet	reka; rōreka	symbol	tohu
sweetheart	whaiāipo; kaihou	sympathy	pūaroha; aroha
swell	puku; pupuhi; tetere	symptom	tohu
swell (sea)	āmai	synod	hīnota
swelling	kotere; tetere; uruhua;	synopsis	pānui iti;
	kōpuku		whakarāpopotonga

T

table	tēpu	tape measure	mehua
tablecloth	uhi(tēpu)	tapered	kāwitiwiti
tablemat	takapapa	target (on)	hei pū
tack (sailing)	waihape	tarpaulin	tāpōrena
tag (game)	wi	Tasman Sea	Moana Tapokopoko-a-
tail (animal)	whiore; tēra		Tāwhaki
tail (bird)	remu; kotore; tou	taste (n.)	reka; hā; rongo
tail (fish)	hiku	taste (v.)	rongo
take	tango(-hia)	tasty	reka; mākarakara; matū
take off	unu(-hia); tango(-hia)	tattoo (n.)	moko
taken	riro	tattoo (v.)	tā moko
talk	kōrero(-tia); mea(-tia);	tax	tāke; takoha
	kī(-ia)	taxi	tākihi
talk		tea	tī
(continuously)	tapetape	teach	ako(-na); whakaako(-na)
tall	roa; teitei	teacher	kaiako; māhita;
tally (people)	te tokomaha		kaiwhakaako; pūkenga
tally (things)	te maha	teal (black)	papango
tame (v.)	whakarata	teal (brown)	pāteke
tame(-d)	rata	team	tīma
tangled	pōwhiwhi	teapot	tīpāta
tank (military)	mihini maitai	tear (cry)	roimata
tank (water etc)	kurawai	tear (rip)	tīhae; haehae
tanker	wakahari (penehine)	tease	whakatoi; tāwai(-a);
tap	kōrere		hangatītī
tape	ripene (hopu reo)	teat	kōmata; ū; titi

tea-towel	ūkui
teatree	mānuka; kahikātoa
teenager	taitamariki; rangatahi; mātātahi
telegram	waea
telephone	waea; whounu; ringi; waea kōrero
television	tīwī; pouaka whakaata; terewīhana
Television New Zealand	Pouaka Whakaata o Aotearoa
tell	whakaatu(-ria); mea(-tia); whāki(-na)
temperature	te mahana; te wera
temple (building)	temepara
temple (head)	rahirahinga
tempt	whakawai(-a)
ten	tekau; ngāhuru
tender	ngāwari
tenets	nga whakapononga
tennis	tēnehi
tennis court	papatēnehi
tennis shoe	hū tēnehi; hū oma
tent	tēneti
tentacle	kawekawe
tern	taraiti
tern (Caspian)	taranui
terrible	wehi; whakaihi
terrify	whakamataku
Territorial Local Government Council	Kaunihera Whakahaere Take-a-Rohe
test	whakamātautau(-ria)
testicles	raho
testing	whakamātauranga
test-tube	ipuipu
textbook	pukapuka ako
Thames District	Hauraki
thank	mihi; whakapai(-ngia); moemiti; whakamoemiti(-tia)
thank you	kia ora (rawa atu); tena koe; e tika hoki; taikiu; taikiha
that (by you)	tēnā; (there, away) tērā
thatch	rauwhare
the	te; (pl. nga)
the other	tētahi; tērā
theatre	whare tapere
them	rāua (2); rātou (several)
then	kātahi; kāhi; ianā
theory	ariā
there	kōna; kōra; reira

therefore	nō/nā reira
thermometer	inemahana; inewera
these	ēnei
Thessalonians	Teharonika
they	rāua (2); rātou (several)
thick	mātotoru
thicken sauce	eke
thief	tāhae; whānako; kaiā; tōhē
thigh	kūhā; kūwhā; heke
thimble	temani; temara
thin	tūai; whiroki; tūpuhi; kōhoi; maiaka
thing	mea; hanga; taru
think	whakaaro(-tia); mahara
think mistakenly	pōhēhē(-tia); pēnei tonu
third	tuatoru
thirst	matewai; hiainu; wheinu
thirteen	tekau mā toru
thirty	toru tekau
this	tēnei; teneki
thistle	pūnitanita
thorax	tarauma
thorn	koikoi; tātarāmoa
thoroughly	āta; marire
thousand	mano
thread (fibre)	miro; tarete; io
thread (screw)	wiwiri
thread (v.)	tui(-a)
threatening	whakawehi; kaioraora
three	toru
thresh	whiu(-a)
threshold	paepae
throat	korokoro; kakī
throb	kapakapa; panapana
throne	torōna
throughout	puta noa
throw (v.)	epa(-ina); opa(-ina); maka(-a, -ia, -ina); porowhiu(-a); kuru; panga(-a, -ona)
throw (of horses)	rutu(-a)
throw away	ākiri(-tia)
thrush	tiutiu; korohea
thrust	kōkiri(-tia)
thud	ngahoa
thumb	koromatua; tōnui; tokonui; kōnui
thunder	whatitiri; whaitiri
thunderous	wheoro
thunderstorm	pāroro
Thursday	Tāite; Ra Whā

thus	pēnei	Tokoroa area	Kaokaoroa-o-Patetere
thwart (boat)	taumanu	tomato	tōmato
tibia (shin)	takakaha	tomb	urupā
ticket	tīkiti	tomorrow	āpōpō
tickle	whakakoekoe	tommy-gun	pū tame
tide	tai; (ebb) timu; (high) pari	ton; tonne	tana
		tongs	pinohi
tidy	whakatika; whakawhāiti	tongue	arero
tie	hōtiki; tai	too	hoki; anō
tie (for neck)	neketai	tool	taonga mahi
tie together	ruru	tooth	niho
tie up	here(-a); whītiki(-ria)	toothache	niho tunga
tiger	taika	toothbrush	parāhi niho
tight	kikī; mau; paihere	toothless	niho more
tighten	whakakikī	toothpaste	pēniho
tights	tōkena pirikiri	top	runga
tile	taera	top (bottle)	taupoki
till	kia...rawa	top (spinning)	pōtaka
(till he arrives	kia tae rawa ia)	topknot	tikitiki
tilt	whakatītaha	topless dress	hore pare mō ngā uma
timber	rākau; papa rākau	torch	rama
time	wā; tāima	torch (for eels)	rama tuna
(at times	i ētahi wā; i roto i te wā)	torment	whakamamae; whakatoi
(it was time	ka tae ki te wā)	torn	haehae; pakaru
(13 times 5	tekau mā toru rima)	torpedo	pohūwai
timetable	wā haere; wā mahi	tortoise	honu whenua
timid	wehi	toss	piu(-a); whiu(-a); maka(-ia)
Timothy	Timoti		
tin	kēna; tini	toss about	tū karikari; tū karukaru
(cake tin	pouaka(-keke))	total	kaute topū; hui katoa
tingle	tīoro; whaoro	totter	turori
tinned food	kēna kai	touch	whāwhā(-ria); pā(-ngia)
tired	ngenge; hōhā; maea	touch line	raina taha
tit (bird)	miromiro	tough	uaua; mārō
title	taitara	tourist	tūruhi
title (right)	take	tow (pull)	to(-ia); kukume
Titus	Taituha	towel	tauera; tauwera
to	ki	towel (bath)	tauere whakamaroke
toast (propose)	tōhi(-a)	towel (face)	tauera kanohi
tobacco	tupeka; torori	towel rail	rēra ūkui
Tobias	Topia	town	tāone
toboggan	pānukunuku	track	ara; huarahi
today	inaianei; tēnei rā	tractor	tarakihana
toe	matimati; koikara	trade (v.)	hoko(-na); hokohoko; hohoko
(big toe	kōnui; koromatua; takonui; tokonui)	trade (work)	mahi-ā-ringaringa
(little toe	toiti; koroiti)	trade union	uniana; Rōpū o nga Kaimahi
together	tahi; ngātahi		
together with	hui atu ki	tradition	tikanga ā iwi
toilet (WC)	whare paku; heketua	trailer	waka kumea
toilet paper	pēpa heketua	traffic lights	rāiti arahi
token of affection	maimai aroha	traffic officer	āpiha tiaki huarahi

train (n.)	tereina
train (v.)	whakaako(-ngia)
traitor	kupapa
trample	takahi(-a)
transfer	whakawhiti
translate	whakamāori(-tia)
translucent	koataata
transparent	mārama kehokeho
transport	waka hari
transporter	taraka hari
trap	tāwhiti; rore
travel	haere; takihaere; tāwhe
travel agent	Kamupene whakarite i ngā haereere a te Tūruhi
traveller	tangata haere
trawler	wakatō
tray	heri
treacherous	nanakia
treacle	tirikara
tread	takahi(-a)
treasure	taonga
treat badly	tūkino(-tia)
treat well	manaaki(-tia); popore
treatment (good)	whakapai; manaaki
treatment (ill)	tūkino; tutū
treaty	tiriti
Treaty of Waitangi Commission	Runanga Whakatinana i nga tikanga o te Tiriti o Waitangi
tree	rākau
tree (burnt)	irika
(family tree	whakapapa; kāwai; tātai)
tremble	wiriwiri
tremendous	nui whakaharahara
trestle	kaupae
trevally	araara
trial (competition)	whakataetae
trial (legal)	whakawā
trial (of knowledge)	whakamātautau(-ria)
triangle	tapatoru
tribal	ā-iwi
tribal authority	mana-ā-iwi
tribal structures	nga whakahaere-ā-iwi
tribe	iwi; hapū
tributary	wehenga (of river)
trick	māminga; nuka
trickle	māturuturu
trigger	keu
trip up	hīrau(-tia)
tripod	toruwae
trombone	pū kumekume
troop	ope hōia
trouble	raruraru; aituā; tūkino; mate
trophy	paraihe
trophy (of vengeance)	ito
trot	toitoi
troublesome	haututū; hōhā
trough	kumete
trousers	tarau; tarautete
trout	taraute; kōkopu
trowel	pani; kopaku
truck	taraka
true	pono; tika
trump	tānapu
trumpet	tētere; kaea; pūtātara
truncheon	rākau pirihimana
trunk (below ribs)	tikihope
trunk (box)	pouaka nui; paepae kākahu
trunk (elephant)	ihu roa
trunk (tree)	tinana; tīwai
trust	whakapono
Trust Board	Poari kaitiaki Moni
trustee	kaitiaki
truth	te pono; te tika
try (attempt)	tarai
try hard	ngana
try out	whakamātau(-ria)
T-shirt	ti hāte
tub	tāpu
tube	kōrere; ngongo
tuberculosis	mate kohi; kohitū
tuck in	hume
Tuesday	Tūrei; Rā rua
tuft	purepure; puhipuhi
tug-boat	waka tō
tulip	turipa
tumour	puku
tune	rangi
turkey	pīpipi; kerukeru; korukoru
turn	huri(-hia)
turn (aside)	peka; auraki
turn (back)	hoki
turn (back and forth)	arohi(-rohi)
turn (inside out)	huri koaro

turn (over and over)	tītakataka
turn (rotate)	porotiti
turn (side to side)	whakatahataha
turn (the back)	huri kōtua
turn (upside down)	huripoki; taupoki
turn off power	meinga iho; whakapirau
turn on light	whakakā
turn on power	meinga ake
turn up edges	hurimoka
turning	hurihanga
turnip	tōnapi; nani
turtle	honu
tusk	rei; niho puta; niho roa
tutor	tauira
tweezers	kuku
twelve	tekau mā rua
twenty	rua tekau
twig	tākupu; rārā
twilight	mahina; rikoriko
twinkle	rikoriko; whakakapokapo
twins	māhanga
twist	wiri(-a); whiri(-a); miri(-a); takawiri
twitch	tākiri(-tia); arawhiti
two	rua
two minds	rangirua
type	āhua; momo
type(-write)	pātōtō kupu
typewriter	mihini pātōtō kupu; pato tuhi
typhoid	taipo
typist	kaipātōtō kupu; kaipatotuhi

U

udder	ū
ugly	kino te āhua; kinokino; makimaki; hakohako
ulcer	keha
umbilical cord	iho; tāngaengae; takai
umbrella	hamarara; marara
unbroken	pāruhiruhi; tāhū
uncanny	atua
uncertain	rangirua; ngākaurua
uncle	matua kēkē
unconscious	mate; warea
uncooked	mata; ota; torouka
uncover	huaki(-na); hura(-hia)
uncultivated land	papatua
undecided	āwangawanga; matawaenga
under	i raro i; kei raro etc.
underpass	ara raro
underside	raro
understand	mōhio(-tia); mātau(-ria); kite(-a)
undertaking	mahi
underwritten or endorsed hereon	nga tuhituhi e mau i raro nei
undetected	ngaro; puku
undone	matara
uneasy	āwangawanga; māihi; ārangi
unemployment	kore mahi
uneven surface	pāhiwihiwi
unexpected	mata whawhati; whawhati tata
unfledged bird	kōrahoraho
unfortunate	aituā
unified	whakatōpū
uniform	kākahu rite
unintelligible	kāhore i te mārama
uninterrupted	hūrokuroku
uniqueness	mana ake
unite	whakakotahi
United Nations	Pāremata o te Kotahitanga o ngā iwi o te Ao
unity	kotahitanga
universe	taiao
university	whare wānanga
unjust	hē
unless	ki te kore
unlucky	aituā
unoccupied	wātea; āpānoa
unpaid (bill)	tārewa
unripe	mata; kaimata; ota
unsettled weather	tārewa tihengi
unsteady	titaka; totitoti; tatutatu
untidy	takoha; tūheihei
untie	wetewete (wetea, -kina); unu(-hia)

until	kia...rāno; tae noa; ā	urge	āki(-na); ā; tari;
untouched	urutapu		whakahauhau
unusual	rerekē	urgent	kākari
unveil	hura(-hia)	urine	mimi
unveiling		urn	ipu
ceremony	hurahanga kōhatu	us	tāua (you [sing.] & me);
unyielding	mārō		tātou (you [pl.] & me);
untrustworthy	warahoe; whakateka		māua (him & me);
up	ki runga		mātou (them & me)
upholders of the		use	tango(-hia); tangotango
law	whakaū; whakapūmau	used for	hei
uplifted	pūwhata	used to	
upper reaches of		(accustomed)	waia; taunga
river	roto	used to (often	
upright	tū tonu; tūtika	did)	verb + ai
uproot	ranga(-a); huti(-a)	useful	whai tikanga
upset	porohuri; tahuri(-tia);	useless	koretake
	whakakorikori;	usual	māori
	whakatūtehu	usual thing	tikanga
upside-down	porotēteke	usually	tonu
upstairs	pā runga	utensils (kitchen)	hanga
Urals	Urāira	uvula	tohetohe; tawhe

V

vacant	wātea; takoto noa	vegetable	hua whenua
vacillating	aroarorua; ngākau rua;	vehicle	waka
	whēangaanga	veil	ārai; kōpare
vacuum cleaner	horo pūehu; mihini	vein	rara; uaua; iaia
	hauhuti	venerate	whakahōnore
vagina	puta; tene	venereal disease	pakiwhara; patuheni
vain	whakahīhī	vengeance	rapunga utu; ngaki mate
valedictory	mihi poroporoaki	venue	wāhi tūtaki
valley	riu; awaawa; koawa;	Venus (star)	Kōpu
	tairua; kakaritanga	verandah	whakamahau; parana;
valour	mārohirohi		rueke; opua
valuable	nui te utu	verb	kupu mahi
value	wāriu; utu; painga	verdict	whakaoti tikanga
valve	puruhau	vermin	kutu; iroiro
van	wakakawe	verse	whiti
vanish	memeha	vertebra	tuahiwi
vanity	whakahīhī;	(cervical)	tangai
	whakapehapeha	very	pū; tino; rawa; e kī!
vapour	mamaoa; tākohu	very true	ānao
variable	haurokuroku	vessel (dish)	oko; kōhua (boiling)
variations	āhuatanga	vessel (ship)	kaipuke; poti
vary	puta kē	vest	himi; hemi
vase	ipu	veto	whakakāhore
vault	hūpeke	vex	takariri; raru
vaulting horse	hoiho hūpeke	vibrate	wiri; rū; ngatari
veal	miti kāwhe	vice (evil)	kino; whakakino

vice (tool)	purimau	virtue	pai
vice-president	tēputi; perehitini-o-raro	(by virtue of	i runga hoki)
victim	te papa; patunga tapu;	(to expound	
	whakahere	virtues	whakataukī)
victim (fight)	mataika; matangohi	virus	atua
victorious	toa	vision	moemoeā; kitenga;
victory	wikitōria		matakite
video	whitiwhiti āhua	(double vision	atarua)
video recorder	hiko whakamau āhua	visit	toro; whakatau
view	tirohanga; mātakitaki;	visitors	manuhiri; tūwaewae
	torohanga	vocabulary	rarangi kupu
vigilant	mataara	Vocational	
vigorous	mātātoa	Guidance	Tari arataki ki ngā mahi
vigorous paddle		voice	reo
stroke	tia(-ia)	void (ineffective)	ka kore
vile	weriweri; whakarihariha	void (n.)	te kore
village	kāinga	volcano	puia
vine	aka waina	volley (guns)	waipū; waipūpū;
vinegar	winika		waiwaipū
viola	whiora	volley (spears)	waitao
violate	whakanoa; takahi;	volume	te nui
	(woman) pawhera	(book)	pukapuka
violence	tūtū; āinga	voluntary	ngākau aroha
violent (to be)	tūkino; taikaha	volunteer party	ohu
violet	tuapōkere	vomit	ruaki(-na)
violin	whira	vote	pōti(-tia)
virgin	puhi; takakau; wāhina	vowel	reta paoro
virginal	urutapu	voyage	haerenga; rerenga

W

wade	kautū	wallet	pāhi; kopa; pēke moni
wag	whiuwhiu; pōwaiwai	waltz	warihi
wages	utu	wallow	okeoke
wagon	wākena	wander	manene
wail	auē	Wanganui area	Wainui-ā-rua
waist	hope	waning moon	orongonui
waistcoat	kahakaha	war dance	peruperu; tūtūngarehu;
wait for	tatari (tāria) ki; whanga;		tūtū waewae
	tiaki(-na)	(to declare war	whakaara i te rau o te
Waitangi	Rōpū Whakamana i te		patu)
Tribunal	Tiriti o Waitangi	ward	riu hohipere; ruma
waiter	kaitono		hohipere
waiting-room	ruma tari	ward off	parepare
wake (someone)	whakaoho; whakaara	warder	kaihere
wake up	oho	wardrobe	kapata kākahu
Wales	Wēra	warehouse	whare takotoranga
walk	haere(-mā raro); wāke;		taonga; whare utanga
	hīkoi	warm (adj.)	mahana; āhura
walking-stick	tokotoko	warm (v.)	whakamahana
wall	pātū; pakitara; tuakiri	warm oneself	painaina; inaina

warmth	aromahana
warped	pikopoto
warrant	warati
warrant of arrest	tuhinga kupu hopu tangata
warrant to seize property	mana muru rawa
warrior	toa; matākaikutu
warriors (group)	kairākau
wart	tona; kiritona; tonga
wary	tūpato; matakana
wash	horoi(-a)
washer	porotiti whakapuru
washing	kaka horoi
washing-machine	mihini horoi; purere horoi
washing-powder	paura hōpi
washing-up	horoi hanga
washing-up liquid	hukahuka horoi
wasp	wāpi; wāpu; katipō
wasted	moumou; maumau
wasteful	maumau
waste-pipe	waiputa
watch (n.)	wati
watch (v.)	mātakitaki(-tia); tirotiro
watch-strap	tātua wati
water	wai; (fresh) wai māori; (sea) wai tai
watercress	wāta-kirihi
waterfall	tāheke; rere; hīrere; horowai
watering-can	kena wai
watermelon	wātamerengi
watery	tere; waiwai
wave	pōwhiri; piupiu
wave (hand)	tungatunga
wave (sea)	ngaru; karekare
wavy	karekare
wax	wākihi; harare
wax-eye	iringatau; pihipihi
way	ara; āhuatanga
(in that way)	pērā; pēnā
(in this way)	pēnei
waylay	aukati; tāwhanga
we	(see us)
we Māori	ngai tāua; ngai tātou
weak	ngoikore; kahakore; rahirahi; maiangi; ānewa
weak in the knees	turipū
weakened	mātiti; manene
weak-willed	hauwarea
weal (well-being)	hei painga mo te katoa
wealthy	whai taonga; whai rawa
weapon	patu; rākau
wear (v.)	mau (kākahu etc)
wearied; wearisome	hōhā
weary (tired)	ngenge; māuiui
weather	āhua o te rangi
weather (bad)	marangai; āwhā
weather (good)	paki
weave (garments)	whatu(-a)
weave (mats)	raranga whiriwhiri(-whiria)
web	tukutuku; whare pungāwerewere
web-foot	huirapa
wedge	mākahi; wēti
Wednesday	Wenerei; Rā Toru
weed (n.)	otaota; tarutaru; tūmatakuru
weed (v.)	ngaki taru; perepere
week	wiki
weep	tangi(-hia)
weigh	pauna(-tia)
weigh down	pēhi
weight	taimaha; taumaha
weir	pā
weird	autaia; tipua
welcome!	Haere mai; nau mai
welcome (n.)	pōwhiri; maioha
welcome (v.)	pōwhiri; pōhiri(-tia)
welfare	oranga; tautoko i te ora
Welfare Officer	Apiha toko i te ora
well	ora; pai
well-being	toiora; oranga tinana; oranga wairua; oranga hinengaro; oranga ngākau; hei painga mo te katoa
well then	kāti; ā; tēnā koa
well water	poka wai; waipuna
well, well!	anana!
Wellington	Pōneke
Wellington Harbour	Whanganui-ā-Tara
west	tokouru; uru; toengi; torengitanga; rātō
west-wind	hauāuru; tāuru
wet	mākū; haumāku

whale	tohorā(-ha); parāoa; wēra
whalebird	pararā
whale motif	pakake
wharf	wāpu
wharfie	kaiuta poti
what?	He aha?
what a...!	anō te...!
what of it?	hei aha
what purpose?	Hei aha?
what place?	kei whea?
what way? (how)	pēhea?
wheat	wīti
wheedle	whakapati(-pati)
wheel	wīra; porohita
wheelbarrow	huripara
wheeze	ngaengae
whelk	kawari
when	kia; ina; ua
when?	āhea?; nonahea?
when did you go?	nonahea koe i haere ai?
when...then	ka...ka
when will you go?	āhea koe haere ai?
where?	kei hea?
where from?	i hea? nō hea?
where to?	ko hea?; ki hea?
whereas	no te mea
whether	rānei...rānei; ahakoa...ahakoa
whetstone	hoanga
whey	wei
which	tēhea (pl. ēhea)
while	i + subj. + e + verb + ana (e.g. while I was going — i ahau e haere ana...); me te
while (in a)	taro ake nei; āianei; ākuanei; inangeto
whip	wepu(-a); whiu(-a)
whipping top	kaitaka
whirl	kōripo
whirl about	karawhiu(-a); taka; takahurihuri
whirlpool	riporipo; āwhiowhio
whirlwind	āwhiowhio
whisk	whiuwhiu
whisker	pāhau
whisky	wihiki; weheki
whisper	kōwhetawheta; kōhimi; kōhumuhumu
whistle (n.)	wīhara; pōtini
whistle (v.)	whio; korowhio; (with fingers) korowhiti
whistle (hoarse sound)	ngoio
white	mā; tea
white person	keha; pākehā
white pine	kahikatea
whitebait	īnanga
whitehead (bird)	pōpokatea
whitish	pūmā
whizz	huhū; rorohū; mapu
who?	wai? (pl. wai mā)
who (in relative clauses — either not expressed at all, or by 'nei', 'na', 'ra' or 'ai' placed after verb in relative clause, e.g. the man who is sitting by you = te tangata e noho na)	
whole (all)	te katoa
whose	nā/nō wai?
why?	nā te aha? he aha...ai?
wicked	kino
wide	whānui; (apart) tawhara
wide world	huri noa te ao
widespread	horahora
widow	pouaru
width	te whānui; hōkai
wife	wahine; hoa wahine
wig	hururua
wild	wairangi; riri (violent); pōrangi
wild (not tame)	māka; kōwao
wild (of the bush)	pūihi
wilderness	koraha
will (last)	wira; kupu ōhākī
will you?	e pai ana koe?; māu...e
willow	wira
win (won by)	riro i...; wini i...
wince	wheita
wind (blow)	hau
wind (gentle)	anihau
wind up	takahuri
wind up string	pōkai
windbreak	maruhau; hēti; pāhauhau
winding about	kōpikopiko
windlass	huritaura
window	wini; matapihi; mataaho
window sill	papa matapihi
windpipe	pūkorokoro
windscreen	wini motokā; matapihi motokā
windy	hau
wine	wāina
wing (army)	kauae

wing (bird)	parirau; pakau; pakikau
wings (of stage)	taha
wink	kimo; kamo; keko
winkle	pūpū
winnow	kōwhiuwhiu
winter	hotoke; takurua; makariri
wipe	miri(-a); muku(-a); horoi(-a); tauera(-tia); ūkui(-a); muru(-a)
wiper	muku matapihi
wire	waea
wireless	waerehe; rerio; reo irirangi
wisdom	mātauranga; whakaaronui
wise	mātau; whai whakaaro
(has thought it wise	kua whakaaro he mea tika)
wise words	kupu tohunga
wish	hiahia(-tia); minamina; pīrangi; wawata; mānako
wishful thinking	whakaaro tumanako; he wawata
witchcraft	mākutu(-ria)
with	kei; i; i te taha o; me
with a view to	mō
withdraw	unu(-hia)
wither	memenge; pohe; memehe
withered	kurehe; komeme; menge
withhold	kaiponu(-hia); hākere
without	hore kau
witness (n.)	kaiwhakaatu; kaititiro; kaipono; kaiwhakapae; pononga
(as witness	hei tohu)
witness-box	paepae kaiwhakaatu; tūpapa whakapae
witticism	pepeha
wizard	tohunga mākutu; tohunga ruanuku
wolf	wuruhi
woman	wahine (pl. wāhine)
woman (old)	kuia; (e kui!)
womb	kōpu; takotoranga tamariki
won by	riro i...; wini i...
wonder at	mīharo
wonderful	whakamīharo; mīharo
woo	aruaru(-mia)

wood; wooden	rākau
wood (resinous)	māpera; ngāpera
wood-hen	weka
woof (cross thread)	aho
wool	wūru
woolly hair	kapu piripiri
wool shed	wuruhēti
word	kupu
work	mahi(-a)
worker	kaimahi
worker (hard)	ihu oneone
working bee	ohu
working papers	takenga mai o nga kōrero
workshop	mahimanga
world	ao
world of light	whai ao; ao mārama; ao tūroa
worm	toke; noke
(thread worm	iroiro)
worm-eaten	kurupopo
worn out	ruha; ngawhewhe
worry	māharahara; āwangawanga
worse	kino iho
worship	karakia(-tia); atōrahio
worst	kino rawa
worthless	koretake
worthy	pai; tōtika
wounded	tū; kai-ā-kiko; whara; taotū
(flesh wound	kai-ā-kiri)
woven	whatu(ā-ringa)
woven closely	mangungu
wrangle	tautohetohe; rure(-a)
wrangle (in words)	whakawāwā(-tia)
wrap up	takai(-a); pōkai(-tia); kopaki; kope
wrath	riri; pukuriri
wreath	pare; puapua tauā
wrecked	pae (on shore); pakaru
wren	kōtipatipa; pīwauwau
wrench (tool)	wāwahi; ngauhuri
wrestle	momou; nonoke; whātōtō
wriggle	korikori; okeoke; kowiri; tākiri
wring	whakawiri(-a); kawiri
wrinkle; wrinkled	whewhengi; korukoru; kūreherehe; menge; mingo

wrinkled skin	kūwhewhewhewhe	**writhe**	kowheta; okeoke;
wrist	kawititanga o te ringa;		tāwheta;
	whatīanga ringa		takawhetawheta
write	tuhituhi (tuhia)	**writing-paper**	papatuhituhi
		written consent	whakaae-ā-pukapuka
		wrong	hē

X

x-ray	whakaāhua roto

Y

yacht	iota	**yolk**	tōhua; tōua
yam	uwhi	**you (one person)**	koe
yard	iāri	**you (two)**	kōrua
Yaweh	Ihowa	**you (several)**	koutou
yawn	kōhera; tūwaharoa; piha	**young (animal)**	kūao; punua
year	tau	**young (bird)**	pīpī
yearn	koingo; konohi; ingo;	**young (man)**	taitama; taitahae;
	koroingo; warawara		taitaheke
yeast	rēwena	**young (woman)**	taitamāhine
yellow	kōwhai; punga;	**youngest child**	pōtiki; whakapākanga
	mangaeke	**your (one**	
yellowhead		**person)**	tau; tou; tō; au; ou
(bird)	mōhua	**your (2 people)**	ta kōrua; ā kōrua;
yelp	ngauī		to kōrua; o kōrua
yes	āe	**your (more**	
yesterday	inanahi; nonanahi	**than 2)**	ta koutou; ā korua;
yet	anō; tētahi anō		to koutou; o koutou
yet another	tētahi atu	**Your Honour**	E te Tumuaki
yield	tuku(-a)	**youth (time of)**	whanaketanga;
yoke	ioka		taitamarikitanga

Z

zeal	kaha; uaua	**Zephania**	Tepania
zealous	ngangahau; kaha	**zigzag**	hikohiko; kōpiko; pākati
zebra	hepapa	**zip**	kumemau; kati
Zechariah	Hakaraia	**zone**	takiwā; wāhi; rohe

Grey Pages

1 Pronunciation of Māori

The main stumbling block for Pākehā or anyone else who has not grown up hearing Māori spoken, is the pronunciation of the vowel sounds. Correct vowel sounds are absolutely essential and will only come easily after much practice, listening to the experts and, if possible, listening to ourselves on tape-recorders. However, once the correct pronunciation is achieved, we can tackle new words with confidence because the pronunciation of each vowel is absolutely constant, apart from its length. In this dictionary a lengthened vowel is indicated by a macron over the vowel and it is most important to recognise this. For example, compare 'anā te hōiho — there is a horse' (anā = there) with 'he ana tēnei — this is a cave' (ana = cave). In some publications a double vowel is used instead: 'anaa te hooiho — there is a horse'.

The vowel *a* is pronounced as in the English *far*. Avoid all trace of the flat *a* such as in *hat*.

The vowel *e* is pronounced like the *ea* in *leather*. Avoid the double sound of the vowel as found in *hay* and *may*.

The vowel *i* is pronounced as in the Latin languages. It is equivalent to the vowel sound in the English words *me* or *he*.

The vowel *o* is pronounced as the English word *awe*. Avoid all trace of the English pronunciation of *oh!* This is the most abused vowel sound when one is learning Māori; take great care with it.

The vowel *u* is pronounced like the double *o* in *moon*. Avoid saying it like the *ew* in *few*.

When two vowels occur together, begin by practising each separately until you can speed up without spoiling the clarity of the vowels when they are run together, e.g., 'koe' should be practised as 'ko - e' until the vowels can follow each other smoothly.

The only consonants to worry about are the following:

r must not be rolled. It is pronounced quite close to the sound of *l* in English. The tongue is near the front of the mouth.

p is generally softer than in English, not an explosive sound at all.

wh is usually pronounced like *f*. In some districts it is spoken like an *h* (e.g., in Hokianga) and in others like a *w* (e.g., in Taranaki), in others again like *wh* in *when*.

ng is a softer sound than in English, especially with regard to the *g*. The sound is similar to the middle *ng* in *singing*.

Note that in this dictionary passive endings are given in brackets after the verbs, and alternatives of these are separated by commas.

2 A brief grammar

These are general rules with many local variants.

The verb

The verb form does not change in Māori. Changes of time, etc., are indicated by the particles used with the verb.

Simple statements

a Past, present or future — use ka + verb, e.g., ka kai ia — he will eat / he eats/he ate

b Past only — use i + verb, e.g., i kai ia — he ate

c   Completed   — use kua + verb, e.g., kua kai ia — he has eaten/he had eaten
    Negatives of **a** — *kāhore + subject + e + verb: he will not eat — kāhore ia e kai
              a and **b** — kāhore anō + subject + kia + verb, e.g., kāhore ia i kai — he did
                                  not eat
              c   — kāhore anō + subject + kia + verb, e.g., kāhore anō ia kia kai

*Kāhore can be replaced by kāore; hore kau; kīhai (for past); e kore (future).

Continuous action

d   Past, present or future — use e + verb + ana, e.g., e kai ana ia — he is eating/was eating/will
                              be eating
e   Present only   — use kei te + verb, e.g., kei te kai ia — he is eating
f   Past only   — use i te + verb, e.g., i te kai ia — he was eating
g   Habitual   — use verb + ai, e.g., haere ai ia i nga Mane — he goes on Mondays

Negatives of **d**   — kāhore + subject + e + verb + ana, e.g., kāhore ia e kai ana — he
                              is not eating
              e and **f** — kāhore + subject + i te + verb, e.g., kāhore ia i te kai — he is
                                  not/was not eating
              g   — kāhore + subject + e + verb + ana, e.g., kāhore ia e haere ana i
                                  nga Mane — he does not go on Mondays

Emphatic subject

h   Future — use mā + subject + e + verb, e.g., *you* will call — māu e karanga
                                              John will call — mā Hone e karanga
i   Past — use nā + subject + verb, e.g.,   *you* called — nāu i karanga
                                              John called — nā Hone i karanga

Negatives as **a** and **b** above

Commands

E + verb (used with verbs of one or two syllables) E noho — Sit
Verb alone (with longer verbs) Waiata — Sing
Verb with passive ending: Noho*ia* — Sit, used when there is a subject of the verb, even when
    not expressed. Noho*ia* (te tūru)
Kia + verb (rather strong) Kia mōhio koe! — Understand!
Kia + adjective (rather mild exhortation) Kia pai! — Be good!
Me + verb (also rather mild) Me noho — Please sit down

There are also several words which are implicit commands, e.g.,
Kāti! — That's enough! *or*, Stop!
Anō — Say it again
Turituri! — Shut up that noise!
Hoihoi! — Shut up that noise!
Negative commands: use Kaua e + verb, e.g., Kaua e karanga — Do not call.
    Instead of Kaua one may use Aua, Kauaka. Instead of e one may use hei.
    Kei + verb, e.g., Kei noho — Be careful not to sit

Conditional (if)

Future   — use ki te, *or*, mehemea, *or*, mena + verb, e.g., ki te haere mai koe — if you
                      are coming
Past   — use me i + verb, *or*, mehemea i + verb, e.g., me (or mehemea) i kai koe
                      — if you had had a meal
Negatives: future — use ki te kore, e.g., ki te kore ia e kai — if he doesn't eat
          past   — use me i kāhore, e.g., me i kāhore ia i kai — if he didn't eat

Sentences containing only the verb 'to be'

English structure: John is good.   The house was big.   Those are posts.
Māori formation: Good/John   Big/the house   Posts/those
                He pai/a Hone.   He nui/te whare.   He pou/ērā.

Negative: use ehara i + subject, and change 'he' to 'te'. For example:
        That house is not big — Ehara tērā whare i te nui
             or — Ehara tērā i te whare nui

Passive verbs

The Māori verb is changed to the passive by adding a passive ending to it. These endings vary with each verb and have to be learned: they are all in the order of -tia, -ria, -ia, -ngia, -ina. If you cannot remember the correct version for the verb you want to use, put -ngia on it and it will be understood quite well. (In this dictionary passive endings are given in brackets after the verbs.)

e.g., e kimi ana te tangata i te kurī — the man is looking for the dog
    e kimihia ana te kurī e te tangata — the dog is being sought by the man

If a passive ending is used, the word 'by' which follows in English will have to be translated by using the following: 'e' for people or animals, 'ki' for instruments.

After verbs formed from particles and adjectives (see end of this brief grammar) 'by' is translated by 'i' for people, animals and instruments.

With the past emphatic, 'by' is translated by 'nā', e.g., nā te taraka i tō te waka — the truck pulled the canoe.

The verb 'to have'

As there is no direct equivalent of the verb 'have', the following methods are used to express this meaning:

1   kei + subject, e.g., I have — kei ahau; John has — kei a Hone
2   he + possessive pronoun, e.g., I have a dog — he kurī tāku.
3   kua whai + object, e.g., kua whai moni ahau — I have some money (kua whiwhi can be used in the same sense)
4   I will have, i.e., future is expressed by hei, e.g., I'll have the boat, *or*, let me have — hei ahau te poti
5   Past tense 'I *had*' may be understood using construction 2 (he + possessive pronoun) or one may say i + subject (e.g., i a au te mea — I had the thing)
6   whiwhi (+ ki), e.g., ka whiwhi motokā ia — he has a car, *or*, ka whiwhi ia ki te motokā

Adjectives

In Māori the adjective is always placed after the word which it describes, e.g., a red car — he motokā whero.

Positive: pai — good
Comparative: pai ake, pai atu; pai kē, *or*, pai kē atu — better
Superlative: pai rawa, *or*, tino pai — very good; te tino pai — the best

Adjectives in Māori do not stand alone — use 'he' or 'te' with them. In the comparative form, some adjectives add 'iho', e.g., kino iho — worse.

Numerals

1	tahi, kotahi	First	tuatahi, te tahi
2	rua	Second	tuarua, te rua
3	toru	Third	tuatoru, te toru
4	whā	Fourth	tuawhā, te whā
5	rima	Fifth	tuarima, te rima
6	ono	Sixth	tuaono, te ono
7	whitu	Seventh	tuawhitu, te whitu
8	waru	Eighth	tuawaru, te waru
9	iwa	Ninth	tuaiwa, te iwa
10	tekau	Tenth	te tekau
11	tekau mā tahi	Eleventh	te tekau mā tahi
12	tekau mā rua	Twelfth	te tekau mā rua
13	tekau mā toru	Thirteenth	te tekau mā toru
20	rua tekau	Twentieth	te rua tekau
21	rua tekau mā tahi	Twenty-first	te rua tekau mā tahi
30	toru tekau		
100	rau, kotahi rau	Hundredth	te rau
200	e rua rau	Two hundredth	te rua rau
300	e toru rau		
1 000	kotahi mano	Thousandth	te mano
1 000 000	miriona	Millionth	te miriona

From rua to iwa — 'e' is used before them when speaking of things, e.g.,
e rua ngā whare — two houses; ngā whare e rua — the two houses
— 'toko' may be used prefixed to the number when speaking of people, e.g.,
tokorima ngā tāngata — there are five men.

To multiply place the numbers side by side without any connecting words, e.g., 20×5 — rua tekau rima.

To say 'in ones', 'in twos', etc., place 'taki' before the number, e.g., takirua — in twos.

When asking how many are wanted, and the reply, use 'kia' — let it be, e.g., kia hia putu — how many feet? Answer: kia toru — (let it be) three.

Pronouns

Personal   **Possessive**

Singular
(one person)

			(one thing possessed)	*(several)*
I, me	au, ahau	my, mine	tōku, tāku	ōku, āku
you	koe	your, yours	tōu, tāu	ōu, āu
he, she, him, her	ia	his, her, hers	tōna, tāna	ōna, āna

Dual
(two people)

we (you & I), us	tāua	our, ours	tō, tāua, tā tāua	ō tāua, ā tāua
we (he & I), us	māua	our, ours	tō māua, tā māua	ō māua, ā māua
you	kōrua	your, yours	tō kōrua, tā kōrua	ō kōrua, ā kōrua
they, them	rāua	their, theirs	tō rāua, tā rāua	ō rāua, ā rāua

Plural
(three or more)

we (you & I), us	tātou	our, ours	tō tātou, tā tātou	ō tātou, ā tātou
we (they & I), us	mātou	our, ours	tō mātou, tā mātou	ō mātou, ā mātou
you	koutou	your, yours	tō koutou, tā koutou	ō koutou, ā koutou
they, them	rātou	their, theirs	tō rātou, tā rātou	ō rātou, ā rātou

In the possessives one has to choose between the 'o' form and the 'a' form. The list below will give you some idea.

When to use the 'a' or 'o' form

'o' form used with things inherited

qualities
transport
clothing
relatives not mentioned in 'a' column; also with 'hoa'
land, country, town, city
buildings
water for drinking
people in authority
organisations to which one belongs
nouns formed from adjectives, participles, intransitive verbs, and transitive verbs used in a passive sense

'a' form used with things produced by one's own effort

movable property
food
tools
husband, wife, children, grandchildren, nieces, nephews, slaves, servants
activities
animals, not used for transport
nouns formed from transitive verbs and used in an active sense

Note: There are alternative forms, with a shortened vowel, taku, to, tana, which can substitute for the singular possessives.

Local nouns (place or time)

The following nouns do not take 'te' or 'nga' or any other definitive and cannot be qualified by an adjective. Note that this rule does not apply when the word is considered as a thing in its own right, and not just a place, e.g., tai — the tide, roto — the inside, muri — the rear.

runga	top	konā	that place (near you)
raro	bottom	korā	that place (away)
roto	inside	reira	that place (already mentioned)
waho	outside	tai	seawards
mua	front	tahaki	on one side, the shore
muri	rear	pahaki	near distance
waenga, waenganui		tawhiti	far off
or waengarahi	the middle	āianei	now, just now
tua (taitua)	the other side of a solid object	aoake	following day
		nahea?	what time (past)?
tāwāhi (rāwāhi)	the other side of sea, river, valley	inanahi	yesterday
		inapō	last night
uta	inland from the coast, shore from the sea	tahirā	day after tomorrow, or, day before yesterday
		nehe,	
hea, whea?	what place?	neherā,	
kō	that place/time	onamata	long ago
konei	this place		

The noun

In Māori there are three points to note about nouns:

1 Nouns do not change in the plural (with the single exception of tamariki). The plural is indicated by the words preceding the noun.
e.g., te whare — the house
nga whare — the houses
to koutou whare — your house
o koutou whare — your houses
Sometimes when the indefinite article 'he' precedes the noun it can be ambiguous, meaning 'a' or 'some' e.g., he whare, which can mean either 'a house' or 'some houses'. In such cases there are usually other words in the sentence to give the clue. Compare:
he whare tēnei   with   he whare ēnei
this is a house   these are houses
2 A noun never stands alone as, for example, with the English 'roads', 'houses', 'trees'. In Māori these would be preceded by the indefinite article, e.g., he rori, he whare, he rākau.
3 Quite often a noun may be used as a verb, e.g., kōrero, he kōrero — a speech; e kōrero ana ia — he is speaking; e kōrerotia ana e te iwi — it is being said by the people.

Participles and adjectives used as verbs

Many adjectives can be used as verbs in Māori; if they are followed by an agent or instrument by which action is done, the word 'by' is translated by 'i'. This applies also to the following:

mutu	ended	marara	scattered	pakaru	smashed	pā	struck
oti	completed	riro	happened	poto	all dealt with	whara	injured
pau	used up	whati	broken	ea	paid for	marū	bruised
mahue	left behind	tū	wounded	mau	fixed, caught	takoki	sprained
motu	snapped	rato	provided	mākona	satisfied	rupeke	assembled

3   Seasons of the year / Nga wa o te tau

spring	kōanga	autumn	ngāhuru
summer	raumati	winter	hōtoke/takurua/makariri

4   Months / Nga marama

January	Hānuere	July	Hūrae
February	Pepuere	August	Ākuhata
March	Māehe	September	Hepetema
April	Āperira	October	Oketopa
May	Mei	November	Nōema
June	Hune	December	Tīhema

5   Days of the week / Nga rā o te wiki

In Māori, one always puts 'te' or another definite article in front of the day of the week.

Sunday	Rā tapu	Thursday	Tāite/Rā tuawhā
Monday	Mane/Rā tuatahi	Friday	Paraire/Rā tuarima
Tuesday	Tūrei/Rā tuarua	Saturday	Hātarei/Rā horoi
Wednesday	Wenerei/Rā tuatoru		

6   Points of the compass / Nga topito o te ao

north	raki/tokerau/raro	east	rāwhiti
south	tonga/runga	west	hauauru/uru

7   Parts of the body / Nga wāhi o te tinana

head	māhunga/Mātenga/Upoko	fingers	matihao
neck	kakī		(and many dialect words)
throat	korokoro	thumb	kōnui
shoulder	pakihiwi/pokowhiwhi	1st finger	kōroa
chest	uma	middle finger	māpere (and many variants)
breast	ū	ring finger	manawa
waist	hope	little finger	koiti
arm/hand	ringaringa	toes	(same as for fingers)
elbow	tuke	hair	makawe/huruhuru
leg/foot	waewae	face	kanohi/mata
thigh	kūwhā	forehead	rae
hip	humu/himu	eyebrow	kape
heel	rekereke	eye	kanohi/karu
ankle	pona	ear	taringa
joint		cheek	paparinga
(in arm or leg)	pona/punga	nose	ihu
knee	turi	lip	ngutu
back	tuarā	teeth	niho
buttocks	tou/nono	mouth	māngai/waha
stomach	puku	jaw/chin	kauae
belly button	pito	tongue	arero
armpit	kēkē	beard	paihau/pāhau
ribs	rara		

8   Colours / Ko nga kara

black	mangu/pango	brown	parāone
white	mā	grey	pūmā/kerei
red	whero	sky blue	kikorangi
blue	purū	orange	para-karaka/ārani
green	kirīni	striped	whakahekeheke
yellow	kōwhai		

9   Names of continents / Ko nga motunui o te ao

Africa	Āwherika	Australia	Ahitereiria
America	Amerika	Europe	Uropi/Oropi
Asia	Āhia		

10 Names of countries / Ko nga ingoa o nga whenua

Māori speakers do not always use the Māori version of the name of a country. For countries not listed here, use the commonly accepted form of the name.

Albania	Arapeinia	Israel	Iharaira
Arabia	Arapia	Italy	Itari
Armenia	Ararata	Jamaica	Hamaika
Australia	Ahitereiria	Japan	Hapana/Tiapana
Austria	Ateria	Jordan	Horano
Belgium	Peretiama	Kampuchea	Kamapōtia
Bolivia	Poriwia	Liberia	Raipiria
Brazil	Parahi	Libya	Ripia/Putu
Britain	Piritene	Malaya	Mareia
(Great Britain	Piritene nui)	Malaysia	Marēhia
Bulgaria	Purukeria	Malta	Merita
Canada	Kānata	Mexico	Mehiko
Chile	Hiri	Morocco	Moroko
China	Hāina	Nepal	Neporo
Colombia	Koromopia	Netherlands	Horana
Congo	Kango	New Guinea	Niu Kīni
Cook Islands	Rarotonga	Norway	Nōwe
	(Kuki Airani)	Oman	Omana
Cyprus	Haiperu	Palestine	Pirihitia
Denmark	Tenemaka	Philippines	Piripaina
Dominica	Tominika	Poland	Pōrana
Ecuador	Ekuatoa	Romania	Romeinia
Egypt	Ihipa	Russia	Ruhia
England	Ingarangi	Samoa	Hāmoa
Estonia	Etonia	Scotland	Koterana
Ethiopia	Etiopia	South Africa	Āwherika ki te tonga
Fiji	Whiti		(Haute Āwherika)
Finland	Whinarana	Spain	Peina
France	Parani (Wīwī)	Switzerland	Witerana
Germany	Tiamana/Tiamani	Syria	Hiria/Kuhu
Greece	Kariki	Tahiti	Tawhiti
Hungary	Hanekari	Thailand	Tairana
India	Īnia	United States	Amerika
Iran	Pāhia	Vietnam	Wietenama
Iraq	Mehopotamia	Wales	Wēēra
Ireland	Airana	Zaire	Haīra

11 Place names / Ingoa wāhi

Some Māori place names do have obvious meanings but unless the circumstances under which a name was given are known, ludicrous mistakes can be made. Many names have been shortened and altered during centuries of use and no one can even guess what they were originally.

Māori place names can be divided into several classes:

Firstly, names that sound Māori, but are really the Māori versions of European or Biblical names, adapted in the missionary era. For example:

Rānana	London
Atene	Athens
Hiruhārama	Jerusalem
Petane	Bethany
Peterehema	Bethlehem
Huria	Judea
Peiwhairangi	Bay of Islands
Pōneke	Port Nick (Port Nicholson, Wellington)
Poihākena	Port Jackson (Sydney)

Secondly, very ancient names that were names of places, hills, etc., in the Māori homeland and given to places, hills, etc., in New Zealand when they first came here. Three examples:

Tuhua	given to Mayor Island
Hikurangi	the mountain inland of Ruatoria
Te motu tapu a Tinirau	the first name given to Mokoia Island in Lake Rotorua

Thirdly, purely descriptive names. For example:

Maunga-nui	big mountain
Roto-iti	little lake
Whangaroa	long harbour
Te Puke	the hill
Tauranga	the anchoring place
Manga-kōura	the crayfish stream

Also, names commemorating people and/or incidents that occurred at a place. Many such names begin with 'o' meaning 'of'. For example:

Owairaka	Wairaka was a famous woman
Opōtiki	the place of Potiki (a chief)
Ohau	the place of Hau (Ihenga's dog)

Sometimes the 'o' is omitted. The township of Waharoa, near Matamata, carries the name of an illustrious chief of that area in bygone days. Kaingaroa has nothing to do with the word kāinga (home), but derives from kainga (eating or meal). In full it is Kaingaroa ā Haungaroa — the long meal-taking of Haungaroa. Haungaroa was a woman who took a long time over a meal when travelling across the Kaingaroa plateau. Her mates abused her for delaying them and she responded by turning them into cabbage trees. They were landmarks for travellers for centuries after.

Sometimes it may be possible to translate a name, but it doesn't make much sense until the whole story is known. Whakatāne, for example, means 'to act as a man'. A woman (traditionally Wairaka) saved the Mataatua canoe from being wrecked when only women and children were on board, as the men had swum ashore at the mouth of the river. She said 'Kia whakatane ake au i ahau' — 'May I make myself like a man', and her efforts are remembered in the present name.

Another name well known in the Rotorua district is Ngongotahā. Ngongo is the old word for 'drink' and tahā means 'calabash'. The name commemorates the time when Ihenga explored the mountain. There are no springs or streams up there and he suffered from thirst until given a drink from a calabash by a fairy woman.

Tamahere, near Hamilton, refers to the time when Mahinārangi tied her son on her head when she and her party were crossing the river.

Kamokamo is the name of a fishing ground off the Gisborne district coast. This means 'to wink' and the name commemorates the 'wink' which was the signal given for the murder of the chief Porourangi. The result was prolonged inter-tribal warfare and so the origin of this name is still well remembered.

A few names in this class are still on the maps in full, or virtually in full. The classic one is from southern Hawke's Bay — Taumatawhakatangihangakoauauatamateapokaiwhenuakitanatahu.

taumata	brow of a hill
whakatangi	music making
koauau	flute
a	of
Tamatea	the name of a famous chief
pokaiwhenua	widely travelled
ki	to
tana	his
tahu	beloved

So this long name is really a slightly condensed Māori sentence meaning: The brow of the hill where Tamatea the great traveller sat and made music on the flute to his beloved.

Warning! A little knowledge is a dangerous thing. Don't try to explain every Māori name by dividing it up into small segments.

12   Christian names / Ingoa tāngata

Many Māori names are derived from English ones and it is quite common to hear a person referred to as Henry when the speaker is using English and as Henare when he's using Māori. Here are some Māori equivalents of well-known names:

Anaru	Andrew	**Hone**	John	**Rapata**	Robert
Arapeta	Albert	**Hori**	George	**Rewi**	David
Eruera	Edward	**Matiu**	Matthew	**Tamati**	Thomas
Hamuera	Samuel	**Mikaere**	Michael	**Tiare**	Charles
Hēmi	James	**Paoro**	Paul	**Werahiko**	Francis
Henare	Henry	**Petera (Pita)**	Peter	**Wiremu**	William
Hohepa	Joseph	**Piripi**	Philip		

Akinehi	Agnes	**Irihāpeti**	Elizabeth	**Mere**	Mary
Ani	Anne	**Karoraina**	Caroline	**Mereana**	Mary Anne
Haki	Jackie	**Katarina**	Catherine	**Pare**	Polly
Hārata	Charlotte	**Kuini**	Queenie	**Ruiha**	Louise
Hēni	Jane	**Maata**	Martha	**Ruihi**	Lucy
Huhana	Susan	**Makarena**	Magdalen	**Tārati**	Dorothy
Hihiria	Cecilia	**Makareta**	Margaret	**Terehia**	Teresa

13   Proverbs / He whakatau-ā-kī

1 **Hohonu kakī, pāpaku uaua**	Deep throat, shallow muscles. (Long on words, short on action.)
2 **E moe i te tangata ringa raupā**	Marry a man with worker's hands.

3   He kōanga tangata tahi, he ngahuru puta noa
Spring planting is lonely. Autumn harvest has many helpers.

4   Ma mahi ka ora (Ko mahi ko ora)
Work brings health (prosperity).

5   Mauri mahi mauri ora, mauri noho mauri mate
Work makes you well.

or Tama tū tama ora, Tama noho tama mate
Laziness makes you sick.

6   Maramara nui a Mahi ka riro i a Noho
Big chips from the worker's chisel reach those who sit around. (Lazybones gets some of the benefits of the hard worker.)

7   Ma pango ma whero ka oti te mahi
If chief (Red) and worker (Black) pull together the job is done. (Many hands make light work.)

8   He toa tauā he toa pāhekeheke he toa mahi he toa mau tonu
A champion warrior's life is precarious, but a champion worker lives on.

9   Pō tūtata, ao pāhorehore
United at night, scattered in the day. (A group plans together in the evening, but when dawn comes each goes his own way.)

10 He moana pukepuke e ekengia e te waka
A choppy sea can be navigated. (Persevere.)

11 Tā te rangatira tana kai he kōrero, tā te ware he muhukai
Speech is the food of a chief, the ignorant person is inattentive. (This is a play on the word 'kai'.)

12 He tangata kī tahi
A man who speaks once. (A man of his word.)

13 Me he korokoro tui
With the throat of a bellbird. (An orator.)

14 Ko nga rangatira o te tau tītoki
Chiefs of the titoki year. (Imitation chiefs. Anybody could look like a chief in those years when the red titoki berries were plentiful.)

15 Waiho ma te tangata e mihi
Let someone else sing your praises.

16 Whata ngarongaro he tangata, toitū he whenua
Man disappears but the land remains.

17 He matua pou whare e rokohia ana, he matua tangata ekore e rokohia
The main (parent) pole in a house can always be found, but a human parent cannot always be found. (Similar to 16.)

18 Papatūānuku te matua o te tangata
Mother Earth is man's parent.

19 He totara wahi rua he kai na te ahi
A totara split in two is food for the fire. (Unity is strength.)

20 He toa takitini taku toa, ehara i te toa takitahi
My bravery was the bravery of many, not just of one warrior.

21 Nāu te rourou, nāku te rourou ka ora te manuwhiri
With your food basket and my food basket the guests will have enough. (May each contribute.)

22	**Hokia ki nga maunga kia purea koe e nga hau o Tawhirimatea**	Return to the mountains to be purified by the winds of Tawhirimatea.
23	**Tangata i akona ki te kāinga, tūnga ki te marae, tau ana**	A person trained at home will stand on the marae with dignity.
24	**He puta tauā ki te tāne, he whānau tamariki ki te wahine**	As warfare is to men, childbearing is to women.
25	**Kia mau koe ki te kupu a to matua**	Heed your parents' advice.
26	**He iti rā, he iti mapihi pounamu**	Small indeed, but made of greenstone.
27	**E iti noa ana na te aroha**	Small gift, given in love.
28	**Mate atu he tētēkura, whakaete mai he tētēkura** or **Hinga atu he tētēkura, ara mai he tētēkura**	A leader falls, another rises. (Refers either to the figurehead of a canoe or to a tall fern in the forest.)
29	**Ka hinga te totara i te wao nui a Tāne**	The totara tree has fallen in Tāne's great forest.
30	**E tata mate, e roa taihoa**	Death is close compared to the latecomer.
31	**E mua āta haere, e muri tata kino**	The early ones go leisurely, the latecomers rush dangerously.
32	**Mate kāinga tahi ora kāinga rua**	When one home is destroyed, you still have the second. (Have two strings to your bow.)
33	**Te wahine i te ringaringa me te waewae kakama, moea, te wahine whakangutungutu whakarerea atu**	The woman with active hands and feet, marry her, but the woman with overactive mouth, leave well alone.
34	**He ao te rangi ka uhia, he huruhuru te manu ka tau**	Clouds adorn the sky as feathers adorn a bird. (*Original meaning:* Dress correctly for the occasion. *Modern meaning:* 'Ma te huruhuru te manu ka rere' — Feathers (money) enable the bird to fly.)
35	**Ka pū te rūhā ka hao te rangatahi**	The old net lies in a heap while the new net goes fishing. ('Rangatahi' has become synonymous with youth.)
36	**Ko te amorangi ki mua, ko te hāpai ō ki muri**	The carrier's of God's emblems first, the carriers of food later. (God's worship first, worldly things later.)
37	**He hārore rangitahi**	A one-day mushroom. (A flash in the pan.)
38	**He kura kāinga e hokia, he kura tangata ekore e hokia**	You may return to a treasured home, but not to a treasured person. (Similar to **17**.)
39	**He ihu kurī, he tangata haere**	A dog's nose is the traveller. (Like a dog following the smell of food, so the traveller looks for the open door. Said by the traveller who arrives unexpectedly.)

40	Tangata takahi manuhiri, he marae puehu	If a man insults a guest, his marae is dirty.
41	He tao huata e taea te karo, he tao na aitua kāore	Human spears can be deflected, but not those of Misfortune (Death).
42	Kia mahara ki te hē o Rona	Remember the fault of Rona. (Rona is the woman in the Moon. She cursed the Moon and would not stop even when warned.)
43	He kōtuku rerenga tahi	The white heron is a bird of one flight. (A rare visitor.)
44	He toa piki rākau he kai na te pakiaka	A champion tree-climber is food for the roots.
45	He kuku ki te kāinga, he kākā ki te ngahere	As a cooing dove is at home, so is a parrot in the forest. (Refers also to men who say nothing in discussion but are full of opinions afterwards.)
46	He wahine he whenua, ngaro ai te tangata	Men die because of land and women.
47	He kokonga whare e kitea he kokonga ngākau ekore e kitea	The corners of the house may be seen, but not the corners of the heart.
48	Tungia te ururua, kia tupu whakaritorito te tupu o te harakeke	Burn the overgrowth to allow the flax shoots to grow through.
49	Tā te tamariki tana mahi e wāwāhī tahā	Children's work is breaking calabashes.
50	Ekore e ngaro he takere waka nui	It will not be undetected, it is the hull of the canoe.

He pepeha / Proverbs regarding certain tribes and areas

51	**ATI-AWA** Ko te Ati Awa o runga o te Rangi	Ati Awa from heaven above. (Tamarau, one of the ancestors of Ati Awa, was a wairua.)
52	**TAURANGA** Ko Maunganui te Maunga, ko Tupaea te tangata	Maunganui is the mountain, Tupaea is the man.
53	**KAWERAU** Ko Putauaki te Maunga, ko Rangitukehu te tangata	Putauaki is the mountain, Rangitukehu is the man.
54	**NGATI KAHUNGUNU KI HERETAUNGA** Ko Kahuranaki te maunga, ko te Hapuka te tangata	Kahuranaki is the mountain, te Hapuka is the man.
55	**WAIKATO** Waikato taniwha rau, he piko he taniwha, he piko he taniwha	Waikato of a hundred monsters, at every bend a monster. (There are many tales of mysterious beings in the Waikato River, but here 'monsters' refers to the numerous independent chiefs.)

56 TE ARAWA
Ko te Arawa e waru pumanawa — The eight beating hearts of Te Arawa. Te Arawa is a confederation of eight tribes descended from the eight children of Rangitihi.

57 Ko te Arawa māngai nui — Arawa of the big mouth. The Arawa people are famous for their oratory.

58 MAKETU, NGĀTI RANGITIHI
Ko Ruawahia te maunga ko Mokonuiarangi te tangata — Ruawahia is the mountain, Mokonuiarangi is the man.

59 NGĀPUHI
Ngāpuhi kohao rau kai tangata — Ngāpuhi of a hundred holes, man-eaters. (Ngāpuhi were not united but very fierce.)

60 HOKIANGA
Hokianga whakapau karakia — Hokianga using up all our prayers. (Refers to a battle in prayer between two tohunga.)

61 OHAEWAI
Ka kata nga puriri o Taiāmai — The puriri trees of Taiamai laugh, there's good news in the north.

62 HOKIANGA AND BAY OF ISLANDS
Ka totō te puna i Taumarere, ka mimiti te puna i Hokianga. Ka totō te puna i Hokianga ka mimiti te puna i Taumarere — When Taumarere's spring overflows, Hokianga's spring ebbs, when Hokianga's spring overflows, Taumarere's spring ebbs. (Hokianga to the west and Taumarere (Bay of Islands) to the east. What happens to one influences the other.)

63 TŪHOE
Kotahi na Tūhoe ma te pō e kata — There is amusement in the underworld if only one Tūhoe dies in battle.

64 Tūhoe, maumau kai, maumau taonga, maumau tāngata ki ki pō — Tūhoe, lavish with food, lavish with goods, lavish with the men who fall in battle.

65 NGAITERANGI
Rauru kī tahi — Their chief, Rauru, was a man of his word.

66 WANGANUI
He muka no te taura whiri a Hine Ngākau — A thread from the woven rope of Hine Ngākau. (Many sub-tribes are her descendants from Wanganui, even north as far as Taumarunui.)

67 NGĀTI POROU
Ko Hikurangi te maunga, ko Waiapu te awa, ko Ngāti Porou te iwi — The ancestral mountain and river of Ngāti Porou.

68 Waiapu kōkā huhua — Waiapu of many mothers. (Ngāti Porou is always concerned for her children. Some say the proverb implies disunity.)

69 Ngāti Porou nuku-rau, he iwi moke,
he whanoke

Ngāti Porou, deceivers, lonely, but
daredevils.

70 NGĀTI MARU
Tini whetū ki te rangi, ko Ngāti Maru
ki te whenua

As many as the stars in heaven, so
numerous is Ngāti Maru on the earth.
(Ngāti Maru were cnce very numerous in
the Thames area and to the south of
there.)

71 NGĀTI TŪWHARETOA
LAKE TAUPO
Ko Tongariro te maunga
Ko Taupo te moana
Ko Te Heuheu te tangata

Tongariro is the ancestral mountain,
Taupo their own lake and Te Heuheu the
paramount chief of Ngāti Tuwharetoa.

72 HAWKE'S BAY
Ko Heretaunga haukū nui

Heretaunga of heavy dew-fall (i.e., very
fertile).

73 TARANAKI
Kāore e pau, he ika unahi nui

It will not be eaten, that fish has big
scales. (That fish (Taranaki) is too tough
to eat.)

74 WANGANUI
Nga uri a Haunui-a-papa-rangi,
nāna i taotao (takahi) te nukuroa o
Hawaiki

The descendants of Haunui-a-papa-rangi
who trampled the length and breadth of
Hawaiki. (Haunui was a courageous
ancestor of the Wanganui people.)

75 AOTEA (but applicable to all)
Ekore e piri te uku ki te rino

Clay will not stick to iron. (Do not
pretend to be what you're not, because
the clay disguise will fall off.)

Māori tribal areas of New Zealand

Te Aupōuri

Ngāti Kahu

Te Rarawa

Ngāpuhi

Ngāti Whātua

Ngāti Tai
Ngāti Paoa

Ngāti Tamaterā

Ngāti Ākarana
(Modern name for Māori living in Auckland)

Ngāti Whanaunga

Ngāti Maru

Ngai te Rangi

Ngāti Mahuta
Ngāti Hauā
Ngāti Ranginui

Waikato

Whānau-a-Apānui

Te Arawa
Whakatōhea

Ngāti Awa

Ngāti Porou

Ngāti Maniapoto

Ngāti Tūwharetoa

Tūhoe

Ngāti Tama

Rongo Whakaata

Ngāti Awa

Taranaki

Te Aitanga-ā-Māhaki

Ngāti Raukawa

Ngāti Ruanui

Ngārauru
Ngāti Apa

Ngāti Hau

Rangitāne
Muaupoko

Ngāti Kahungunu

Ngāti Awa
Ngāti Toa

Ngāti Pōneke *(Modern inclusive name for Māori living in Wellington)*

Rangitāne
Ngai Tahu *(Most of South Island)*
Poutini *(West Coast)*
Ngāti Māmoe *(Far south)*